小语种入门系列

西班牙语入门

Español

黄乐平 ◎ 编著

北京·旅游教育出版社

策　　划：李红丽　陈卫伟
责任编辑：陈卫伟

图书在版编目(CIP)数据

西班牙语入门 / 黄乐平编著. --北京：旅游教育出版社，2015.6

（小语种入门系列）

ISBN 978-7-5637-3171-8

Ⅰ．①西… Ⅱ．①黄… Ⅲ．①西班牙语—高等学校—教材 Ⅳ．①H34

中国版本图书馆CIP数据核字(2015)第087515号

小语种入门系列
西班牙语入门
Español

黄乐平　编著

出版单位	旅游教育出版社
地　　址	北京市朝阳区定福庄南里1号
邮　　编	100024
发行电话	(010) 65778403　65728372　65767462(传真)
本社网址	www.tepcb.com
E-mail	tepfx@163.com
印刷单位	北京甜水彩色印刷有限公司
经销单位	新华书店
开　　本	787毫米×1092毫米　1/16
印　　张	22
字　　数	338千字
版　　次	2015年6月第1版
印　　次	2015年6月第1次印刷
定　　价	52.00元（含光盘）

（图书如有装订差错请与发行部联系）

前　言

西班牙语（以下简称"西语"）是一门国际通用语言。从使用人数上看，西语是仅次于汉语、英语和印地语的世界第四大语言，全球约4亿人以其为母语；从使用范围来看，西语不仅是20个国家（包括欧洲的西班牙，拉丁美洲的墨西哥、阿根廷、智利等18个国家和非洲的赤道几内亚）的官方语言，而且还是欧洲、美洲、亚洲、非洲许多国家和地区的通行语言，是联合国六种工作语言之一，世界贸易组织三种工作语言之一，也是欧盟和非盟的官方语言。因此，西语是一门名副其实的世界普通话。随着拉丁美洲各国经济的发展和国际地位的提升，西语在当今世界的政治、经济、文化等领域正扮演着越来越重要的角色。近年来，中国与西语国家经贸往来和文化交流日益频繁，社会对西语人才的需求也在急剧增长。

与学习其他外语一样，要熟练掌握西语是要付出巨大的努力和艰辛的。对于高校西语专业的学生而言，首先要有扎实的语法基础，了解重要词汇的准确用法，其次要配合大量的阅读训练以增强对语法和词汇的感性认识，最后还要加强听力和口语表达训练，强化口译、笔译能力。但是对于社会上许多需要在较短时间内学习一些西语基础知识并能简单运用的人而言，这样四年的专业学习是不现实的，他们需要的是一本简易精炼同时又相对系统正规的入门教材。

《西班牙语入门》就是这样一本教材。它不像市面上众多的西语日常会话学习书籍那样，只罗列一些常用表达方式来呈现这门语言的表面性状，而是注重对实用句型的理解掌握，更注重通过对基础语法的讲解来探寻这门语言的内部机理，使学习者在一个循序渐进的过程中将各种表达方式与其背后的语法规则有机地联系起来，知其然也知其所以然。应该说，这样理性的学习过程是比较科学而高效的。当然，正如上文所言，这并不是一本针对科班学生的、呈现西语全貌的专业教材，而是通过介绍日常会话句型和基础语法来引导读者走入西语的世界，为其下一步深入学习打下坚实的基础。

全书共30个单元，每个单元首先安排一至两篇饶有趣味的生活对话，紧接着总结归纳对话中出现的最典型、最实用的会话句型，并举一反三给出相似例句以便相互参照，最后简明地讲解对话和句型中出现的重点语法，并在每一项语法内容后配合相应练习，以强化学习者对该内容的掌握。会话句型包括问候等日常内容、形容人和事物、表达心情和观点、征求意见以及点菜、购物、旅行、信函等实用内容；语法包括各个基本时态、语态、式、句法、词法等内容，能够使读者对西语最常用、最基础的语法知识有一个初步的了解，从而能够在一定的学习和操练后较为规范和正确地写出和说出一系列常用的句式。

我们希望本教材能够对广大西语学习者有一定帮助。由于水平有限，书中一定尚存不足之处，欢迎广大读者批评指正。

编　者

2015 年 2 月

缩略语表

adj.	adjetivo	形容词
adv.	adverbio	副词
art.	artículo	冠词
conj.	conjunción	连接词
f.	sustantivo femenino	阴性名词
inf.	infinitivo	原形动词
interj.	interjección	感叹词
intr.	verbo intransitivo	不及物动词
m.	sustantivo masculino	阳性名词
pl.	plural	复数
p.p.	participio pasivo	过去分词
prep.	preposición	介词
prnl.	verbo pronominal	代词式动词
pron.	pronombre	代词
tr.	verbo transitivo	及物动词

ÍNDICE
目 录

UNIDAD 1　¿Quién eres?
　　　　　　你是谁？

LENGUAJE COLOQUIAL（对话） ·· 001
　1. ¿Quién eres?（你是谁？） ·· 001
　2. ¿Qué eres?（你是做什么工作的？） ································ 002

CONTENIDOS COMUNICATIVOS（会话句型） ······················ 004

CONTENIDOS GRAMATICALES（语法） ······························ 006
　1. 名词的性、数变化 ·· 006
　2. 动词"SER"（是）在陈述式现在时中的变位 ····················· 008
　3. 特殊疑问句 ·· 009

UNIDAD 2　¿De dónde eres?
　　　　　　你是哪里人？

LENGUAJE COLOQUIAL（对话） ·· 011
　1. ¿De dónde eres?（你是哪里人？） ·································· 011
　2. ¿Cómo es tu novio?（你男朋友什么样啊？） ····················· 012

CONTENIDOS COMUNICATIVOS（会话句型） ······················ 014

CONTENIDOS GRAMATICALES（语法） ······························ 016
　1. 形容词的性、数变化 ··· 016
　2. 短尾物主形容词 ··· 018
　3. 一般疑问句 ··· 018

— 01 —

UNIDAD 3 ¿Qué es ese edificio?
那是什么建筑？

LENGUAJE COLOQUIAL（对话） ··· **021**

    1. ¿Qué es ese edificio?（那是什么建筑？） ······················· 021

    2. ¿Cómo es tu casa?（你家什么样？） ···························· 022

CONTENIDOS COMUNICATIVOS（会话句型） ····················· **025**

CONTENIDOS GRAMATICALES（语法） ································ **026**

    1. 冠词 ·· 026

    2. 指示形容词 ·· 028

    3. 感叹句 ·· 029

    4. 动词"TENER"（拥有）在陈述式现在时中的变位 ············· 030

UNIDAD 4 ¿Cómo estás, José?
你怎么样，何塞？

LENGUAJE COLOQUIAL（对话） ··· **031**

    1. ¿Cómo estás, José?（你怎么样，何塞？） ······················· 031

    2. ¿Dónde está su habitación?（他的房间在哪儿？） ········· 032

CONTENIDOS COMUNICATIVOS（会话句型） ····················· **034**

CONTENIDOS GRAMATICALES（语法） ································ **035**

    1. 动词"ESTAR"（在）在陈述式现在时中的变位 ················· 035

    2. "SER"与"ESTAR"的比较 ·· 038

    3. 介词"EN"的用法 ·· 039

UNIDAD 5 ¿Qué hay ahí?
那边有什么？

LENGUAJE COLOQUIAL（对话） ··· **040**

    1. ¿Qué hay ahí?（那边有什么？） ·· 040

    2. ¿Qué tiempo hace en Madrid?（马德里的天气怎么样？） ······· 041

CONTENIDOS COMUNICATIVOS（会话句型） ····················· **043**

CONTENIDOS GRAMATICALES（语法） ······ 044
    1. 指示代词 ······ 044
    2. 动词"HABER"（有） ······ 045
    3. 动词"HACER"表示天气 ······ 046

UNIDAD 6   ¿Qué día es hoy?
今天是星期几？

LENGUAJE COLOQUIAL（对话） ······ 049
    1. ¿Qué día es hoy?（今天是星期几？） ······ 049
    2. ¿Cuántos años tiene?（他多大岁数？） ······ 050

CONTENIDOS COMUNICATIVOS（会话句型） ······ 052

CONTENIDOS GRAMATICALES（语法） ······ 055
    1. 钟点表示法 ······ 055
    2. 疑问词"CUÁNTO" ······ 056

UNIDAD 7   ¿Hablas muchos idiomas?
你会讲很多种语言吗？

LENGUAJE COLOQUIAL（对话） ······ 059
    1. ¿Hablas muchos idiomas?（你会讲很多种语言吗？） ······ 059
    2. Comemos juntos a las doce y media.（十二点半我们一起吃饭） ······ 060

CONTENIDOS COMUNICATIVOS（会话句型） ······ 062

CONTENIDOS GRAMATICALES（语法） ······ 064
    1. 以"-AR"结尾的第一变位规则动词 ······ 064
    2. 动词的直接宾语 ······ 064
    3. 宾格代词（I） ······ 066

UNIDAD 8   ¿Qué desea comer?
您想吃点儿什么？

LENGUAJE COLOQUIAL（对话） ······ 068
    1. ¿Me puede traer la carta?（能拿给我菜单吗？） ······ 068
    2. ¿qué quieren tomar?（诸位想要点儿什么？） ······ 069

CONTENIDOS COMUNICATIVOS（会话句型） 071

CONTENIDOS GRAMATICALES（语法） 072

    1. 以"-ER"结尾的第二变位规则动词 072
    2. 动词短语 PODER+INF.（原形动词） 074
    3. 动词短语 TENER QUE + INF. 074
    4. 宾格代词（II） 074
    5. 间接宾语 075
    6. 与格代词 075
    7. 宾格代词和与格代词同时使用 076

UNIDAD 9　¿Dónde vives?
你住哪儿？

LENGUAJE COLOQUIAL（对话） 078

    1. ¿Dónde vives?（你住哪儿？） 078
    2. ¿qué te gusta?（你喜欢什么？） 079

CONTENIDOS COMUNICATIVOS（会话句型） 081

CONTENIDOS GRAMATICALES（语法） 082

    1. 以"-IR"结尾的第三变位规则动词 082
    2. 动词词根中元音的某些变化规则 084
    3. GUSTAR（使喜欢） 085

UNIDAD 10　¿Qué estás haciendo?
你在做什么？

LENGUAJE COLOQUIAL（对话） 087

    1. ¿Qué estás haciendo?（你在做什么呢？） 087
    2. ¿Con quién hablo?（您是哪位？） 088

CONTENIDOS COMUNICATIVOS（会话句型） 090

CONTENIDOS GRAMATICALES（语法） 092

    1. 副动词的构成 092
    2. ESTAR+GERUNDIO（正在做……） 093
    3. 代词式动词 095

UNIDAD 11 ¿Qué vais a hacer esta tarde?
你们今天下午打算干什么？

LENGUAJE COLOQUIAL（对话） ························· 098

   1. ¿Qué vais a hacer esta tarde?（你们今天下午打算干什么？）············· 098

   2. ¿Cómo te parece esta falda?（你觉得这件裙子怎么样？）················· 100

CONTENIDOS COMUNICATIVOS（会话句型）················· 102

CONTENIDOS GRAMATICALES（语法）······················· 103

   1. IR A+INF.（要做……，打算做……）·························· 103

   2. 某些可以和原形动词搭配的动词 ······························· 104

   3. 不定代词和不定形容词 ····································· 106

UNIDAD 12 Dígame qué le pasa.
跟我说说您怎么了

LENGUAJE COLOQUIAL（对话） ························· 109

   1. Dígame qué le pasa.（跟我说说您怎么了）····················· 109

   2. ¿Cómo se va a la farmacia?（请问药店怎么走？）················· 110

CONTENIDOS COMUNICATIVOS（会话句型）················· 113

CONTENIDOS GRAMATICALES（语法）······················· 115

   命令式 ·· 115

UNIDAD 13 ¿Qué número calza usted?
您穿多大号鞋？

LENGUAJE COLOQUIAL（对话） ························· 119

   1. ¿Qué número calza usted?（您穿多大号鞋？）··················· 119

   2. ¿Qué precio tienen?（多少钱？）···························· 121

CONTENIDOS COMUNICATIVOS（会话句型）················· 123

CONTENIDOS GRAMATICALES（语法）······················· 124

   1. 形容词的比较级和最高级 ····································· 124

   2. 形容词的绝对最高级 ·· 126

UNIDAD 14 ¿A qué hora tiene la salida el avión para Madrid?
去马德里的飞机几点起飞？

LENGUAJE COLOQUIAL（对话） ··· **129**

    1. Quiero el billete de ida y vuelta.（我要往返票）················· 129

    2. ¿A qué hora tiene la salida el avión para Madrid?

    （去马德里的飞机几点起飞？）·· 130

CONTENIDOS COMUNICATIVOS（会话句型） ················ **133**

CONTENIDOS GRAMATICALES（语法） ·························· **135**

    副词的比较级和最高级 ·· 135

UNIDAD 15 Cuando era pequeño vivía en un pueblo del norte.
我小的时候住在北方的一个村庄里

LENGUAJE COLOQUIAL（对话） ··· **137**

    1. ¿Te acuerdas mucho de tu pueblo?（你还清楚地记得你的村子吗？）········ 137

    2. Cuando era pequeño vivía en un pueblo del norte.

    （我小的时候住在北方的一个村庄里）···································· 138

CONTENIDOS COMUNICATIVOS（会话句型） ················ **140**

CONTENIDOS GRAMATICALES（语法） ·························· **141**

    1. 陈述式过去未完成时 ·· 141

    2. 时间从句 ·· 145

UNIDAD 16 ¿Qué hizo usted ayer?
您昨天做什么了？

LENGUAJE COLOQUIAL（对话） ··· **146**

    1. ¿Qué pasó?（发生什么事了？）·· 146

    2. ¿Qué hizo usted ese día?（您那天做什么了？）··················· 147

CONTENIDOS COMUNICATIVOS（会话句型） ················ **149**

CONTENIDOS GRAMATICALES（语法） ·························· **150**

    陈述式简单过去时 ·· 150

UNIDAD 17　¿Qué os pasó?
你们出什么事了?

LENGUAJE COLOQUIAL（对话） ··· **155**

    1. ¿Qué os pasó?（你们出什么事了？）·· 155

    2. ¿No oísteis nada?（你们什么都没有听到吗？）······························· 157

CONTENIDOS COMUNICATIVOS（会话句型）································· **159**

CONTENIDOS GRAMATICALES（语法）·· **160**

    1. 陈述式简单过去时和陈述式过去未完成时 ······································ 160

    2. 陈述式简单过去时的一些不规则变位 ··· 161

UNIDAD 18　¿Por qué ha llegado usted tarde?
您为什么来晚了?

LENGUAJE COLOQUIAL（对话） ··· **165**

    1. ¡Cada día está peor!（一天比一天糟糕！）···································· 165

    2. ¿Por qué ha llegado usted tarde?（您为什么来晚了？）····················· 167

CONTENIDOS COMUNICATIVOS（会话句型）································· **168**

CONTENIDOS GRAMATICALES（语法）·· **169**

    1. 陈述式现在完成时 ·· 169

    2. 过去分词作形容词 ··· 173

UNIDAD 19　En la comisaría
在警察局

LENGUAJE COLOQUIAL（对话） ··· **175**

    1. En la comisaría（在警察局）·· 175

    2. No regresamos hasta las doce.（我们十二点才回去）······················· 176

CONTENIDOS COMUNICATIVOS（会话句型）································· **179**

CONTENIDOS GRAMATICALES（语法）·· **180**

    1. 陈述式过去完成时 ··· 180

    2. 某些形容词修饰名词时的位置 ··· 183

3. 介词 A，EN，DE 的一些用法 ··· 184

UNIDAD 20　¿Qué ha visitado usted ya?
您去哪里游览了？

LENGUAJE COLOQUIAL（对话）································· **185**

 1. ¿Qué ha visitado usted ya?（您去哪里游览了？）·················· 185

 2. ¿Y qué tal México DF?（墨西哥城怎么样？）······················ 187

CONTENIDOS COMUNICATIVOS（会话句型）··········· **189**

CONTENIDOS GRAMATICALES（语法）······················ **189**

 1. 现在完成时与简单过去时的比较 ·· 189

 2. 某些动词与介词 A, DE, EN 的配合使用 ································ 192

UNIDAD 21　¿Cómo lo amueblarás?
你准备放些什么家具？

LENGUAJE COLOQUIAL（对话）································· **194**

 1. ¿Cómo lo amueblarás?（你准备放些什么家具？）·················· 194

 2. Tendrás mucha suerte.（你会有好运气）···························· 196

CONTENIDOS COMUNICATIVOS（会话句型）··········· **198**

CONTENIDOS GRAMATICALES（语法）······················ **199**

 1. 将来未完成时 ·· 199

 2. 介词 PARA 和 POR ··· 204

UNIDAD 22　¿Estarás muchos días en París?
你会在巴黎待很多天吗？

LENGUAJE COLOQUIAL（对话）································· **205**

 1. ¿Estarás muchos días en París?（你会在巴黎待很多天吗？）····· 205

 2. El sueño de Luis（路易斯的梦想）······································ 206

CONTENIDOS COMUNICATIVOS（会话句型）··········· **209**

CONTENIDOS GRAMATICALES（语法）······················ **209**

 1. 将来完成时 ··· 209

2. 将来未完成时（II） ······ 211

   3. 副词词尾 "-MENTE" ······ 213

UNIDAD 23　Espero que todos estéis bien de salud.
我希望你们每个人都身体健康

LENGUAJE COLOQUIAL（对话） ······ 216

   Ojalá no sea nada grave.（但愿不严重） ······ 216

TEXTO（课文） ······ 217

   Espero que todos estéis bien de salud.（我希望你们每个人都身体健康） ······ 217

CONTENIDOS COMUNICATIVOS（会话句型） ······ 220

CONTENIDOS GRAMATICALES（语法） ······ 221

   虚拟式现在时（I） ······ 221

UNIDAD 24　Espero que disfruten de su visita.
我希望大家游览愉快

LENGUAJE COLOQUIAL（对话） ······ 225

   1. Espero que disfruten de su visita.（我希望大家游览愉快） ······ 225

   2. No hace falta que vayas.（你不用去了） ······ 227

CONTENIDOS COMUNICATIVOS（会话句型） ······ 229

CONTENIDOS GRAMATICALES（语法） ······ 229

   虚拟式现在时（II） ······ 229

UNIDAD 25　¿Quieres que vayamos esta tarde al cine?
今天下午我们去看电影怎么样？

LENGUAJE COLOQUIAL（对话） ······ 234

   1. ¿Quieres que vayamos esta tarde al cine?（今天下午我们去看电影怎么样？） ······ 234

   2. En la taquilla（在售票处） ······ 235

CONTENIDOS COMUNICATIVOS（会话句型） ······ 236

CONTENIDOS GRAMATICALES（语法） ······ 237

   虚拟式现在时（III） ······ 237

UNIDAD 26　Me alegro de que hayáis venido a recogerme.
我真高兴你们来接我

LENGUAJE COLOQUIAL（对话） ·· **241**

    1. Me alegro de que hayáis venido a recogerme.（我真高兴你们来接我）·········· 241

    2. Espero que no nos olvide.（我希望他别忘了咱们）································ 242

CONTENIDOS COMUNICATIVOS（会话句型）······························ **244**

CONTENIDOS GRAMATICALES（语法）·· **244**

    1. 虚拟式现在完成时 ··· 244

    2. 虚拟式现在时（IV）··· 247

UNIDAD 27　¡Si esto fuera posible!
要是真有可能这样就好了！

LENGUAJE COLOQUIAL（对话）·· **250**

    ¡Si esto fuera posible!（要是真有可能这样就好了！）···························· 250

CONTENIDOS COMUNICATIVOS（会话句型）······························ **252**

CONTENIDOS GRAMATICALES（语法）·· **253**

    1. 虚拟式过去未完成时··· 253

    2. 简单条件式 ··· 256

    3. 虚拟式过去未完成时和简单条件式在条件句中的配合使用····················· 258

UNIDAD 28　Lo habríamos pasado mejor.
我们本来会玩得更好的

LENGUAJE COLOQUIAL（对话）·· **261**

    Lo habríamos pasado mejor.（我们本来会玩得更好的）·························· 261

CONTENIDOS COMUNICATIVOS（会话句型）······························ **263**

CONTENIDOS GRAMATICALES（语法）·· **264**

    1. 虚拟式过去完成时 ··· 264

    2. 复合条件式 ··· 266

    3. 虚拟式过去完成时和复合条件式在条件句中的配合使用························ 267

UNIDAD 29   Me dijo que tenía una niña.
她跟我说她有一个女儿

LENGUAJE COLOQUIAL（对话）································ 270

　　Me dijo que tenía una niña.（她跟我说她有一个女儿）············ 270

CONTENIDOS COMUNICATIVOS（会话句型）················ 272

CONTENIDOS GRAMATICALES（语法）······················ 273

　　直接引语和间接引语 ··· 273

UNIDAD 30   Las excavaciones se iniciaron en 1978.
挖掘工作开始于 1978 年

LENGUAJE COLOQUIAL（对话）································ 278

　　Las excavaciones se iniciaron en 1978.（挖掘工作开始于 1978 年）········ 278

CONTENIDOS COMUNICATIVOS（会话句型）················ 282

CONTENIDOS GRAMATICALES（语法）······················ 282

　　1. 被动语态 ·· 282

　　2. 自复被动句 ·· 283

　　3. 无人称句 ·· 285

CLAVE DE LOS EJERCICIOS（参考答案）······················ 287

VOCABULARIO GENERAL（总词汇表）························ 315

UNIDAD 1

¿Quién eres?

你是谁？

学习重点

会话： 打招呼和问候
询问对方是谁、叫什么名字
询问对方的职业
告别

语法： 名词的性、数变化
动词"SER"（是）在陈述式现在时中的变位
特殊疑问句

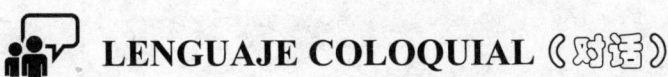 LENGUAJE COLOQUIAL（对话）

1. ¿Quién eres?
你是谁？

(S:Sofía; F:Felipe)

S: ¡Hola! Buenos días.

F: Buenos días.

S: ¿Quién eres?

F: Soy Felipe. ¿Y tú?

S: Soy Sofía.

F: Y ella, ¿quién es?

S: Es Susana. Es mi amiga.

F: ¿Qué eres?

S: Soy estudiante de español. ¿Y tú?

— 001 —

F: Soy médico y también estudiante de español. Y ella, ¿qué es?

S: Es enfermera y también estudiante de español.

F: Bueno, mucho gusto. Adiós.

S: Adiós, encantada.

索菲亚：嗨！早上好！

费利佩：早上好！

索菲亚：你是……？

费利佩：我是费利佩。你呢？

索菲亚：我是索菲亚。

费利佩：她呢，她是谁？

索菲亚：她是苏珊娜，是我的朋友。

费利佩：你是做什么工作的？

索菲亚：我是学西班牙语的学生。你呢？

费利佩：我是医生，同时也是学西班牙语的学生。那她呢？

索菲亚：她是护士，也是学西班牙语的学生。

费利佩：嗯，很高兴认识你们。再见。

索菲亚：认识你也很高兴，再见。

2. ¿Qué eres?
你是做什么工作的？

(*C:Carlos; M:María; I:Isabel*)

C : Hola, María, ¿qué tal?

M : Muy bien. Ella es mi amiga.

C : ¡Hola! Soy Carlos. ¿Cómo te llamas?

I : Me llamo Isabel. Mucho gusto.

C : Encantado. ¿Qué eres?

I : Soy decoradora.

C : ¿Ah, sí? Pues yo soy diseñador de muebles. Bueno... ¡Hasta la vista!

M y I : ¡Hasta pronto!

卡洛斯：嗨，玛丽亚，最近好吗？

玛丽亚：很好。她是我朋友。

卡洛斯：你好！我是卡洛斯。你叫什么名字？

伊莎贝尔：我叫伊莎贝尔。很高兴认识你。

卡洛斯：我也一样。你做哪一行？

伊莎贝尔：我是装饰设计师。

卡洛斯：哦，是吗？我是家具设计师。嗯……回头见！

玛丽亚和伊莎贝尔：再见！

VOCABULARIO（词汇）

hola	interj.	你好
bueno	adj.	好的
día	m.	白天；天
quién	pron.	谁
eres	intr.	（你）是
soy	intr.	（我）是
y	conj.	和，以及
tú	pron.	你
ella	pron.	她
es	intr.	（他、她、它、您）是
mi	adj.	我的
amigo, ga	m.f.	朋友
qué	pron.	什么
estudiante	m.f.	学生
de	prep.	……的
español	m.	西班牙语
médico, ca	m.f.	医生
también	adv.	也，同样
enfermero, ra	m.f.	护士
mucho	adj.	很多的，非常的
gusto	m.	高兴
adiós	interj.	再见
encantado	adj.	高兴的
tal	adj.	如此的
muy	adv.	很，非常
bien	adv.	好
cómo	adv.	怎样，如何
llamarse	prnl.	名字叫
te llamas...		（你）名叫……
me llamo...		（我）名叫……
se llama...		（他、她、您）名叫……
decorador, ra	m.f.	装饰设计师
ah	interj.	啊
sí	adv.	是的
pues	conj.	那么，嗯
diseñador, ra	m.f.	设计师
mueble	m.	家具
hasta	prep.	直到……
vista	f.	视力；见面
pronto	adv.	马上，立刻

VOCABULARIO COMPLEMENTARIO（补充词汇）

tarde	f.	下午	profesor, ra	m.f.	老师
noche	f.	晚上	chao	interj.	再见
mal	adv.	坏，不好	luego	adv.	以后
menos	adv.	差，不到，不如	mañana	adv.	明天
regular	adj.	一般的，不好不坏的	yo	pron.	我
estar	intr.	处于；在	nosotros, as	pron.	我们
gracias	interj.	谢谢	vosotros, as	pron.	你们
él	pron.	他	piloto	m.	驾驶员；飞行员
usted	pron.	您	azafata	f.	空中小姐
ellos	pron.	他们	secretario, ria	m.f.	秘书
ellas	pron.	她们	arquitecto, ta	m.f.	建筑师
ustedes	pron.	诸位，你们	ingeniero, ra	m.f.	工程师
son	intr.	（他们、她们、诸位）是	peluquero, ra	m.f.	理发师
sois	intr.	（你们）是	abogado	m.	律师
somos	intr.	（我们）是	camarero, ra	m.f.	侍者，服务员

 ## CONTENIDOS COMUNICATIVOS（会话句型）

1. 和朋友见了面，如何打招呼和问候？

¡Hola!	·你好！
¡Buenos **días**!	·早上好！
¡Bue**nas** **tardes**!	·下午好！
¡Bue**nas** **noches**!	·晚上好！／晚安！
-¿Qué tal?	·最近好吗？
-Muy **bien**. / **Bien**.	·好极了。／挺好的。
Muy **mal**. / **Mal**.	·糟透了。／不是很好。
Menos mal.	·还行。
Regular.	·不好不坏，一般。

-¿Cómo **estás**? / ¿Cómo **está** usted?　　・你好吗？ / 您好吗？
-Muy bien, gracias. ¿Y **tú**? / ¿Y **usted**?　　・非常好，谢谢。你呢？ / 您呢？
-Muy bien, gracias.　　・很好，谢谢。

2. 想知道对方是谁、叫什么名字，怎么说?

-¿Quién **eres**?　　・你是谁？
¿Quién **es** él / ella / usted?　　・他 / 她 / 您是谁？
¿Quiénes **son** ellos / ellas / ustedes?　　・他们 / 她们 / 诸位是谁？
¿Quiénes **sois**?　　・你们是谁？

-**Soy** Felipe.　　・我是费利佩。
Es Susana.　　・她是苏珊娜。
Son Susana y Sofía.　　・她们是苏珊娜和索菲亚。
Somos Susana y Sofía.　　・我们是苏珊娜和索菲亚。

-¿Cómo **te llamas**?　　・你叫什么名字？
¿Cómo **se llama** usted?　　・您叫什么名字？
-**Me llamo** Isabel.　　・我叫伊莎贝尔。

3. 怎么问对方的职业?

-¿Qué **eres**?　　・你是做什么工作的？
¿Qué **es** él / ella / usted?　　・他 / 她 / 您是做什么工作的？
¿Qué **son** ellos / ellas / ustedes?　　・他们 / 她们 / 诸位是做什么工作的？
¿Qué **sois**?　　・你们是做什么工作的？

-**Soy** estudiante de español.　　・我是学西班牙语的学生。
Es médico.　　・他是医生。
Son profesores.　　・他们是老师。
Somos enfermeras.　　・我们是护士。

关于职业的词汇

funcionario, ria	m.f.	公务员，官员	intérprete	m.f.	（口）译员
periodista	m.f.	记者	intermediario	m.	中介
actuario de seguros	m.	精算师	agente	m.f.	经纪人
auditor contable	m.	会计师	astronauta	m.f.	航天员，宇航员
analista financiero	m.	财务分析师	caricaturista	m.f.	漫画家
modisto	m.	时装设计师	animador, ra /		
asesor jurídico	m.	法律顾问	presentador, ra	m.f.	节目主持人

4. 告别也很重要

-Mucho gusto. ·很高兴认识你。

-Encantad**o** / **a**. ·认识你也很高兴。

以上这两句话不仅可以用在初次见面交谈后告别的时候，也可以用在刚刚相互自我介绍之后。另外，对于"mucho gusto"，也可以用重复"mucho gusto"来作为答语。

Adiós. ·再见。

Hasta luego. ·再见。

Hasta pronto. ·再见。

Hasta la vista. ·回头见。

Hasta mañana. ·明天见。

CONTENIDOS GRAMATICALES（语法）

1. 名词的性、数变化

⊙ 名词的性

西班牙语中的名词有阴、阳性之分。一般情况下，从词尾就可以判断出一个名词是阳性还是阴性。

（1）除少量例外，以 o 结尾的名词一般都是阳性名词，如：amig**o**, médic**o**

（2）除少量例外，以 a 结尾的名词一般都是阴性名词，如：enfermer**a**, azafat**a**

注 本课的"día"即为一个例外，它是一个以 a 结尾的阳性名词。

自然界没有性别的事物，它们作为名词，性是固定的，如：mesa (f.) 桌子，为阴性名词；banco (m.) 凳子，为阳性名词。

而本身即有性别区分的生物，则用名词的阳性形式指称男（雄）性，阴性形式指称女（雌）性，如：

amigo(m.)（男性的朋友）—amiga(f.)（女性的朋友）

médico(m.)（男医生）—médica(f.)（女医生）

gato (m.)（雄猫）—gata (f.)（雌猫）

⊙ 名词的数

西班牙语中，名词有数的范畴。指称单一事物时，用单数名词；指称两个以上的事物时，用复数名词。复数变化规则如下表：

	单数	复数
尾部加 s 的	以非重读元音结尾的名词，如：pueblo, casa, coche, calle	pueblos, casas, coches, calles
	以重读的 -é, -ó 结尾的名词，如：café, dominó	cafés, dominós
尾部加 es 的	以辅音结尾的名词，如：profesor, autobús, habitación, joven, lápiz	profesores, autobuses, habitaciones, jóvenes, lápices
	以重读元音结尾的名词，如：marroquí, bambú	marroquíes, bambúes
没有变化的	以 s 结尾，重音在倒数第二个音节上的名词，如：lunes, crisis	lunes, crisis
	以 s 结尾，重音在倒数第三个音节上的名词，如：éxtasis, miércoles	éxtasis, miércoles

请注意：有些单词在从单数形式变成复数形式时，书写上会发生变化。

(1) 为了保持原有的重读音节而去掉或添加重音符号，如：

autobús—autobuses

habitación—habitaciones

joven—jóvenes

(2) 为了保持原有的发音而改换字母，如：

lápiz—lápices

EJERCICIO I

(1) 写出下列单词的阴性形式。

amigo →　　　médico →　　　secretario →

arquitecto →　　ingeniero →　　peluquero →

(2) 写出下列单词的复数形式。

amigo →　　　　　médico →　　　　　secretario →

estudiante →　　　profesor →　　　　diseñador →

2. 动词"SER"（是）在陈述式现在时中的变位

人称	变位	例词
yo（我）	**SOY**	estudiante / médico / enfermera
tú（你）	**ERES**	estudiante / médico / enfermera
él / ella / usted（他/她/您）	**ES**	estudiante / médico / enfermera
nosotros,as（我们）	**SOMOS**	estudiantes / médicos / enfermeras
vosotros,as（你们）	**SOIS**	estudiantes / médicos / enfermeras
ellos / ellas / ustedes（他们/她们/诸位）	**SON**	estudiantes / médicos / enfermeras

因为西班牙语的动词在各人称下的变位形式与各人称基本上是一一对应的，所以从动词的词形上就可以判断出主语是谁，因而，除了需要强调和对比，一般情况下，主语人称代词省略不写。如：

Soy estudiante. 而无需说：**Yo** soy estudiante.

然而，因为"他/她"和"您"共用一个动词变位形式 es；"他们/她们"和"诸位"共用一个动词变位形式 son，所以，在这几个人称下，要点明主语。如：

Ella es Susana.

但如果上文所指明确，也可以省略主语。如：

-¿Quién es **ella**?

-Es Susana. Es mi amiga.

EJERCICIO II

补全下列句子。

Petra es estudiante.

1）Yo _____ médico.

2）El _____ piloto.

3) Nosotros _____ estudiantes.

4) Vosotras _____ azafatas.

5) El _____ ingeniero.

6) Ella _____ enfermera.

7) Ellas _____ secretarias.

8) Usted _____ arquitecto.

9) Ustedes _____ profesores.

3. 特殊疑问句

所谓特殊疑问句，就是不需要用"是"或"不是"回答的疑问句。它的语序是：疑问词居句首，然后主语、谓语一般倒装。如：

¿Quién   es   ella?
(疑问词) (谓语动词) (主语)

本课我们学习了三个特殊疑问句的句型，即：

(1) ¿**Quién** eres / es...?　　　　　·……是谁？

(2) ¿**Qué** eres / es...?　　　　　·……是做什么工作的？（即问职业）

(3) ¿**Cómo** te llamas?　　　　　·你叫什么名字？

　　¿**Cómo** se llama usted?　　　·您叫什么名字？

EJERCICIO III

(1) 仿照例句，回答下列问题。

例：¿**Quién es** médico? /*Ángel*　　　-*Ángel* es médico.
　　谁是医生？/ 安赫尔　　　　　　安赫尔是医生。

1) ¿Quién es profesor? / *Antonio*　　_____

2) ¿Quién es azafata? / *Luisa*　　_____

3) ¿Quién es arquitecto? / *Pedro*　　_____

4) ¿Quién es ingeniero? / *Carlos*　　_____

5) ¿Quién es enfermera? / *Carmen*　　_____

6) ¿Quién es estudiante? / *José*　　_____

7) ¿Quién es secretaria? / *Petra*　　_____

8) ¿Quién es peluquera? / *Susana*　　_____

9) ¿Quiénes son abogados? / *Felipe y Manuel*　　_____

10) ¿Quiénes son camareras? / *Pilar y Mercedes*　　_____

（2）仿照例句，回答下列问题。

例：¿**Qué es** Ángel? / *médico*　　　　　　-Ángel **es** médico.
　　安赫尔是做什么工作的？ / 医生　　　　安赫尔是医生。

1）¿Qué es Carmen? / *enfermera*

2）¿Qué es Miguel? / *piloto*

3）¿Qué es Petra? / *secretaria*

4）¿Qué es Antonio? / *profesor*

5）¿Qué es Susana? / *peluquera*

6）¿Qué es Carlos? / *ingeniero*

7）¿Qué es José? / *estudiante*

8）¿Qué es Luisa? / *azafata*

9）¿Qué son Felipe y Manuel? / *abogados*

10）¿Qué son Pilar y Mercedes? / *camareras*

UNIDAD 2

¿De dónde eres?

你是哪里人?

> **学习重点**
>
> **会话**：询问对方从哪里来
>   形容一个人的外表和性格
> **语法**：形容词的性、数变化
>   短尾物主形容词
>   一般疑问句

 LENGUAJE COLOQUIAL（对话）

1. ¿De dónde eres?
你是哪里人?

(P:Pedro; E:Elena)

P: ¡Hola! Soy Pedro. ¿Y tú?

E: Yo soy Elena.

P: Encantado. Yo soy alemán, de Munich. ¿Y tú? ¿De dónde eres?

E: Soy inglesa, de Londres.

P: ¿Son ellos también ingleses?

E: No, no son ingleses. Pilar es italiana, de Roma. Juan es francés, de París, y Francisco es chino, de Beijing. ¿Quién es nuestro profesor?

P: El señor García es nuestro profesor.

E: ¿Cómo es el señor García?

P: Es alto, moreno y muy simpático.

E: ¿Es español o sudamericano?

P: Es español, de Madrid.

佩德罗：你好！我是佩德罗。你呢？

爱伦娜：我是爱伦娜。

佩德罗：很高兴认识你。我是德国人，从慕尼黑来。你呢？你是哪里人？

爱伦娜：我是英国人，从伦敦来。

佩德罗：他们也是英国人吗？

爱伦娜：不是，他们不是英国人。皮拉尔是意大利人，来自罗马。胡安是法国人，来自巴黎，而弗朗西斯科是中国人，来自北京。我们的老师是谁？

佩德罗：加西亚先生是我们的老师。

爱伦娜：加西亚先生什么样啊？

佩德罗：他高个子，皮肤黝黑，人特别好。

爱伦娜：他是西班牙人还是南美人？

佩德罗：是西班牙人，来自马德里。

2. ¿Cómo es tu novio?
你男朋友什么样啊？

(P:Pedro; C: Cristina; A:Antonio)

P: ¡Hola! Vosotros sois Cristina y Antonio, ¿no?

C: Sí. Y tú, ¿cómo te llamas?

P: Yo soy Pedro. ¿Qué tal?

A: ¡Hola, Pedro! ¿Qué tal?

P: ¿Sois de Colombia?

A: No, somos salvadoreños. Estamos acá de vacaciones.

P: ¡Pues bienvenidos a España!

A y C: ¡Gracias!

…

A: ¿Cómo es tu novio?

C: No está mal. Es alto, delgado…

A: ¿Es rubio o moreno?

C: Moreno. Es muy guapo, y simpático…

佩 德 罗：嗨！你们是克里斯蒂娜和安东尼奥，对吗？

克里斯蒂娜：是啊。你呢？你叫什么名字？

佩 德 罗：我是佩德罗。你们好！

安 东 尼 奥：嗨，佩德罗！你好！

佩 德 罗：你们是哥伦比亚人吗？

安 东 尼 奥：不是，我们是萨尔瓦多人。我们在这里度假。

佩 德 罗：哦，欢迎你们来到西班牙！

安东尼奥和克里斯蒂娜：谢谢！

……

安 东 尼 奥：你男朋友什么样啊？

克里斯蒂娜：长得还行。高高的，瘦瘦的……

安 东 尼 奥：他是金发还是黑发？

克里斯蒂娜：黑发。他很帅，人很好……

VOCABULARIO（词汇）

alemán, ana	m.f.	德国人	nuestro, a	adj.	我们的
	m.	德语	el, la	art.	这，那，这个，那个
	adj.	德国的	señor	m.	先生
dónde	adv.	哪里	alto	adj.	高的
inglés, esa	m.f.	英国人	moreno	adj.	肤色黝黑的，黑发的
	m.	英语	simpático	adj.	给人以好感的，可亲的，可爱的
	adj.	英国的			
italiano, na	m.f.	意大利人	español, la	m.f.	西班牙人
	m.	意大利语		m.	西班牙语
	adj.	意大利的		adj.	西班牙的
francés, esa	m.f.	法国人	o	conj.	或者
	m.	法语	sudamericano, na	m.f.	南美洲人
	adj.	法国的		adj.	南美洲的
chino, na	m.f.	中国人	no	adv.	不，不是
	m.	汉语	salvadoreño, ña	m.f.	萨尔瓦多人
	adj.	中国的		adj.	萨尔瓦多的

acá	adv.	这里			未婚夫，未婚妻
vacación	f.	假期，休假	delgado	adj.	瘦的
estar de vacación		休假	rubio	adj.	金黄色的；金黄头发的
bienvenido	adj.	受欢迎的			
tu	adj.	你的	guapo	adj.	漂亮的；英俊的
novio, a	m.f.	男朋友，女朋友；			

VOCABULARIO COMPLEMENTARIO（补充词汇）

los, las	art.	这些，那些	suizo, za	m.f.	瑞士人
chico, ca	m.f.	男孩儿，女孩儿		adj.	瑞士的
amable	adj.	和蔼的	polaco, ca	m.f.	波兰人
grande	adj.	大的		m.	波兰语
japonés, esa	m.f.	日本人		adj.	波兰的
	m.	日语	americano, na	m.f.	美洲人；美国人
	adj.	日本的		adj.	美洲的；美国的
holandés, esa	m.f.	荷兰人	oficina	f.	办公室
	m.	荷兰语			
	adj.	荷兰的			

CONTENIDOS COMUNICATIVOS（会话句型）

1. 怎么问对方是哪里人？

-¿De dónde **eres**? ·你是哪里人？

¿De dónde **es** usted? ·您是哪里人？

¿De dónde **es** el señor? ·那位先生是哪里人？

-Soy **inglesa**. ·我是英国人。

Soy **de China**. ·我是中国人／我来自中国。

El señor es **francés**, **de París**. ·那位先生是法国人，来自巴黎。

关于国家的词汇

洲名/国名	形容词形式	中文译名	洲名/国名	形容词形式	中文译名
África	africano	非洲	Honduras	hondureño	洪都拉斯
América	americano	美洲	Irak	iraquí	伊拉克
Asia	asiático	亚洲	Irán	iraní	伊朗
Australia	australiano	澳大利亚	Israel	israelí, israelita	以色列
Bélgica	belga	比利时	Marruecos	marroquí	摩洛哥
Brasil	brasileño	巴西	México	mexicano	墨西哥
Canadá	canadiense	加拿大	Nicaragua	nicaragüense	尼加拉瓜
Colombia	colombiano	哥伦比亚	Panamá	panameño	巴拿马
Costa Rica	costarricense	哥斯达黎加	Perú	peruano	秘鲁
Cuba	cubano	古巴	Polonia	polaco	波兰
Dinamarca	danés	丹麦	Puerto Rico	puertorriqueño	波多黎各
Ecuador	ecuatoriano	厄瓜多尔	El Salvador	salvadoreño	萨尔瓦多
Egipto	egipcio	埃及	Suecia	sueco	瑞典
Europa	europeo	欧洲	Suiza	suizo	瑞士
Grecia	griego	希腊	Venezuela	venezolano	委内瑞拉
Guatemala	guatemalteco	危地马拉	Vietnam	vietnamita	越南

2. 如何形容一个人的外表或性格？

¿Cómo es **el señor García**? · 加西亚先生这人什么样啊？

¿Cómo es **tu novio**? · 你男朋友什么样啊？

¿Cómo son **los chicos**? · 哪些男孩子什么样？

—Es alto, moreno y muy simpático. · 他高个子，皮肤黝黑，人特别好。

Es alto, delgado... muy guapo. · 他高高的，瘦瘦的……很帅。

Son morenos, y muy simpáticos. · 他们黑头发，皮肤黝黑，人很好。

关于外表和性格的词汇

alto 高的—bajo 矮的   simpático 和蔼的—antipático 令人反感的
inteligente 聪明的—tonto 傻的   guapo 漂亮的—feo 丑的
gordo 胖的—delgado 瘦的   introvertido 内向的—extravertido 外向的

关于外表和性格的词汇

joven 年轻的—mayor 年老的	quejón 爱发牢骚的
optimista 乐观的—pesimista 悲观的	inflexible 刻板的
amable 和蔼的—grosero 没礼貌的	egoísta 自私的
valiente 勇敢的—miedoso 胆小的	paciente 耐心的
serio 严肃的—divertido 风趣的	dominante 专横的
conservador 保守的—liberal 开放的	insoportable 让人受不了的
arrogante 傲慢的—modesto 谦虚的	travieso 调皮的
caballeroso 有绅士风度的	rebelde 叛逆的
sentimental 多愁善感的	listo 伶俐的
hospitalario 好客的	astuto 狡猾的
entusiasta 热情的	descarado 无耻的
tímido 害羞的	discreto 谨慎的
rico（儿童）可爱的	franco 坦诚的
mimoso 爱撒娇的	hablador 饶舌的，话多的

CONTENIDOS GRAMATICALES（语法）

1. 形容词的性、数变化

形容词是用来修饰名词的。在西班牙语中，形容词必须与所修饰名词在形式上保持一致，即所谓"性、数一致"。我们已经知道，名词有性、数的变化，因而，形容词也有性、数的变化。

性	单数	复数
阳性	Él es un **profesor español**. ·他是一位西班牙语教师。	Ellos son **profesores españoles**. ·他们是西班牙教师。
	Él es un **médico simpático**. ·他是一位和蔼可亲的医生。	Ellos son **médicos simpáticos**. ·他们是和蔼可亲的医生。
阴性	Ella es una **profesora española**. ·她是一位西班牙语教师。	Ellas son **profesoras españolas**. ·她们是西班牙语教师。
	Ella es una **médica simpática**. ·她是一位和蔼可亲的医生。	Ellas son **médicas simpáticas**. ·她们是和蔼可亲的医生。

在下表中，形容词随着它所修饰的人称代词的性、数变化而变化。

性	单数	复数
阳性	Él es **francés**. ·他是法国人。	Ellos son **franceses**. ·他们是法国人。
阳性	Él es **alto**. ·他个子高。	Ellos son **altos**. ·他们个子高。
阴性	Ella es **francesa**. ·她是法国人。	Ellas son **francesas**. ·她们是法国人。
阴性	Ella es **alta**. ·她个子高。	Ellas son **altas**. ·她们个子高。

EJERCICIO I

(1) 仿照例句，完成句子。

例：Pedro es **alemán**. / *Lucía*　　　　　-Lucía es **alemana**.

　　佩德罗是德国人。/ 露西亚　　　　　露西亚是德国人。

1) Ellos son ingleses. / *Miguel*

2) Juan es moreno. / *ellas*

3) Nosotros somos españoles. / *tú*

4) Él es muy amable. / *ustedes*

5) Carmen es francesa. / *Jean*

6) Madrid es grande. / *París*

7) Él es simpático. / *vosotros*

8) Ella es inglesa. / *nosotros*

9) Vosotros sois alemanes. / *yo*

10) Ella es italiana. / *usted*

(2) 改为复数句 / 单数句。

例：Yo soy **francés**.　　　　　-Nosotros somos **franceses**.

　　我是法国人。　　　　　　我们是法国人。

1) Tú eres italiano.

2) Ella es japonesa.

3) Él es alemán.

4) Nosotros somos ingleses.

5) Vosotros sois holandeses.

6) Ellos son suizos.

7）Ellas son polacas.　　　　　　　　_____

8）Ustedes son americanos.　　　　　_____

9）Vosotras sois francesas.　　　　　_____

10）Nosotras somos españolas.　　　　_____

2. 短尾物主形容词

物主形容词表示所属关系。短尾物主形容词和长尾物主形容词分别置于所修饰的名词之前和之后。短尾物主形容词的形式如下：

人称＼数	单数	复数
第一人称	mi, mis（我的）	nuestro, tra; nuestros, tras（我们的）
第二人称	tu, tus（你的）	vuestro, tra; vuestros, tras（你们的）
第三人称	su, sus（他/她的，您的）	su, sus（他/她们的，诸位的）

短尾物主形容词要与其所修饰的名词保持数的一致。"我们的"和"你们的"除了与名词保持单复数的一致以外，还要与之保持阴阳性的一致。特别要提醒大家注意的是，短尾物主形容词的性数变化完全取决于其所修饰的名词，而不是其自身的意义变化。

mi amigo	我的朋友（只有一个朋友）
mis amigos	我的朋友们（很多个朋友）
nuestro profesor	我们的老师（只有一位老师）
nuestros profesores	我们的老师们（很多位老师）
nuestras profesoras	我们的老师们（很多位女老师）
su novio	她的男朋友
sus novios	她们的男朋友/诸位的男朋友（各自的）
su oficina	他（她）的办公室/您的办公室/他（她）们的办公室/诸位的办公室（共用的一间）（总之只有一个办公室）
sus oficinas	他（她）的办公室/您的办公室（一个人拥有若干间）/他（她）们的办公室/诸位的办公室（各自的）

3. 一般疑问句

不带疑问词的疑问句叫一般疑问句，需要用"是"或"不是"回答。在这种疑问句中一般需要主谓倒装。

-¿**Son ellos** ingleses?　　　　·他们是英国人吗？

-**No, no son** ingleses.　　　　　　・不是，他们不是英国人。他们是意大利人，来自罗马。
　Son italianos, de Roma.

-¿**Sois** de Colombia?　　　　　　・你们是哥伦比亚人吗？

-**Sí**. Somos de Bogotá.　　　　　　・是的。我们从波哥大来。（波哥大是哥伦比亚首都）

否定词"no"直接置于谓语动词之前，表示否定。

如果一般疑问句的谓语部分是"动词+形容词"的系表结构，则形容词常紧跟在动词之后：

　¿**Es alto** tu novio?　　　　　　・你男朋友个子高吗？

EJERCICIO II

（1）仿照例句，回答问题。

例：¿Es Antonio abogado?　　　　　-Sí, es abogado. 是的，他是律师。
　　安东尼奥是律师吗？　　　　　　-No, no es abogado. 不，他不是律师。

1）¿Es usted estudiante? / Sí.　　　_____

2）¿Es Petra camarera? / No.　　　_____

3）¿Es Luisa peluquera? / No.　　　_____

4）¿Es Carlos ingeniero? / Sí.　　　_____

5）¿Es Susana azafata? / No.　　　_____

6）¿Son Pilar y Mercedes enfermeras? / No.　　_____

7）¿Son José y María estudiantes? / Sí.　　_____

8）¿Sois médicos? / No.　　　_____

9）¿Eres arquitecto? / Sí.　　　_____

10）¿Son ustedes enfermeras? / Sí.　　_____

（2）以否定形式回答问题。

例：¿Es usted el señor López? / el señor Pérez.
　　您是洛佩斯先生吗？／佩雷斯先生。
　　-No, no soy el señor López, soy el señor Pérez.
　　不，我不是洛佩斯先生，我是佩雷斯先生。

1）¿Eres Carlos? / Antonio.　　　　　-No, _____

2）¿Sois vosotras azafatas? / camareras.　　-No, _____

3）¿Son ustedes estudiantes? / médicos.　　-No, _____

4）¿Es Carmen peluquera? / enfermera.　　-No, _____

5) ¿Es usted estudiante? / profesor.   -No, _____
6) ¿Es él ingeniero? / arquitecto.   -No, _____
7) ¿Son ellos abogados? / estudiantes.   -No, _____
8) ¿Eres secretaria? / azafata.   -No, _____
9) ¿Son médicos? / abogados.   -No, _____
10) ¿Son ellas azafatas? / camareras.   -No, _____

UNIDAD 3

¿Qué es ese edificio?

那是什么建筑?

学习重点

会话：如何表达自己的感慨心情
　　　如何询问"这是什么"
　　　如何询问一个东西的性质

语法：冠词
　　　指示形容词
　　　感叹句
　　　动词"TENER"（拥有）的变位

LENGUAJE COLOQUIAL 〈对话〉

1. ¿Qué es ese edificio?
那是什么建筑?

(R:Roberto; A:Angela)

R: ¡Oh! ¡Qué bonita es esta plaza!

A: Sí, es la Plaza Mayor de la ciudad.

R: ¿Y qué es ese edificio?

A: Ese edificio es el Ayuntamiento y aquella iglesia es la Catedral.

R: ¿Es muy antigua?

A: Sí, del siglo XII, es una iglesia románica.

R: ¿Son aquellas torres también románicas?

A: No, son góticas, del siglo XIV.

R: ¿Es este edificio el Museo Provincial?

A: Sí, y aquel edificio moderno es un cine.

R: ¿Cómo es esta ciudad? ¿Es una ciudad rica o pobre?

A: Es bastante pobre, con poca industria.

R: ¿Y aquella fábrica de qué es?

A: Es una fábrica textil, la única de la ciudad.

罗伯特：啊！这个广场多漂亮呀！

安赫拉：是啊，这是这个城市的大广场。

罗伯特：那是什么建筑？

安赫拉：那是市政府，那边那个是大教堂。

罗伯特：很古老吗？

安赫拉：是啊，它建于12世纪，是一座罗马式的教堂。

罗伯特：那些塔也是罗马式的吗？

安赫拉：不，是哥特式的，建于14世纪。

罗伯特：这是省博物馆吗？

安赫拉：是的，那边那座现代建筑是一家电影院。

罗伯特：这座城市怎么样？是富足还是贫穷？

安赫拉：相当穷，工业很少。

罗伯特：那个是什么工厂？

安赫拉：是一个纺织厂，本市唯一的一个。

2. ¿Cómo es tu casa?
你家什么样?

(A:Ana; P:Paco)

A: ¿Qué eres, Paco?

P: Soy estudiante, pero no vivo en la universidad.

A: Entonces, ¿dónde vives?

P: Vivo en la calle Arenal, en un edificio antiguo, muy bonito.

A: ¿Tiene muchos pisos?

P: No, tiene cuatro y nosotros vivimos en el tercero.

A: ¿Cómo es tu casa?

P: Mi casa no es muy grande pero es cómoda. Tiene tres dormitorios, un salón, una cocina y un cuarto de baño. Es un piso exterior muy alegre. Sólo tiene dos problemas: en invierno la casa es fría y en verano muy calurosa; además tengo unos vecinos muy, muy ruidosos.

>>>

安娜：巴科，你是做什么的？

巴科：我是学生，但是我不住在大学里。

安娜：那你住在哪儿？

巴科：我住在阿雷纳尔街，一幢古老而漂亮的楼房里。

安娜：楼层多吗？

巴科：不多，有四层，我们住在三层。

安娜：你家什么样？

巴科：我家不是很大，但是很舒适。有三个卧室，一个客厅，一个厨房和一个卫生间。这是一套朝街的房子，非常明亮。就是有两个问题：冬天这房子很冷，而夏天又很热；另外，我的几个邻居特别特别地吵。

<<<

VOCABULARIO（词汇）

bonito	adj.	漂亮的	moderno	adj.	现代的
este, ta	adj.	这个	cine	m.	电影院
plaza	f.	广场	rico	adj.	富有的
mayor	adj.	较大的；最大的	pobre	adj.	贫穷的
ciudad	f.	城市	bastante	adv.	相当地
edificio	m.	建筑物，楼房，大厦	con	prep.	和；带有
ese, sa	adj.	那个	poco	adj.	少的
ayuntamiento	m.	市政府	industria	f.	工业
aquel, lla	adj.	那个	fábrica	f.	工厂
iglesia	f.	教堂	textil	adj.	纺织的
catedral	f.	大教堂	único	adj.	唯一的，独有的
antiguo	adj.	古老的，古代的	vivir	intr.	生活，居住
siglo	m.	世纪	en	prep.	在……里面，在……上面
románico	adj.	罗马式的			
gótico	adj.	哥特式的	calle	f.	街道
museo	m.	博物馆	tener	tr.	有，拥有
provincial	adj.	省的	cuatro	adj.num.	四

piso	m.	层；套间	exterior	adj.	外面的；朝街的
tercero	adj. num.	第三	alegre	adj.	快乐的；明亮的
casa	f.	房子；家	sólo	adv.	只，仅仅
pero	conj.	但是，然而	dos	adj. num.	二
cómodo	adj.	舒服的	problema	m.	问题，麻烦
tres	adj. num.	三	invierno	m.	冬天
dormitorio	m.	卧室	frío	adj.	冷的
salón	m.	大厅，客厅	verano	m.	夏天
cocina	f.	厨房	caluroso	adj.	热的
cuarto	m.	房间	además	adv.	此外，而且
baño	m.	卫生间	vecino	m.	邻居
cuarto de baño		卫生间	ruidoso	adj.	喧闹的，嘈杂的

VOCABULARIO COMPLEMENTARIO（补充词汇）

vida	f.	生活，生命	jardín	m.	花园
llorar	intr.	哭	hermoso	adj.	美丽的
niño, ña	m.f.	儿童，孩子	nevar	intr.	下雪
concierto	m.	音乐会	postre	m.	饭后甜食
esto	pron.	这个	cuerda	f.	皮革
eso	pron.	那个	fuerte	adj.	结实的
aquello	pron.	那个	agua	f.	水
estación	f.	火车站	frío	adj.	凉的
interesante	adj.	有趣的	carne	f.	肉
libro	m.	书	duro	adj.	坚硬的
familia	f.	家庭	paisaje	m.	风景
turista	m.f.	游客	verde	adj.	绿色的
hotel	m.	酒店，宾馆	pescado	m.	鱼
caro	adj.	贵的	cuadro	m.	图画
señorita	f.	小姐	pilar	m.	柱子
ánimo	m.	热烈的情绪	robusto	adj.	粗大的，结实的
dolor	m.	疼痛	coche	m.	汽车
gracia	f.	有趣的言行；令人讨厌的言行	hijo, ja	m.f.	儿子，女儿
			diccionario	m.	字典

bolígrafo		m.	圆珠笔	perro, rra	m.f.	狗
apartamento		m.	套间，住宅	habitación	f.	房间

CONTENIDOS COMUNICATIVOS 《会话句型》

1. 如何表达自己的感慨心情？

¡**Qué** bonita es esta plaza!	·这个广场多漂亮呀！
¡**Qué** buena es nuestra vida!	·我们的生活是多美好啊！
¡**Cómo** llora el niño!	·那孩子哭得多凶！
¡**Qué** concierto!	·多好的音乐会啊！

2. 如何询问"这是什么"？

-¿Qué es **ese edificio**?	·那是什么建筑？
¿Qué es **esto**?	·这是什么？
¿Qué es **eso**?	·那是什么？
¿Qué es **aquello**?	·那是什么？
-Ese edificio es el Ayuntamiento.	·那个建筑是市政府。
Esto es la estación.	·这是火车站。
Eso es la Catedral.	·那是大教堂。
Aquello es un museo.	·那是一个博物馆。

3. 如何询问一个东西的性质？

-¿Cómo es **esta ciudad**?	·这座城市怎么样？
¿Cómo es **la Catedral**?	·那座大教堂怎么样？
¿Cóme son **aquellas torres**?	·那些塔什么样？
¿Cómo es **ese edificio**?	·那座建筑是什么样的？
-Es bastante pobre.	·相当穷。
Es muy antigua.	·很古老。
Son muy altas.	·很高。
Es moderno.	·是现代风格的。

CONTENIDOS GRAMATICALES 《语法》

1. 冠词

冠词是虚词，本身没有任何意义，它放在名词之前，表示名词的性、数，并说明名词是确指的还是泛指的，表示整体的还是部分的。西班牙语中的冠词分定冠词与不定冠词两种。它们与形容词一样，在修饰名词的时候要与名词性、数一致，所以，冠词也有阴、阳性，单、复数形式。

冠词	性	单数	复数
定冠词	阳性	el	los
	阴性	la	las
不定冠词	阳性	un	unos
	阴性	una	unas

⊙ 定冠词

（1）定冠词的功能之一是标出名词所指概念为已知信息，用在名词之前，并与之性、数一致。定冠词不重读，与名词连读，构成一个语音单位。如：

Es **la** Plaza Mayor de **la** ciudad.　　·这是这个城市的大广场。

Ese edificio es **el** Ayuntamiento y
　　aquella iglesia es **la** Catedral.　　·那个建筑是市政府，那边那个是大教堂。

En invierno **la** casa es fría.　　·冬天这房子很冷。

（2）当阳性单数定冠词 el 出现在介词 de 之后时，二者缩合为 del。如：

La Catedral es **del** siglo XII.　　·这座大教堂是12世纪的。

La casa **del** señor García es muy grande.　　·加西亚先生的房子很大。

⊙ 不定冠词

不定冠词用来表示初次提到的人或事物，也可以用来表示不确定的人或事。它用在名词之前，并与之性、数一致。不定冠词是重读词。

Es **una** iglesia románica.　　·这是一座罗马式的教堂。

Aquel edificio moderno es **un** cine.　　·那边那座现代建筑是一家电影院。

Tengo **unos** vecinos muy, muy ruidosos.　　·我的几个邻居特别特别的吵。

EJERCICIO I

(1) 给下列单词加上冠词。

例：plaza → **la** plaza / **una** plaza
　　广场　　　这（那）个广场 / 一个广场

1) ciudad → _____
2) edificio → _____
3) iglesia → _____
4) siglo → _____
5) museo → _____
6) cine → _____
7) fábrica → _____
8) casa → _____
9) dormitorio → _____
10) cocina → _____
11) problema → _____
12) vecino → _____

(2) 改为复数。

例：**el** alemán / **un** alemán　　　　**los** alemanes / **unos** alemanes
　　这（那）个德国人 / 一个德国人　　这（那）些德国人 / 一些德国人

1) el señor → _____
2) el sudamericano → _____
3) la vacación → _____
4) la chica → _____
5) la oficina → _____
6) el día → _____
7) el amigo → _____
8) la estudiante → _____
9) el médico → _____
10) la enfermera → _____
11) el profesor → _____
12) la azafata → _____

2. 指示形容词

指示形容词用来标明谈及的事物与对话双方的相对位置，放在所修饰的名词之前。指示形容词是重读词。修饰名词时，指示形容词与冠词不能同时使用。即为形容词，则需与所修饰的名词保持性、数一致。

组别 \ 数性	单数 阳性	单数 阴性	复数 阳性	复数 阴性
第一组	este	esta	estos	estas
第二组	ese	esa	esos	esas
第三组	aquel	aquella	aquellos	aquellas

第一组（这，这些）指与说话人较近的人或物；第二组（那，那些）指与听话者较近的人或物；第三组（那，那些）指与对话双方都较远的人或物。

¡Qué bonita es **esta** plaza! · 这个广场多漂亮呀！

¿Y qué es **ese** edificio? · 那是什么建筑？

¿Son **aquellas** torres también románicas? · 那些塔也是罗马式的吗？

EJERCICIO II

（1）用指示形容词补全句子，并译成中文。

例：_____ libro es interesante.　　-Este / Ese / Aquel libro es interesante.
　　_____ 书很有趣。　　　　　　　这 / 那 / 那本书很有趣。

1）_____ iglesia es románica.　　_____

2）_____ familia es simpática.　　_____

3）_____ estudiantes son franceses.　　_____

4）_____ edificio es moderno.　　_____

5）_____ torres son góticas.　　_____

6）_____ señores son turistas.　　_____

7）_____ plaza es la Plaza Mayor.　　_____

8）_____ señor es ingeniero.　　_____

9）_____ ciudad es rica.　　_____

10）_____ fábrica es grande.　　_____

(2) 回答问题并译成中文。

例：¿Cómo es este cine? / moderno　　　　　-Este cine es moderno.
　　这家电影院怎么样？ / 现代　　　　　　　这家电影院很现代。

1）¿Cómo es este hotel? / caro　　　　　　＿＿＿＿＿＿＿＿＿＿＿＿＿＿＿
2）¿Qué es ese edificio? / el Ayuntamiento　＿＿＿＿＿＿＿＿＿＿＿＿＿＿＿
3）¿Cómo es aquella fábrica? / grande　　　＿＿＿＿＿＿＿＿＿＿＿＿＿＿＿
4）¿Quién es aquel señor? / el profesor　　 ＿＿＿＿＿＿＿＿＿＿＿＿＿＿＿
5）¿De dónde son estos señores? / ingleses　＿＿＿＿＿＿＿＿＿＿＿＿＿＿＿
6）¿Qué es esta plaza? / la Plaza Mayor　　 ＿＿＿＿＿＿＿＿＿＿＿＿＿＿＿
7）¿Quién es esa señorita? / mi secretaria　 ＿＿＿＿＿＿＿＿＿＿＿＿＿＿＿
8）¿De qué siglo es esa iglesia? / siglo XII　＿＿＿＿＿＿＿＿＿＿＿＿＿＿＿
9）¿De dónde son aquellos turistas? / americanos　＿＿＿＿＿＿＿＿＿＿＿＿
10）¿Cómo son aquellas torres? / góticas　　＿＿＿＿＿＿＿＿＿＿＿＿＿＿＿

3. 感叹句

(1) 感叹句用来表示喜怒哀乐的强烈感情。感叹句可以只有一个词，如：

¡Ah!　　　　　　　　　　　　　　　　　·啊呀!
¡Bah!　　　　　　　　　　　　　　　　 ·呸!
¡Oh!　　　　　　　　　　　　　　　　　·哦，哎呀!
¡Ánimo!　　　　　　　　　　　　　　　·加油!

(2) 感叹词也可以由感叹词与词组或完整的句子连用构成，如：

¡Huy, qué dolor!　　　　　　　　　　　·哎呀，真痛!
¡Qué gracia!　　　　　　　　　　　　　·真有意思!
¡Qué jardín tan hermoso!　　　　　　　　·多美的花园呀!
¡Cómo nieva!　　　　　　　　　　　　 ·雪下得好大呀!
¡Qué bonita es esta plaza!　　　　　　　 ·这个广场好漂亮呀!

最后一个例句是感叹词与完整的句子连用，常见的结构是：qué + 需要感叹的形容词或名词 + 谓语 + 主语。

EJERCICIO III

用所给的名词和形容词组成感叹句。

例：libro — interesante　　　　　　　　　-¡Qué interesante es este libro!
　　书——有趣的　　　　　　　　　　　这本书多有趣呀!

1) postre — bueno
2) cuerda — fuerte
3) agua — fría
4) carne — dura
5) paisaje — verde
6) pescado — caro
7) edificio — alto
8) cuadro — hermoso
9) pilar — robusto

4. 动词 "TENER"（拥有）在陈述式现在时中的变位

单数	变位	复数	变位
yo （我）	tengo	nosotros,tras （我们）	tenemos
tú （你）	tienes	vosotros,tras （你们）	tenéis
él ella usted （他/她/您）	tiene	ellos ellas ustedes （他们/她们/诸位）	tienen

EJERCICIO IV

仿照例句，完成句子。

例：¿Tienes coche?　　　　　　　　-Sí, tengo coche.
　　你有汽车吗?　　　　　　　　　是的，我有汽车。

1) ¿Tienen ellos una casa?　　　　-Sí, _____
2) ¿Tiene ella un hijo?　　　　　　-Sí, _____
3) ¿Tenéis un diccionario?　　　　-Sí, _____
4) ¿Tienen ustedes coche?　　　　-Sí, _____
5) ¿Tiene él hijas?　　　　　　　　-Sí, _____
6) ¿Tienes un bolígrafo?　　　　　-No, _____
7) ¿Tiene usted un apartamento?　-No, _____
8) ¿Tienes una hermana?　　　　　-No, _____
9) ¿Tienen ellas un perro?　　　　-No, _____
10) ¿Tenéis vosotros una habitación?　-No, _____

UNIDAD 4

¿Cómo estás, José?
你怎么样，何塞?

学习重点

会话：如何表达正式的问候
如何描述某人或某物的位置
如何形容某人或某物的状态
语法：动词"ESTAR"（在）在陈述式现在时中的变位
"SER"与"ESTAR"的比较
介词"EN"的用法

LENGUAJE COLOQUIAL（对话）

1. ¿Cómo estás, José?
你怎么样，何塞?

(P:Pedro; S:Susana; J:José)

P: ¡Buenos días, Susana! ¿Cómo estás?

S: Bien, ¿y tú?

P: Bien, gracias. ¿No está tu hermano José en casa?

S: Sí, pero está en la cama.

P: ¿Está enfermo?

S: Sí, está resfriado.

P: ¿Dónde está su habitación?

S: Al final del pasillo. A la derecha.

P: ¿Cómo estás, José?

J: Estoy resfriado, pero hoy estoy mejor.

P: Tu habitación es muy agradable.

J: Sí, pero ahora está bastante desordenada. ¡Qué calor hace aquí!

P: ¡Claro! La ventana está cerrada... ¿Estás cómodo ahora?

J: Sí, ahora estoy muy bien.

佩德罗：早上好，苏珊娜！你怎么样？

苏珊娜：很好，你呢？

佩德罗：很好，谢谢。你哥哥何塞不在家吗？

苏珊娜：在家，但他在床上。

佩德罗：他病了吗？

苏珊娜：是啊，他感冒了。

佩德罗：他的房间在哪儿？

苏珊娜：在走廊的尽头，右边。

佩德罗：你怎么样，何塞？

何　塞：我感冒了，但今天感觉好些了。

佩德罗：你的房间很舒适。

何　塞：是啊，不过现在是够乱的。这儿可真热！

佩德罗：当然啦！窗户关着呢。……现在舒服些了吗？

何　塞：嗯，现在我感觉很好。

---

2. ¿Dónde está su habitación?
他的房间在哪儿？

(A: Alonso; S: Susana)

A: Este piso es bastante grande. Primero está el recibidor. A la derecha están los dormitorios y a la izquierda, el salón.

S: ¿Cómo son los dormitorios?

A: Uno grande y los otros dos, pequeños.

S: No está mal. Y el cuarto de baño, ¿dónde está?

A: Allí, al fondo del pasillo, al lado del dormitorio grande. La cocina está aquímismo, a la izquierda.

阿隆索：这个套间相当大。一进门是门厅。右边是卧室，左边是客厅。

苏珊娜：卧室怎么样？

阿隆索：一间比较大，另外两间小一些。

苏珊娜：不错。那卫生间在哪儿？

阿隆索：在那边，走廊的尽头，挨着那间大卧室。厨房也在那儿，在左边。

VOCABULARIO（词汇）

hermano, na	m.f.	兄弟，姐妹	hacer	intr.	做；（表示天气）是，有
cama	f.	床	aquí	adv.	这里
enfermo	adj.	生病的	claro	adv.	当然
resfriado	adj.	感冒的	ventana	f.	窗户
a	prep.	（表示方位或地点）在，位于	cerrado	p.p. adj.	关闭的
			ahora	adv.	现在
final	m.	末尾，末端	primero	adv.	首先
al final de		在……的末端	recibidor	m.	门厅
pasillo	m.	走廊，楼道	izquierdo	adj.	左边的
derecho	adj.	右边的	a la izquierda		在左边
a la derecha		在右边	salón	m.	大厅，客厅
hoy	adv.	今天	otro	adj.	其他的
mejor	adv.	更好地	allí	adv.	那里
agradable	adj.	令人愉快的	fondo	m.	尽头，深处
desordenado	adj.	乱的	lado	m.	边，侧
calor	m.	热	mismo	adj.	同一个的，相同的

VOCABULARIO COMPLEMENTARIO（补充词汇）

garaje	m.	车库	jardín	m.	花园
servicio	m.	卫生间	parada	f.	车站
piscina	f.	游泳池	autobús	m.	公共汽车
botella	f.	瓶子	hospital	m.	医院
clase	f.	教室	zapato	m.	鞋
bicicleta	f.	自行车	vino	m.	葡萄酒
gato, ta	m.	猫	mesa	f.	桌子

silla		f.	椅子	tranquilo	adj.	安静的，平静的
abierto	p.p. adj.		开着的	nervioso	adj.	精神紧张的
cansado	p.p. adj.		累的，疲惫的	pronto	adv.	早
forma		f.	形状，形式	banco	m.	银行
estar en forma			身体好，情绪好	sur	m.	南，南方
redondo		adj.	圆形的	pueblo	m.	村子，村镇
limpio		adj.	干净的	turístico	adj.	旅游的
azul		adj.	蓝色的	discoteca	f.	迪厅
alegre		adj.	高兴的	fiesta	f.	节日
porcelana		f.	瓷器	contento	adj.	满意的，高兴的
armario		m.	柜子	barato	adj.	便宜的
lápiz		m.	铅笔	sucio	adj.	脏的
roto	p.p. adj.		破的	capital	f.	首都
antiguo		adj.	古老的	centro	m.	中心
conservado	p.p. adj.		保存的	enfadado	p.p. adj.	生气的

CONTENIDOS COMUNICATIVOS（会话句型）

1. 如何表达正式的问候？

大家还记得我们在第一课中学过的问候方式吗？对，是¿Qué tal?。这是一种非正式的问候。那如何表达正式的问候？

-¿Cómo **estás**? / ¿Cómo **está** usted?　　・你好吗？ / 您好吗？

-Muy bien, gracias. ¿Y **tú**? / ¿Y **usted**?　　・非常好，谢谢。你呢？ / 您呢？

-Muy bien, gracias.　　・很好，谢谢。

2. 如何描述某人或某物的位置？

-¿Dónde está **su habitación**?　　・他的房间在哪儿？

¿No está **tu hermano José** en casa?　　・你哥哥何塞不在家吗？

¿Dónde están **los dormitorios**?　　・卧室在哪儿？

¿Dónde está **el cuarto de baño**?　　・卫生间在哪儿？

-Está **al final del pasillo**.　　・在走廊的尽头。

Está **en la cama**. · 他在床上。
Están **a la derecha**. · 在右边。
Está **al fondo del pasillo,**
　al lado del dormitorio grande. · 在走廊的尽头，挨着那间大卧室。

3. 如何形容某人或某物的状态？

-¿Cómo estás, José? · 你怎么样，何塞？
¿Cómo está tu hermano? · 你哥哥怎么样？
¿Cómo está la habitación? · 房间怎么样？
¿Cómo está la ventana? · 窗户怎么样？
¿Cómo estás ahora? · 你现在感觉怎么样？

-Estoy enfermo, pero hoy estoy mejor. · 我病了，但今天感觉好些了。
Está resfriado. · 他感冒了。
Ahora está bastante desordenada. · 现在是够乱的。
La ventana está cerrada. · 窗户关着。
Estoy muy cómodo. · 我感觉很舒服。

CONTENIDOS GRAMATICALES 《语法》

1. 动词 "ESTAR"（在）在陈述式现在时中的变位

人称	变位	例词
yo	**ESTOY**	enfermo / a　resfriado / a
tú	**ESTÁS**	enfermo / a　resfriado / a
él, ella, usted	**ESTÁ**	enfermo / a　resfriado / a
nosotros, tras	**ESTAMOS**	enfermos / as　resfriados / as
vosotros, tras	**ESTÁIS**	enfermos / as　resfriados / as
ellos, ellas, ustedes	**ESTÁN**	enfermos / as　resfriados / as

（1）"ESTAR"是西班牙语中最常用的动词之一，它可以和副词或介词短语构成的状语连用，表示某人或某物的位置，如：

　　Su habitación　　está　　al final del pasillo. · 他的房间在走廊的尽头。
　（主语）　（谓语动词）　（状语）

Mi hermano José **están casa**. ・我哥哥何塞在家。

A la derechaestán los dormitorios. ・右边是卧室。

(2) 对位置进行提问，需要使用疑问副词"DÓNDE"（在哪里）引导的特殊疑问句，如：

¿**Dónde** está su habitación? ・他的房间在哪儿？

EJERCICIO I

(1) 仿照例句，回答问题。

例：¿**Dónde** está el coche? -El coche está **dentro del garaje**.

汽车在哪儿？ 汽车在车库里面。

1）¿Dónde están los servicios? _____

2）¿Dónde está la piscina? _____

3）¿Dónde está la botella? _____

4）¿Dónde están las clases? _____

5）¿Dónde está la bicicleta? _____

6）¿Dónde está el gato? _____

7）¿Dónde está el jardín? _____

(2) 仿照例句，回答问题。

例：¿**Dónde** está José? / cama -José está **en la cama**.

何塞在哪儿？ / 床 何塞在床上。

1）¿Dónde está usted? / jardín _____

2）¿Dónde está Correos? / estación _____

3）¿Dónde está el museo? / la Plaza Mayor _____

4）¿Dónde está la parada del autobús? / hospital _____

5）¿Dónde están los zapatos? / cama _____

6）¿Dónde está el vino? / mesa _____

7）¿Dónde está el gato? / silla _____

8）¿Dónde está el garaje? / la derecha _____

9）¿Dónde está la habitación de José? / la izquierda _____

10）¿Dónde está Pedro? / cine _____

(3) "ESTAR"还可以与形容词或副词连用，表示某人或某物暂时的状态，如：

-¿Está enfermo? ・他病了吗？

-Sí, está resfriado. ・是啊，他感冒了。
Hoy estoy mejor. ・今天我感觉好些了。
Tu habitación ahora está bastante desordenada. ・你的房间现在是够乱的。
La ventana está cerrada. ・窗户关着。
-¿Estás cómodo ahora? ・现在舒服些了吗？
-Sí, ahora estoy muy bien. ・嗯，现在我感觉很好。

（4）对状态进行提问，需要使用"CÓMO"（如何）引导的特殊疑问句，如：
-¿Cómo estás, José? ・你怎么样，何塞？
-Estoy resfriado. ・我感冒了。

EJERCICIO II

（1）改为复数句。

例：El niño está enfermo.　　　　　　-Los niños están enfermos.
　　这个孩子病了。　　　　　　　　　这些孩子病了。

1）Tú estás cansado.　　　　　　　　-Vosotros _____

2）La ventana está cerrada.　　　　　_____

3）Yo estoy resfriado.　　　　　　　_____

4）El banco está todavía abierto.　　_____

5）Tú estás enferma.　　　　　　　　_____

6）Usted está cansada.　　　　　　　_____

（2）仿照例句，回答问题。

例：¿Cómo está José? / enfermo　　　-(José) está enfermo.
　　何塞怎么了？/ 病了　　　　　　　（何塞）病了。

1）¿Cómo está Susana? / cansada　　_____

2）¿Cómo está usted? / cansado　　　_____

3）¿Cómo estáis? / bien　　　　　　　_____

4）¿Cómo están Pilar y Carmen? / resfriadas　_____

5）¿Cómo están ustedes? / enfermas　_____

6）¿Cómo estás? / en forma　　　　　_____

7）¿Cómo está la habitación? / desordenada　_____

8）¿Cómo está la ventana? / cerrada　_____

9）¿Cómo están los niños? / resfriados

10）¿Cómo están ustedes? / cómodos

2. "SER" 与 "ESTAR" 的比较

SER	ESTAR
（1）ser + 形容词，表示固有的性质。 La mesa **es** redonda. ·桌子是圆的。 El cielo **es** azul. ·天空是蓝色的。 Juan **es** alto. ·胡安个子高。 Carmen **es** alegre. ·卡门（性格）很开朗。	（1）estar + 形容词，表示暂时的状态或某种变化的结果。 La mesa **está** limpia. ·桌子很干净。 El cielo **está** azul. ·天空（现在看起来）很蓝。 Juan **está** enfermo. ·胡安病了。 Carmen **está** alegre. ·卡门（现在）很高兴。
（2）表示来源。（注意介词 de） Yo **soy de** España. ·我来自西班牙。 Esta porcelana **es de** China. ·这件瓷器产自中国。	（2）表示位置。（注意介词 en） Yo **estoy en** España. ·我现在在西班牙。 La porcelana **está en** el armario. ·这件瓷器在柜子里。
（3）表示所属关系。（注意介词 de） Ese coche **es de** Antonio. ·那辆汽车是安东尼奥的。 Estos libros **son del** profesor. ·这些书是老师的。	
（4）表示职业。 Él **es** médico. ·他是医生。 ¿**Es** usted estudiante de español? ·您是学西语的学生吗？	

EJERCICIO III

用 SER 或 ESTAR 填空。

例：La niña está enferma.　　　　　La mesa es redonda.

　　这个女孩儿病了。　　　　　　这张桌子是圆的。

1）Luis _____ simpático.

2）Juan y Pedro _____ estudiantes.

3）¿_____ usted cansado?

4）Ellos _____ resfriados.

5）Las ventanas _____ abiertas.

6）Este lápiz _____ de Juan.

7）La botella _____ sobre la mesa.

8）Mis zapatos _____ azules.

9）Mi coche _____ nuevo, pero ahora _____ roto.

10）Nuestra casa _____ bastante antigua, pero _____ bien conservada.

11）Juan _____ tranquilo, pero hoy _____ nervioso.

12）Todavía _____ pronto, los bancos _____ aún abiertos.

13）Torremolinos _____ en el Sur de España y _____ un pueblo muy turístico.

14）Ella _____ joven, pero _____ bastante enferma.

15）Mis amigos _____ alemanes. Ahora _____ en España de vacaciones.

16）Ellos _____ en la discoteca, pues hoy _____ fiesta.

17）¿ _____ ustedes contentos con el hotel? Sí, _____ un hotel muy limpio y barato.

18）La mesa _____ cuadrada.

　　La mesa _____ sucia.

19）Juan _____ médico.

　　Juan _____ en la cama.

20）Madrid _____ la capital de España.

　　Madrid _____ en el centro de España.

21）La habitación _____ grande.

　　La habitación _____ desordenada.

22）Este niño _____ simpático.

23）Este niño _____ enfadado.

3. 介词"EN"的用法

介词"EN"的用法之一是与名词或代词共同构成介词短语，在句中作状语，表示地点。可以用来回答"¿DÓNDE?"提出的问题，如：

-¿No está tu hermano José **en casa**?　　・你哥哥何塞不在家吗？

-Está **en la cama**.　　・他在床上。

-¿**Dónde** está el coche?　　・汽车在哪儿？

-El coche está **en el garaje**.　　・汽车在车库里面。

UNIDAD 5
¿Qué hay ahí?
那边有什么？

> **学习重点**
>
> **会话：** 如何询问在某处有什么东西
> 　　　　如何形容天气
> **语法：** 指示代词
> 　　　　动词 "HABER"（有）
> 　　　　动词 "HACER" 表示天气

LENGUAJE COLOQUIAL（对话）

1. ¿Qué hay ahí?
那边有什么？

(J:Juan; C:Carmen)

J : Ésta es mi casa. Está en la calle de Prim, número quince.

C: ¡Es muy grande!

J : Sí, es bastante grande, pero antigua. Detrás de la casa hay un jardín.

C: ¿Hay muchos árboles en el jardín?

J : No, sólo hay dos. Pero hay muchas flores.

C: Y ahí, ¿qué hay?

J : Ahí está el garaje y aquí la piscina.

C: ¿Y allí?

J : La caseta del perro.

C: ¿Es muy alto el alquiler?

J : No, doscientos euros al mes.

C: ¡Qué barato!

胡安：这是我的家。它位于普里姆街15号。

卡门：真够大的！

胡安：是啊，相当大，但是很古老。房子后面有一个花园。

卡门：花园里有很多树吗？

胡安：不多，只有两棵。但是有很多花儿。

卡门：那边有什么？

胡安：那边是车库，这边是游泳池。

卡门：那里呢？

胡安：是狗房。

卡门：房租很高吧？

胡安：不高，每月200欧元。

卡门：好便宜！

2. ¿Qué tiempo hace en Madrid?
马德里的天气怎么样？

(C:Carlos; L:Luis)

C: ¡Hola! ¡Qué calor hace hoy!, ¿verdad?

L: ¡Claro! Estamos en verano.

C: En mi país no hace tanto calor en esta estación del año.

L: Aquí, en Madrid, hace mucho calor en verano y mucho frío en invierno. Tenemos un clima continental.

C: Y en el Norte de España, ¿cómo es el clima en verano?

L: En las costas del Norte no hace, ahora, tanto calor. Tienen un clima más suave y llueve mucho.

C: Y en otoño, ¿qué tiempo hace en Madrid?

L: En otoño y en primavera el tiempo es muy agradable en Madrid. En primavera hace sol, pero a veces llueve y hace mucho viento.

卡洛斯：你好！今天可真热！是吧？

路易斯：可不！现在是夏天。

卡洛斯：在我们国家每年这个季节没有这么热。

路易斯：在我们马德里这儿，夏天非常热，冬天又非常冷。我们是大陆性气候。

卡洛斯：那么在西班牙的北方，夏天的气候又是怎样呢？

路易斯：在北方的海岸地区现在并没有这么热。那里的气候要温和一些，而且经常下雨。

卡洛斯：那么秋天马德里的天气又如何？

路易斯：秋天和春天马德里的天气非常宜人。春天阳光明媚，但是有时候会下雨，而且经常刮风。

VOCABULARIO（词汇）

éste, ta	pron.	这个
número	m.	数字，号码
quince	adj. num.	十五
detrás	adv.	后面
detrás de...		在……后面
haber (hay)	intr.	有
jardín	m.	花园
árbol	m.	树
sólo	adj.	只，仅仅
flor	f.	花
ahí	adv.	那里
caseta	f.	小房子
alquiler	m.	租金，房租
doscientos	adj. num.	二百
euro	m.	欧元
mes	m.	月
barato	adj.	便宜的
verdad	f.	事实
país	m.	国家
tanto	adj.	这（那）么多的，这（那）么大的
estación	f.	季节
año	m.	年
frío	m.	冷
clima	m.	气候
continental	adj.	大陆的，大陆性的
norte	m.	北，北方
costa	f.	海岸
suave	adj.	光滑的；温和的，温柔的
llover	intr.	下雨
otoño	m.	秋天
primavera	f.	春天
tiempo	m.	时间；天气
sol	m.	太阳
vez	f.	回，次
a veces		有时候
viento	m.	风

VOCABULARIO COMPLEMENTARIO（补充词汇）

al lado de		在……旁边
verde	adj.	绿色的
turista	m.f.	旅游者，游客
ocupado	p.p. adj.	忙碌的；被占用的
libre	adj.	自由的；空着的
café	m.	咖啡

biblioteca	f.	图书馆	fresco	adj.	凉爽的；新鲜的
teatro	m.	戏剧；剧院	hambre	f.	饥饿
barrio	m.	区	problema	m.	问题，麻烦
dinero	m.	钱	trabajar	intr.	工作，劳动
cajón	m.	抽屉	malo	adj.	坏的
parque	m.	公园	caluroso	adj.	热的
alumno, na	m.f.	学生	tarde	adv.	晚
persona	f.	人	difícil	adj.	难的
playa	f.	海滩	desagradable	adj.	令人不愉快的
gente	f.	人	siempre	adv.	总是
bar	m.	酒吧	para	prep.	为了
vaso	m.	杯子	mañana	f.	上午
guante	m.	手套			

CONTENIDOS COMUNICATIVOS 〈会话句型〉

1. 如何询问在某处有什么东西？

-¿**Qué hay** detrás de la casa? · 房子后面有什么？
¿Qué hay en el jardín? · 花园里有什么？
¿Qué hay ahí? · 那边有什么？
¿Qué hay al lado de la piscina? · 游泳池旁边有什么？

-Detrás de la casa **hay** un jardín. · 房子后面有一个花园。
En el jardín hay muchas flores. · 花园里有很多花儿。
Hay un garaje ahí. · 那边有一个车库。
Hay una caseta del perro al lado de la piscina. · 游泳池旁边有一个狗房。

-¿**Hay** muchos árboles en el jardín? · 花园里有很多树吗？
-No, sólo **hay** dos. · 不多，只有两棵。

2. 如何形容天气？

¡Qué calor **hace** hoy! · 今天可真热！

En mi país no **hace** tanto calor en esta estación del año.

· 在我们国家每年这个季节没有这么热。

Aquí, en Madrid, **hace** mucho calor en verano y mucho frío en invierno.

· 在我们马德里这儿，夏天非常热，冬天又非常冷。

Y en otoño, ¿qué tiempo **hace** en Madrid?

· 那么秋天马德里的天气又如何呢？

En primavera **hace** sol, pero a veces llueve y **hace** mucho viento.

· 春天阳光明媚，但是有时候会下雨，而且经常刮风。

CONTENIDOS GRAMATICALES（语法）

1. 指示代词

在第三课我们学习了指示形容词。本课要学习的指示代词和指示形容词在形式上完全相同，只是书写时要带重音符号。（注：最新的趋势是指示代词也不带重音符号。）

单数			复数	
阳性	阴性	中性	阳性	阴性
éste	ésta	esto	éstos	éstas
ése	ésa	eso	ésos	ésas
aquél	aquélla	aquello	aquéllos	aquéllas

这三组指示代词之间的距离关系与指示形容词一样。在使用时，指示形容词需要与名词共同构成主语或其他语法成分。

（1）而指示代词是单独使用，但要和所指代的名词在性数上保持一致。如：

Éste señor es inglés; **ése** es francés y **aquél** es italiano.

· 这位先生是英国人；那位是法国人，而那边那位是意大利人。

Ésta azafata es rubia; **ésa** es morena.

· 这位空姐是金发的；而那位是黑发的。

（2）指示代词有中性形式：esto, eso, aquello。它们没有复数形式，也不带重音符号。如：

-¿Qué es **esto**?　　　　　　　　　　· 这是什么？

-**Esto** es un cine.　　　　　　　　　　· 这是一家电影院。

EJERCICIO I

用指示代词填空。

例：**Este** coche es rojo y _____ es verde.　　　　**Ése** es verde.
　　这辆汽车是红色的，_____ 是绿色的。　　　　那辆是绿色的。

1）Esa casa es antigua y _____ es moderna.
2）Estos zapatos son nuevos y _____ son viejos.
3）Aquel coche es de Juan y _____ es de Pedro.
4）Este hotel es caro, pero _____ es barato.
5）Aquellos señores son turistas y _____ son estudiantes.
6）Esta señora es alemana y _____ es francesa.
7）Esta mesa está ocupada, pero _____ está libre.
8）Aquellas torres son góticas y _____ son románicas.
9）Este café es para Antonio y _____ para Luis.

2. 动词 "HABER"（有）

"HABER" 在表示"有（存在）"的时候，是单一人称动词，即没有主语，它只有第三人称单数一种形式——"HAY"。

（1）它与副词或介词短语所构成的状语搭配，构成单一人称句，意为：在（某处）有（某物／人）。如：

Detrás de la casa **hay** un jardín.　　　・房子后面有一个花园。
En el jardín **hay** muchas flores.　　　・花园里有很多花儿。
Hay un garaje ahí.　　　・那边有一个车库。

（2）如果要询问在某处有什么东西，需要使用疑问代词"QUÉ"引导的特殊疑问句，如：

-¿**Qué hay** detrás de la casa?　　　・房子后面有什么？
-Detrás de la casa **hay** un jardín.　　　・房子后面有一个花园。

注 在由"HAY"构成的无人称句中，"HAY"表示在（某处）有（某物），即"存在"之意，它与"TENER"表示的"拥有"是不同的，后者是有主语的。同是中文的一个"有"字，要根据不同的情况选用不同的西语动词。

请对比：

我有一幢大房子。（表示拥有）**Tengo** una casa grande.

这儿有一幢大房子。（表示存在）Aquí **hay** una casa grande.

注意对比"HAY"和"ESTAR"：前者一般引出一个第一次提到的泛指概念，一般用不定冠词；而后者引出的往往是已知的定指概念，一般用定冠词，如：

Aquí **hay un** museo. ・这儿有一个博物馆。

Aquí **está el** museo. ・博物馆在这儿。

EJERCICIO II

（1）仿照例句，回答问题。

例：¿**Hay** muchas discotecas en esta ciudad? 在这座城市里有很多迪厅吗？

-Sí, en esta ciudad **hay** muchas discotecas. 是的，在这座城市里有很多迪厅。

1）¿Hay muchos libros en esa biblioteca? _____

2）¿Hay dos sillas libres en aquella sala? _____

3）¿Hay muchos teatros en este barrio? _____

4）¿Hay mucho dinero en ese cajón? _____

5）¿Hay muchos bancos en esta plaza? _____

6）¿Hay muchas flores en aquel parque? _____

7）¿Hay muchos museos en esta ciudad? _____

8）¿Hay muchos alumnos en esta clase? _____

9）¿Hay muchos turistas en aquella fiesta? _____

10）¿Hay muchas personas en esas oficinas? _____

（2）填空。

例：En esta calle **hay un** banco. **El** banco **está** en esta calle.

在这条街上有一家银行。 该银行在这条街上。

1）En la playa hay mucha gente. La gente _____

2）Debajo de mi casa hay un bar. El bar _____

3）Sobre la mesa hay tres vasos. Los vasos _____

4）A la derecha hay un cine. El cine _____

5）A la izquierda hay unas oficinas. Las oficinas _____

6）Dentro del cajón hay unos guantes. Los guantes _____

7）Fuera de la casa hay un perro. El perro _____

8）Delante del museo hay un parque. El parque _____

9）Detrás del hotel hay una piscina. La piscina _____

3. 动词"HACER"表示天气

"HACER"可以说是西语中的"万能动词"，它的意义不胜枚举，最常用的意思是

"做……",是及物动词。而今天我们要学习的,是用它来表示天气,这时候它只有第三人称单数一种形式。

HACE sol(阳光明媚)→
- calor(热)
- frío(冷)
- fresco(凉爽)
- viento(刮风)
- bueno / buen tiempo(天气好)
- malo / mal tiempo(天气不好)

¡Qué calor **hace** hoy!
· 今天可真热!

En mi país no **hace** tanto calor en esta estación del año.
· 在我们国家每年这个季节没有这么热。

Aquí, en Madrid, **hace** mucho calor en verano y mucho frío en invierno.
· 在我们马德里这儿,夏天非常热,冬天又非常冷。

Y en otoño, ¿qué tiempo **hace** en Madrid?
· 那么秋天马德里的天气又如何呢?

En primavera **hace** sol, pero a veces llueve y **hace** mucho viento.
· 春天阳光明媚,但是有时候会下雨,而且经常刮风。

注意比较 MUCHO(很多)和 MUY(很):前者作为形容词与名词搭配,或者做副词修饰动词,表示程度;后者做副词与形容词、副词搭配:

Hace **mucho** calor.	· 天气很热。
Hace **mucho** frío.	· 天气很冷。
Hace **mucho** viento.	· 风很大。
Tengo **mucha** hambre.	· 我很饿。
Tengo **muchos** problemas.	· 我有很多麻烦。
Él trabaja **mucho**.	· 他工作很努力。
Hace **muy** bueno.	· 天气很好。
Hace **muy** malo.	· 天气很糟。
El clima es **muy** caluroso.	· 气候很炎热。
Ya es **muy** tarde.	· 已经很晚了。
Estos problemas son **muy** difíciles.	· 这些麻烦很难解决。
Él trabaja **muy** bien.	· 他工作很出色。

EJERCICIO III

(1) 用 MUCHO 或 MUY 填空。

例：En verano hace **mucho** calor. Aquí el clima es muy suave.

夏天很热。这里气候很温和。

1）El tiempo es _____ bueno.

2）Hoy hace _____ mal tiempo.

3）En primavera el tiempo es _____ agradable.

4）En mi país hace _____ frío en invierno.

5）Hoy hace una tarde _____ desagradable.

6）Aquí en verano siempre hace _____ bueno.

7）Todavía es _____ temprano.

8）En otoño llueve _____ .

9）Hace _____ viento para ir a la playa.

10）En invierno las mañanas son _____ frías.

(2) 写出相反的意思。

例：Hoy hace **frío**.　　　　　　　　-Hoy hace **calor**.

今天很冷。　　　　　　　　　　今天很热。

1）El tiempo es muy *agradable*. _____

2）En primavera hace *buen* tiempo. _____

3）El clima es muy *caluroso*. _____

4）Es muy *tarde*. _____

5）Hoy hace *bueno*. _____

6）Las noches son *frías*. _____

UNIDAD 6

¿Qué día es hoy?

今天是星期几?

学习重点

会话：如何问今天是星期几
如何问年、月、日
如何问几点
如何表达一些和时间有关的概念
如何问对方家里有几口人
如何问年龄

语法：钟点表示法
疑问词 "CUÁNTO"

LENGUAJE COLOQUIAL（对话）

1. ¿Qué día es hoy?
今天是星期几?

(*M:María; P:Pilar, C:Camarero*)

M: ¿Qué día es hoy?

P: Hoy es martes; mañana, miércoles, y pasado mañana, jueves.

M: ¿A cuántos estamos hoy?

P: Hoy estamos a veinte de enero de dos mil quince.

M: ¿Qué hora tienes? No tengo reloj.

P: Ya son las tres y cuarto, y a las tres y media es la clase de conversación.

M: Entonces, todavía tenemos un cuarto de hora para tomar un café.

P : Bueno, pero deprisa. No tenemos mucho tiempo. El profesor es muy puntual.

M: ¡Camarero! ¡Por favor, un café solo y un cortado!

C : Enseguida, señorita.

玛丽亚：今天是星期几？

皮拉尔：今天是星期二，明天是星期三，后天呢，是星期四。

玛丽亚：今天是几号？

皮拉尔：今天是 2015 年 1 月 20 号。

玛丽亚：几点了？我没有表。

皮拉尔：已经三点一刻了，三点半有会话课。

玛丽亚：那么我们还有一刻钟的时间去喝杯咖啡。

皮拉尔：好啊，不过得快点儿。我们时间不多了。老师很准时的。

玛丽亚：服务生！麻烦你，两杯咖啡，一杯加牛奶，一杯不加！

服务生：请稍等，小姐。

---

2. ¿Cuántos años tiene?
他多大岁数？

(C:Cristina; E:Elena)

C: Adelante... Éste es nuestro dormitorio, y aquélla, es mi cama.

E : ¡Qué limpio y ordenado! ¿Cuántas chicas viven aquí?

C: Cuatro. Somos muy amigas. Ésta es la foto de mi familia.

E : A ver... ¿Cuántos sois en tu familia?

C: Somos seis: mis abuelos, mis padres, mi hermano y yo...

E : Ah, ¿sí? Pero hay siete personas en la foto. ¿Quién es este chico a tu lado?

C: Él... Él es mi novio...

E : ¡Qué sorpresa! Pero ¡es muy guapo! ¿Cuántos años tiene?

C: Veinticinco. Y tu novio, ¿qué edad tiene?

E : Pero, ¡chica! ¡Todavía no tengo novio!

克里斯蒂娜：请进……这就是我们的宿舍，那边是我的床。

艾　伦　娜：真干净，真整洁！这儿住几个女孩儿？

克里斯蒂娜：四个。我们是很要好的朋友。这是我家的照片。

艾　伦　娜：让我看看……你们家几口人啊？
克里斯蒂娜：六口人：我的爷爷奶奶，爸爸妈妈，哥哥，还有我……
艾　伦　娜：是吗？但是照片上有七个人呀。你身边这个男孩儿是谁？
克里斯蒂娜：他嘛……他是我男朋友……
艾　伦　娜：真没想到！很帅啊！他多大岁数？
克里斯蒂娜：25岁。你男朋友呢，他多大？
艾　伦　娜：喂！我还没有男朋友呢！

VOCABULARIO（词汇）

martes	m. 星期二	deprisa	adv. interj. 迅速地；赶快
miércoles	m. 星期三	puntual	adj. 准时的
pasado mañana	后天	por	prep. 为
jueves	m. 星期四	favor	m. 帮助；恩惠
cuánto	adj. interr. 多少	por favor	请
veinte	adj. num. 二十	solo	adj. 唯一的；单独的
enero	m. 一月	cortado	m. 牛奶咖啡
mil	adj. num. 千	enseguida	adv. 立即
quince	adj. num. 十五	adelante	adv. interj. 向前；请进
hora	f. 小时，钟点；时间	ordenado	p.p. adj. 整齐的
reloj	m. 钟表	foto	f. 照片
cuarto	m. 四分之一；一刻钟	a ver	瞧瞧
a	prep.（表示时间）在……时候，在……同时	abuelo, la	m.f. 祖父，祖母
		padre	m. 父亲
media	f. 半点钟	madre	f. 母亲
clase	f. 课，课堂	padres	pl. 父母
conversación	f. 交谈，谈话	sorpresa	f. 惊奇，意外
entonces	adv. 那么	año	m. 年；岁
todavía	adv. 还，仍然	veinticinco	adj. num. 二十五
tomar	tr. 拿；吃，喝	edad	f. 年龄

VOCABULARIO COMPLEMENTARIO（补充词汇）

primero	adj. num.	第一	pastel	m.	糕点
semana	f.	星期，周	fresa	f.	草莓
costar	intr.	花费	litro	m.	公升
kilo	m.	公斤	leche	f.	牛奶
tomate	m.	西红柿	bocadillo	m.	夹肉面包
euro	m.	欧元	jamón	m.	火腿
peseta	f.	比塞塔（西班牙过去的货币）	bolsa	f.	包
			patata	f.	土豆
naranja	f.	甜橙	ración	f.	份额
pera	f.	梨	aceituna	f.	油橄榄
medio	adj.	一半的			

CONTENIDOS COMUNICATIVOS（会话句型）

1. 如何问今天是星期几？（注意动词和疑问词）

-¿**Qué día es** hoy?　　　　　　　・今天是星期几？
-Hoy **es lunes**.　　　　　　　　・今天是星期一。

martes	miércoles	jueves	viernes	sábado	domingo
星期二	星期三	星期四	星期五	星期六	星期天

2. 如何问年、月、日？（注意动词、疑问词和介词）

⊙ 如何问今天是几号呢？

-¿**A cuántos estamos** hoy?　　　　　・今天是几号？
-¿**A qué día estamos** hoy?　　　　　・今天是几号？

-Hoy **estamos a** veintisiete.　　　　・今天是27号。
-Hoy **estamos a** 13, martes.　　　　・今天是13号，星期二。
-Hoy **estamos al** primero.　　　　　・今天是一号。

注意：除了表示每个月的"一号"用序数词"primero"（第一），其余都用基数词。

基数词（注意有的词上有重音符号。另外，在西班牙语中，阿拉伯数字书写时在表示千、百万等单位的时候使用的一般是点而不是逗号。）

1	uno (un, una)	31	treinta y uno (treinta y un / una)
2	dos	32	treinta y dos
3	tres	33	treinta y tres, etc.（类推）
4	cuatro	40	cuarenta
5	cinco	50	cincuenta
6	seis	60	sesenta
7	siete	70	setenta
8	ocho	80	ochenta
9	nueve	90	noventa
10	diez	100	cien / ciento
11	once	101	ciento un / uno / una
12	doce	102	ciento dos
13	trece	103	ciento tres
14	catorce	114	ciento catorce, etc.（类推）
15	quince	200	doscientos / doscientas
16	**dieciséis**	300	trescientos / trescientas
17	diecisiete	400	cuatrocientos / as
18	dieciocho	500	quinientos / as
19	diecinueve	600	seiscientos / as
20	veinte	700	setecientos / as
21	veintiuno (**veintiún**, veintiuna)	800	ochocientos / as
22	**veintidós**	900	novecientos / as
23	**veintitrés**	1.000	mil
24	veinticuatro	1.001	mil uno / una
25	veinticinco	2.000	dos mil
26	**veintiséis**	3.000	tres mil
27	veintisiete	1.000.000	un **millón**
28	veintiocho		
29	veintinueve		
30	treinta		

⊙ 如何问现在是几月？

-¿**En qué mes estamos**?　　　　　　· 现在是几月？
-**Estamos** en (el mes de) **enero**.　　· 现在是一月。
-**Estamos en febrero**.　　　　　　· 现在是二月。

marzo	abril	mayo	junio	julio
三月	四月	五月	六月	七月
agosto	septiempre	octubre	noviembre	diciembre
八月	九月	十月	十一月	十二月

⊙ 如何问现在是哪一年？

-¿**En qué año estamos**?　　　　　　· 现在是哪一年？
-**Estamos en**(el año)**dos mil** quince.　· 现在是 2015 年。
mil novecientos setenta **y ocho**　　　1978 年
mil cuatrocientos noventa y dos　　　1492 年
dos mil dos　　　　　　　　　　　　　2002 年

⊙ 如何表示"某年某月某日"？

-¿**A cuántos estamos** hoy?　　　　　· 今天是几号？
-Hoy **estamos a** veintisiete **de** julio **de** dos mil quince.　· 今天是 2015 年 7 月 27 号。
注意：也可以用动词"SER"表示：
-Hoy **es** 24 **de** abril **de** 2015.　　　· 今天是 2015 年 4 月 24 日。

3. 如何问几点？

-¿**Qué hora es**?　　　　　　　　　· 几点了？
-¿**Qué hora tienes**?　　　　　　　　· 几点了？

-**Son las** diez y media.　　　　　　· 十点半了。
Son las cinco y diez.　　　　　　　· 五点十分了。
Son las nueve y cuarto.　　　　　　· 九点一刻了。
Son las doce **menos** cinco.　　　　· 十二点差五分了。
Es la una.　　　　　　　　　　　　· 一点了。

UNIDAD 6　¿Qué día es hoy?
今天是星期几?

4. 如何表达一些和时间有关的概念?

A las tres y media **es** la clase de conversación.	·三点半有会话课。
Ya **es** muy tarde!	·已经很晚了!
Todavía **es** pronto / temprano.	·时间还早。
Estamos en verano.	·现在是夏天。
Ahora **es** invierno.	·现在是冬天。

5. 如何问对方家里有几口人?

-¿Cuántos **sois** en **tu** familia?　　·你家几口人啊?
-¿Cuántos **son** en **su** familia?　　·您家几口人啊?
-**Somos** seis: mis abuelos, mis padres, mi hermano y yo.
·六口人：我的爷爷奶奶，爸爸妈妈，哥哥，还有我。

6. 如何问年龄?

-¿**Cuántos años tiene** tu novio?　　·你男朋友多大岁数?
-¿**Cuántos años tiene**s?　　·你多大岁数?
-¿**qué edad tiene**?　　·他多大岁数?

-**Tiene** veinticinco (años).　　·他 25 岁。
-**Tengo** doce.　　·我 12 岁。
-**Tiene** ochenta.　　·他 80 岁。

CONTENIDOS GRAMATICALES 《语法》

1. 钟点表示法

-¿**Qué hora es**?　　·几点了?
-¿**Qué hora tienes**?　　·几点了?

-**Son las** diez y media.　　·十点半了。
Son las cinco y diez.　　·五点十分了。

Son las nueve y cuarto. ・九点一刻了。

Son las doce **menos** cinco. ・十二点差五分了。

Es la una. ・一点了。

Son las dos **en punto**. ・两点整了。

Son las tres y veinticinco (minutos). ・三点二十五分了。

※ 除了表示"一点"使用第三人称单数动词"es"和阴性单数定冠词"la"以外，其余的点钟都使用"son"和"las"。

※ "一点"和"半点钟"都使用其阴性形式：una, media。

※ "几点过几分"和"几点差几分"分别用"...y..."和"...menos..."表达。

EJERCICIO I

写出下列时间。

¿Qué hora es?（几点了？）

2. 疑问词 "CUÁNTO"

"CUÁNTO"是疑问形容词，需要与所修饰的名词性、数一致。它的意思是"多少"，用于问数目。

¿**Cuántos** sois en tu familia? ・你家几口人啊？

¿**Cuántos** años tiene tu novio? ・你男朋友多大岁数？

¿**Cuántas** chicas viven aquí? ・这儿住几个女孩儿？

¿**Cuántos** edificios hay en la plaza? ・这个广场上有多少座建筑？

¿**Cuántas** habitaciones tiene este piso? ・这套房子里有多少个房间？

EJERCICIO II

仿照例句，回答问题。

例：¿Cuántos años tienes? / 31 años   -Tengo treinta y un años.
　　你多大岁数？ / 31 岁　　　　　　　我 31 岁。

1）¿Cuántos años tiene tu padre? / 72 años _____

2）¿Cuántos años tiene vuestro hijo? / 12 años _____

3）¿Cuántos años tiene el niño? / 8 meses _____

4）¿Cuántos años tienen ustedes? / 17 y 20 años _____

5）¿Cuántos años tiene esta niña? / 5 semanas _____

6）¿Cuántos años tiene tu madre? / 45 años _____

7）¿Cuántos años tienen sus abuelos? / 78 y 81 años _____

8）¿Qué edad tiene usted? / 36 años _____

9）¿Qué edad tiene este niño? / 8 días _____

10）¿Qué edad tiene vuestra hermana? / 15 años _____

"CUÁNTO" 可以与动词 "COSTAR"（花费）的第三人称单数变位形式 "CUESTA" 搭配，表示"某物多少钱"。

-¿**Cuánto cuesta** un kilo de tomate?　　·一公斤西红柿多少钱？
-**Cuesta** 120 pesetas.　　　　　　　　　·120 比塞塔。

EJERCICIO III

仿照例句，回答问题。

例：¿Cuánto cuesta un kilo de naranjas? / 2 eruos
　　一公斤橙子多少钱？ / 2 欧元
　　-Un kilo de naranjas cuesta 2 eruos.
　　一公斤橙子 2 欧元。

1）¿Cuánto cuestan dos kilos de peras? / 165 ptas

_____

2）¿Cuánto cuesta medio kilo de pasteles? / 5 euros

_____

3）¿Cuánto cuesta un cuarto (de) kilo de fresas? / 70 ptas

_____

4）¿Cuánto cuesta un litro de vino? / 140 ptas

___

5）¿Cuánto cuesta medio litro de leche? / 45 ptas

___

6）¿Cuánto cuesta el bocadillo de jamón? / 2 eruos

___

7）¿Cuánto cuesta una bolsa de patatas? / 40 ptas

___

8）¿Cuánto cuesta una ración de aceitunas? / 75 ptas

___

9）¿Cuánto cuesta un café con leche? / 60 ptas

___

UNIDAD 7

¿Hablas muchos idiomas?
你会讲很多种语言吗?

学习重点

会话: 如何表达"会讲某种语言"
如何表达"从……时候开始做……"
如何表达"在……点钟做……"
如何回答祝福

语法: 以"-AR"结尾的第一变位规则动词
动词的直接宾语
宾格代词(Ⅰ)

LENGUAJE COLOQUIAL (对话)

1. ¿Hablas muchos idiomas?
你会讲很多种语言吗?

(*S:Susana; P:Pedro*)

S: ¡Hola, Pedro!, ¿a dónde vas?

P: Voy a clase de español. Estudio español; y tú, ¿estudias también español?

S: Sí, trabajo en una empresa y necesito este idioma para mi trabajo. Mi empresa exporta productos a España y Sudamérica.

P: ¿Hablas muchos idiomas?

S: Inglés y un poco de francés.

P: ¿Desde cuándo estudias español?

S: Desde hace un año.

P: ¿En qué clase estás?

S: Estoy en el nivel elemental. En el aula[①] cuatro.

苏珊娜：你好，佩德罗！你去哪儿？

佩德罗：我去上西语课。我是学西语的。你呢？你也学西语吗？

苏珊娜：是的，我在一家公司上班，工作中我需要使用这门语言。我们公司向西班牙和南美出口产品。

佩德罗：你会讲很多种语言吗？

苏珊娜：我会讲英语和一点儿法语。

佩德罗：你从什么时候开始学习西语的？

苏珊娜：一年前吧。

佩德罗：你在哪个班学习？

苏珊娜：我在初级班。在第四教室。

---

2. Comemos juntos a las doce y media.
十二点半我们一起吃饭

(P:Pedro; S:Susana)

P: ¿Cuántas horas de clase tienes al día?

S: Tres horas. La clase empieza a las nueve en punto y dura hasta las doce. A las diez y media hay una pausa. Durante la pausa fumamos un cigarrillo, tomamos una taza de café o charlamos con los compañeros.

P: ¿Y después de la clase?

S: Comemos juntos a las doce y media. Por la tarde voy a la biblioteca a leer revistas.

P: ¿Repasas las lecciones?

S: Sí, claro. Las repaso por la noche.

P: ¡Muy bien! Te deseo mucho éxito en tus estudios de español.

S: Gracias. Igualmente.

佩德罗：你每天有几个小时的课？

苏珊娜：三个小时。九点整开始，上到十二点。十点半的时候有一次休息。休息的时候我

---

① 当阴性名词以重读的 "a" 或 "ha" 开头的时候，其单数前的定冠词使用 "el"。

们会抽一支烟，喝一杯咖啡或者和同学们聊聊天儿。

佩德罗：上完课以后呢？

苏珊娜：十二点半我们一起吃饭。下午我去图书馆看杂志。

佩德罗：你复习功课吗？

苏珊娜：当然。我晚上复习功课。

佩德罗：真不错！祝你在西语学习上取得好成绩。

苏珊娜：谢谢。也祝你取得好成绩。

VOCABULARIO（词汇）

a	prep.	（表示目的地）到	punto	m.	点
ir	intr.	去	en punto		正好的（时间）
estudiar	tr.	学习	durar	intr.	持续，延续
empresa	f.	公司，企业	hasta	prep.	直到
necesitar	tr.	需要	pausa	f.	停顿，中断
idioma	m.	语言	durante	adv.	在……期间
trabajo	m.	劳动，工作	fumar	intr., tr.	吸烟
exportar	tr.	出口	cigarrillo	m.	香烟，卷烟
producto	m.	产品	taza	f.	杯子，带耳杯
hablar	intr., tr.	说话，讲话，谈话；会讲（某种语言）	charlar	intr.	谈话，聊天，闲谈
			compañero, ra	m.f.	同伴，同学
desde	prep.	自……起，从……开始	biblioteca	f.	图书馆
cuándo	adv.	什么时候	revista	f.	杂志
hacer	intr.	（表示时间）已逾，已满	repasar	vt.	复习
			lección	f.	课，功课
nivel	m.	水平，级别	te	pron.	你（用作宾语）
elemental	adj.	初步的，基础的，初级的	desear	tr.	想，要，希望，渴望
			éxito	m.	结果；成功，成就，胜利
aula	f.	教室，课堂			
al día		每天	estudio	m.	学习；学问
empezar	intr., tr.	开始	igualmente	adv.	同样地

VOCABULARIO COMPLEMENTARIO（补充词汇）

perdonar	tr.	原谅	ayudar	tr.	帮助
feliz	adj.	幸福的，快乐的	examinar	tr.	检查；考查
fin	m.	结束；尽头	revista	f.	杂志
nuevo	adj.	新的	calentar	tr.	加热
Navidad	f.	圣诞节	colgar	tr.	挂
esperar	tr.	等待；希望	pared	f.	墙壁
practicar	tr.	实践；练习	conferenciante	m.f.	报告人，演讲者
lección	f.	功课，课	pintar	tr.	绘画；油漆，着色
contestar	tr.	回答	puerta	f.	门
carta	f.	信	cerrar	tr.	关闭
escuchar	tr.	听	ventana	f.	窗户
radio	f.	广播；收音机	repasar	tr.	复核，查对
explicar	tr.	解释	cuenta	f.	账目
preguntar	tr.	提问	contar	tr.	数；讲述
comprar	tr.	买，购买	recordar	tr.	记忆
periódico	m.	报纸	canción	f.	歌曲
teléfono	m.	电话	invitar	tr.	邀请
gramática	f.	语法	alquilar	tr.	租赁
verbo	m.	动词	palabra	f.	字，词
noticia	f.	新闻，消息	acompañar	tr.	陪伴
saludar	intr.	招呼；问候	tocar	tr.	碰；弹奏
visitar	tr.	拜访；参观	piano	m.	钢琴
llevar	tr.	带走	cenar	intr.	吃晚饭

CONTENIDOS COMUNICATIVOS（会话句型）

1. 如何表达"会讲某种语言"？

-¿**Hablas** muchos idiomas? · 你会讲很多种语言吗？

¿Qué idiomas **hablas**? · 你会讲什么语言？

Perdone, ¿**habla** usted chino? · 对不起，您会讲中文吗？

¿**Hablan** ustedes español?　　　　　　　·你们会讲西语吗？

-Inglés y un poco de francés.　　　　　　·我会讲英语和一点儿法语。
Hablo alemán e italiano.　　　　　　　·我会讲德语和意大利语。
No, sólo **hablo** español.　　　　　　　·不会，我只会讲西语。
Sí, somos estudiantes de español.　　　　·会讲，我们是学西语的学生。

2. 如何表达"从……时候开始做……"？

-¿**Desde cuándo estudias** español?　　·你从什么时候开始学习西语的？
¿**Desde cuándo vives** aquí?　　　　　·你从什么时候开始住在这儿的？
¿**Desde cuándo trabaja** usted
　en esta empresa?　　　　　　　　　·您从什么时候开始在这家公司上班的？
-**Desde hace** un año.　　　　　　　　·一年前吧。
Vivo aquí **desde hace** veinte años.　·二十年前我就住在这儿了。
Trabajo en esta empresa **desde** el año 2000.　·从2000年起我就在这家公司上班了。

3. 如何表达"在……点钟做……"？

La clase empieza **a las** nueve en punto y
　dura hasta las doce.　　　　　　　　·课九点整开始，上到十二点。
A las diez y media hay una pausa.　　·十点半的时候有一次休息。
A las tres y media es la clase de conversación.　·三点半有会话课。

4. 如何回答祝福？

-Te deseo mucho éxito en tus estudios
　de español.　　　　　　　　　　　·祝你在西语学习上取得好成绩。
-Gracias. **Igualmente**.　　　　　　　·谢谢。也祝你取得好成绩。
¡Feliz el fin de semana!　　　　　　　·周末愉快！
Gracias. Igualmente.　　　　　　　　·谢谢。也祝你周末愉快！
¡Feliz Año Nuevo!　　　　　　　　　·新年快乐！
Gracias. Igualmente.　　　　　　　　·谢谢。也祝你新年快乐！
¡Feliz Navidad!　　　　　　　　　　·圣诞快乐！
Gracias. Igualmente.　　　　　　　　·谢谢。也祝你圣诞快乐！

CONTENIDOS GRAMATICALES 〈语法〉

1. 以 "-AR" 结尾的第一变位规则动词

西班牙语的原形动词都以 ar，er，或 ir 结尾。变位有规则和不规则之分。以 ar 结尾的规则变位动词为第一变位的动词。

第一变位动词在陈述式现在时的变位是去掉原形动词的词尾 ar，然后在动词词根上加如下各人称的词尾。

人称	词尾	例词	例词
yo	-o	estudio	trabajo
tú	-as	estudias	trabajas
él, ella, Ud.	-a	estudia (estudiar)	trabaja (trabajar)
nosotros / as	-amos	estudiamos	trabajamos
vosotros / as	-áis	estudiáis	trabajáis
ello, ellas, Uds.	-an	estudian	trabajan

EJERCICIO I

将括号中的原形动词变位。

例：Juan _____ (hablar) muy deprisa.　　-Juan habla muy deprisa.
　　胡安 _____ （说话）很快。　　　　　胡安说话很快。

1) Nosotros _____ (esperar) el autobús. _____

2) Usted _____ (fumar) mucho. _____

3) Ellos _____ (practicar) la lección. _____

4) Ella _____ (contestar) la carta. _____

5) Vosotros _____ (estudiar) la lección. _____

6) Yo _____ (escuchar) la radio. _____

7) El profesor _____ (explicar) la lección. _____

8) Tú _____ (preguntar) mucho. _____

9) Ustedes _____ (hablar) muy bien español. _____

10) María _____ (comprar) el periódico. _____

2. 动词的直接宾语

(1) 动词的直接宾语一般是名词或代词，置于动词之后。

Estudio **español**; y tú, ¿estudias también **español**?

- 我是学西语的。你呢？你也学西语吗？

Necesito este idioma para mi trabajo.
- 工作中我需要使用这门语言。

Mi empresa exporta productos a España y Sudamérica.
- 我们公司向西班牙和南美出口产品。

¿Hablas muchos idiomas?
- 你会讲很多种语言吗？

Durante la pausa fumamos un cigarrillo, tomamos una taza de café.
- 休息的时候我们会抽一支烟，喝一杯咖啡。

（2）只有及物动词有直接宾语。直接宾语可以指人，也可以指物。就直接宾语提问时，分别用 quién 和 qué 代替。如果直接宾语是指人的名词，需要在它的前面加上介词 a。

动词+指物的直接宾语	动词+指人的直接宾语
Escucho **la radio**. · 我听收音机。	Escucho **a la profesora**. · 我听老师讲课。
Contesto **la carta**. · 我回信。	Contesto **al profesor**. · 我回答老师问题。
Espero **un teléfono**. · 我等一个电话。	Espero **a mi hermano**. · 我等我哥哥。
¿QUÉ?	¿A QUIÉN? / ¿A QUIÉNES?
¿Qué escuchas? · 你在听什么？	**¿A quién** escuchas? · 你在听谁讲课？
¿Qué contestas? · 你在回复什么？	**¿A quién** contestas? · 你在回答谁的问题？
¿Qué esperas? · 你在等什么？	**¿A quién** esperas? · 你在等谁？

EJERCICIO II

（1）仿照例句，回答问题。

例：¿Qué estudia María? / español　　　-María estudia español.
　　玛丽亚在学什么？ / 西语　　　　　玛丽亚在学西语。

1）¿Qué compran ustedes? / vino　　　_____

2）¿Qué estudian Susana y Pedro? / inglés　　　_____

3）¿Qué toma usted? / un café　　　_____

4）¿Qué fumáis? / un cigarrillo　　　_____

5）¿Qué idiomas hablas? / italiano y francés　　　_____

6）¿Qué escucha usted? / la radio

7）¿Qué esperan ustedes? / el autobús

8）¿Qué explica el profesor? / la gramática

9）¿Qué practican los alumnos? / los verbos

10）¿Qué escucháis? / las noticias

(2) 仿照例句，回答问题。

例：¿**A** quién pregunta el profesor? / alumno   -El profesor pregunta **al** alumno.
　　老师提问谁？ / 学生   老师在提问这个学生。

1）¿A quién espera usted? / Sr.García

2）¿A quién escuchan los alumnos? / profesora

3）¿A quiénes saludáis? / amigos

4）¿A quién visitas los domingos? / abuela

5）¿A quién contesta el alumno? / profesor

6）¿A quiénes esperan ustedes? / hermanos

7）¿A quién llevas esta tarde a la fiesta? / Susana

8）¿A quiénes esperáis hoy? / Juan y Pedro

9）¿A quién ayuda Carmen? / su madre

10）¿A quiénes examina el profesor? / alumnos

3. 宾格代词（I）

为了避免词语重复，并保持语句衔接，我们要使用代词。宾格代词用来指代动词的直接宾语。

主格代词	宾格代词
yo	me
tú	te
él, ella, usted	lo / (le), la
nosotros / as	nos
vosotros / as	os
ellos, ellas, ustedes	los / (les), las

宾格代词必须与所指代的名词保持性数一致。它置于变位动词之前，与之分写。如：
Estudio **español**; y tú, ¿**Lo** estudias también?
· 我是学西语的。你呢？你也学西语吗？

Estudio **español**, porque lo necesito para mi trabajo.

· 我是学西语的，因为工作中我需要使用这门语言。

-¿Esperas **a tu hermana**? · 你在等你妹妹吗？

-Sí, **la** espero en casa. · 是的，我在家等她。

EJERCICIO III

（1）用宾格代词代替直接宾语。

例：El profesor explica **la lección**.　　　　-El profesor **la** explica.

　　老师解释功课。　　　　　　　　　　　老师解释"它"。

1）Yo compro la revista.

2）Nosotros saludamos al profesor.

3）Vosotros estudiáis la lección.

4）Carmen calienta la leche.

5）Juan cuelga el cuadro en la pared.

6）Nosotros escuchamos al conferenciante.

7）Él pinta la puerta.

8）Ellos cierran las ventanas.

9）Ustedes repasan la cuenta.

10）Él cuenta el dinero.

（2）仿照例句，回答问题。

例：¿Recuerdas **esta canción**?　　　　　-Sí, **la** recuerdo. 是的，我记得。

　　你记得这首歌吗？　　　　　　　　　-No, no **la** recuerdo. 不，我不记得了。

1）¿Visitáis hoy a Antonio?

2）¿Me invitáis hoy a comer?

3）¿Nos ayudas esta tarde?

4）¿Alquila usted la habitación?

5）¿Explica el profesor las palabras?

6）¿Ayuda Carmen a su madre?

7）¿Escuchas todos los días la radio?

8）¿Nos acompañáis a casa?

9）¿Toca Juan el piano?

10）¿Te invita Luis a cenar?

UNIDAD 8

¿Qué desea comer?
您想吃点儿什么？

学习重点

会话： 如何点菜
语法： 以 "-ER" 结尾的第二变位规则动词
　　　　 动词短语 PODER + INF.
　　　　 动词短语 TENER QUE + INF.
　　　　 宾格代词（Ⅱ）
　　　　 间接宾语
　　　　 与格代词
　　　　 宾格代词和与格代词同时使用

LENGUAJE COLOQUIAL 《对话》

1. ¿Me puede traer la carta?
能拿给我菜单吗?

(S:Susana; C:Camarero)

S : ¡Por favor! ¿Tienen una mesa libre?

C : Sí, la mesa del rincón está libre.

S : Gracias. ¿Me puede traer la carta?

C : Aquí la tiene. ¿Qué desea comer?

S : De primero, una ensalada mixta. De segundo, no sé qué tomar. ¿Qué me aconseja usted?

C : Le recomiendo una paella. Es especialidad de la casa.

S : ¡Buena idea! Entonces, de segundo, una paella.

C : Y de postre, ¿qué quiere usted?

S : Fruta de la temporada.

C : Y de beber, ¿qué desea tomar?

S : Vino de la casa.

苏珊娜：麻烦你！有空桌子吗？

服务生：有，角落里的那张桌子是空的。

苏珊娜：谢谢。能拿给我菜单吗？

服务生：给您。您想吃点儿什么？

苏珊娜：第一道菜，来一份什锦沙拉，第二道菜……我不知道该吃什么了。您向我推荐一下吧。

服务生：我向您推荐海鲜饭。这是本店的特色菜。

苏珊娜：好主意！那第二道菜就要一份海鲜饭。

服务生：那饭后甜点呢，您来点儿什么？

苏珊娜：时令水果吧。

服务生：那您喝点儿什么？

苏珊娜：你们店自酿的葡萄酒吧。

2. ¿qué quieren tomar?
诸位想要点儿什么？

(F: Fernando; A: Ana; C: Camarero)

F : ¡Camarero! ¡Por favor!

C : Sí, ¿qué quieren tomar?

A : Fernando, ¿tú qué tomas?

F : Pues, una caña.

A : Dos cañas, por favor.

C : Dos cañas, muy bien. ¿Quieren alguna tapa?

F : No, gracias.

A : Yo sí quiero. Tengo hambre.

F : Es que, no tengo mucho dinero.

A : Bueno, pues no tengo hambre.

F : ¿Cuánto es?

C : Son 3 euros.

费尔南多：服务生！麻烦你！

服 务 生：来了。想要点儿什么？

安　　娜：费尔南多，你要什么？

费尔南多：一杯扎啤。

安　　娜：请来两杯扎啤。

服 务 生：两杯扎啤，好。来点儿下酒菜吗？

费尔南多：不了，谢谢。

安　　娜：我想要。我饿了。

费尔南多：我可没多少钱。

安　　娜：好吧，那我不饿了。

费尔南多：一共多少钱？

服 务 生：3欧元。

VOCABULARIO（词汇）

rincón	m. 角落，屋角	paella	f. 菜饭，巴雅饭，海鲜饭
poder	tr. 能够，可以	especialidad	f. 特殊性；专业，专长
traer	tr. 带来	especialidad de casa	招牌菜，特色菜
carta	f. 菜单	idea	f. 概念；主意
comer	tr. 吃，吃饭	querer	tr. 喜爱；想，要；希望
ensalada	f. 沙拉；色拉	fruta	f. 水果
mixto	adj. 混合的，合成的	beber	tr. 喝，饮；喝酒
segundo	adj. num. 第二	de la casa	家庭的
saber	tr. 知道，了解	vino de la casa	家酿的葡萄酒
aconsejar	tr. 劝告；启发，提示	caña	f. 高筒杯，啤酒杯；扎啤
recomentar	tr. 推荐	tapa	f. 下酒食品

关于饮食的词汇

comida china	中餐	pizzería	f. 披萨店
comida occidental	西餐	tostada	f. 烤面包片
comida japonesa	日本料理	aliño para ensalada	沙拉酱
buffet	m. 自助餐	huevos revueltos	炒蛋

UNIDAD 8　¿Qué desea comer?
您想吃点儿什么?

关于饮食的词汇

caviar	m.	鱼子酱	barquillo de helado		卷筒冰激淋
sándwich / bocadillo tostado		三明治	té negro		红茶
copos de avena		燕麦片	té verde		绿茶
plato de fondo / el segundo plato		主菜	mate	m.	马黛茶
rosbif	m.	牛排	café cargado		浓咖啡
bistec medio hecho		牛排半熟	aperitivo	m.	开胃酒
puré de patata		土豆泥	bajativo	m.	饭后酒
marisco	m.	海鲜	champaña	f.	香槟
sopa	f.	汤	licor	m.	烈酒
spaguetis	m. pl.	意大利面	cubito de hielo		冰块
macarrones	m. pl.	通心粉	vino tinto		红葡萄酒
pastel de manzana		苹果派	vino blanco		白葡萄酒
refresco de jengibre		姜汁汽水			

CONTENIDOS COMUNICATIVOS 《会话句型》

应该怎么点菜？

⊙ 点菜

-¿Qué **desea** comer?　　　　　　　　　　·您想吃点儿什么？

Y **de** postre, ¿qué **quiere** usted?　　　　·那饭后甜点呢，您来点儿什么？

Y **de** beber, ¿qué **desea** tomar?　　　　·那您喝点儿什么？

-**De primero**, una ensalada mixta. **De segundo**...

·第一道菜，来一份什锦沙拉，第二道菜……

-**Quierode primero** espárragos con mahonesa y **de segundo**, merluza.

·我先来份蛋黄油拌芦笋，然后再来份鳕鱼。

Quiero fruta del tiempo.　　　　　　　·我要时令水果吧。

Deseo vino de la casa.　　　　　　　　·我要你们店自酿的葡萄酒。

No, gracias.　　　　　　　　　　　　　·不了，谢谢。

⊙ 要菜单

-¿Me puede traer la carta?　　　　　　　·能拿给我菜单吗？

— 071 —

-Aquí la tiene.　　　　　　　　　　　•给您。

-Aquí tienen la carta.　　　　　　　•给您菜单。

⊙ 推荐

-¿Qué me **aconseja** usted?　　　　•您向我推荐一下吧。

-Le **recomiendo** una paella.　　　•我向您推荐海鲜饭。

Es especialidad de la casa.　　　•这是本店的特色菜。

CONTENIDOS GRAMATICALES（语法）

1. 以"-ER"结尾的第二变位规则动词

第二变位动词在陈述式现在时的变位是去掉原形动词词尾 -er，然后在动词词根上加如下各人称的词尾。

人称	词尾	例词		例词	
yo	-o	bebo		como	
tú	-es	bebes		comes	
él, ella, Ud.	-e	bebe	beber	come	comer
nosotros / as	-emos	bebemos		comemos	
vosotros / as	-éis	bebéis		coméis	
ello, ellas, Uds.	-en	beben		comen	

有一些使用非常频繁的动词是以 -er 结尾的不规则变位动词。请注意，加粗部分是它们不规则的地方。

人称	HACER（做）	PONER（放）	TENER（有）	TRAER（带来）	SABER（知道）	PODER（能够）
yo	**hago**	**pongo**	**tengo**	**traigo**	**sé**	**puedo**
tú	haces	pones	tienes	traes	sabes	p**ue**des
él, ella, Ud.	hace	pone	tiene	trae	sabe	p**ue**de
nosotros / as	hacemos	ponemos	tenemos	traemos	sabemos	podemos
vosotros / as	hacéis	ponéis	tenéis	traéis	sabéis	podéis
ello, ellas, Uds.	hacen	ponen	tienen	traen	saben	pueden

请注意在下面的课文中使用的以 -er 结尾的动词：

Hoy es lunes. **Tenemos** clase de español. **Tenemos** que **aprender** una nueva lección. ¿Cómo la **aprendemos**? Primero la profesora **lee** el texto y explica las palabras nuevas. Después **hace** preguntas y nosotros, mis compañeros y yo, las **tenemos** que contestar. Algunas preguntas son difíciles y no las **podemos** contestar bien. También **tenemos** que comentar el texto. **Podemos** comentarlo en chino o en español.

今天是星期一。我们有西班牙语课。我们得学习新的一课。我们怎么学呢？首先老师读课文并解释新的单词。然后她提问题，我和我的同学们得回答这些问题。有些问题比较难，我们无法回答得很好。我们还得就课文进行讨论。讨论可以用中文也可以用西班牙文。

VOCABULARIO（词汇）

tener que		应该；必须	hacer preguntas		提问题
aprender	tr.	学习	comentar	tr.	评论，议论
leer	tr.	读，阅读	en chino		用中文（说，写，……）
texto	m.	课文	en español		用西语（说，写，……）
pregunta	f.	问题			

EJERCICIO I

将括号中的原形动词变位。

例：Él _____ (ver) la televisión.　　-Él **ve** la televisión.
　　他 _____ （看）电视。　　　　　他看电视。

1) Usted _____ (beber) mucho.
2) Tú _____ (comer) muy poco.
3) Ellos _____ (vender) su casa.
4) Ellas no _____ (comprender) la pregunta.
5) Vosotros _____ (aprender) las palabras.
6) Ustedes _____ (tener) muchos problemas.
7) Yo no _____ (saber) su dirección.
8) La camarera _____ (poner) la mesa.
9) Vosotras _____ (hacer) los ejercicios.
10) El cartero _____ (traer) un telegrama.
11) Yo _____ (leer) el periódico.
12) Nosotros _____ (hacer) mañana una excursión.
13) María _____ (aprender) inglés.
14) Juan _____ (beber) vino.

15）Ellos _____ (vender) su coche.

16）Nosotros _____ tener) tres hijos.

17）Yo no _____ (saber) su número de teléfono.

18）Los niños _____ (correr) por el parque.

19）Ellas no _____ (comprender) al profesor.

20）Nosotros _____ (ver) muchas películas.

2. 动词短语 PODER+INF.（原形动词）

"PODER+ INF."的意思是"能够做……，可以做……"，如：

¿Me **puede traer** la carta? · 能拿给我菜单吗？

A ver qué **podemos comer**... · 看看能吃点儿什么……

Algunas preguntas son difíciles y no · 有些问题比较难，我们无法回答得很好。
　　las **podemos contestar** bien.

Podemos comentarlo en chino o en español. · 我们讨论可以用中文也可以用西语。

3. 动词短语 TENER QUE + INF.

"TENER QUE + INF."的意思是"必须，应该做……；不得不做……"，如：

Tenemos que aprender una nueva lección. · 我们得学习新的一课。

Tenemos que contestar las preguntas. · 我们得回答这些问题。

También **tenemos que comentar** el texto. · 我们还得就课文进行讨论。

4. 宾格代词（II）

宾格代词做动词短语的宾语时，可以前置，也可以后置。后置时，与原形动词连写。如：

Ésta es una lección nueva. Tenemos que aprender**la**.

或者说：

Ésta es una lección nueva. **La** tenemos que aprender.

· 这是新的一课。我们得学习它。

La profesora hace preguntas y nosotros, mis compañeros y yo, **las** tenemos que contestar.

或者说：

La profesora hace preguntas y nosotros, mis compañeros y yo, tenemos que contestar**las**.

· 老师提问题，我和我的同学们得回答这些问题。

Algunas preguntas son difíciles y no **las** podemos contestar bien.

或者说：

Algunas preguntas son difíciles y no podemos contestar**las** bien.
- 有些问题比较难，我们无法回答得很好。

5. 间接宾语

可以被与格代词指代的部分为动词的间接宾语。作间接宾语的名词之前一定要带 a 或其他介词，如：

El camarero　　trae　　la carta　　a Carlos.
（主语）　　（谓语）　（直接宾语）（间接宾语）
- 侍者把菜单拿给了卡洛斯。

¿Qué aconseja **a Carlos** el camarero?
- 侍者向卡洛斯推荐什么？

La profesora explica las palabras **a los estudiantes**.
- 老师给学生们解释单词。

6. 与格代词

与格代词用来指代间接宾语。除了第三人称以外，它与宾格代词在形式上相同。

主格代词	宾格代词	与格代词
yo	me	**me**
tú	te	**te**
él, usted	lo / (le)	**le / (se)**
ella, usted	la	**le / (se)**
nosotros / as	nos	**nos**
vosotros / as	os	**os**
ellos, ustedes	los / (les)	**les / (se)**
ellas, ustedes	las	**les / (se)**

与格代词置于变位动词之前，与之分写；做动词短语的宾语时，可以前置，与之分写，也可后置，与原形动词连写。如：

¿Qué **me** aconseja usted?　　　- 您向我推荐一下吧。
Le recomiendo una paella.　　　- 我向您推荐海鲜饭。
¿**Me** puede traer la carta?　　　- 能拿给我菜单吗？
或者说：

¿Puede traer**me** la carta?

在西班牙的一些地区，当直接宾语指人的时候，不用宾格代词（lo, los, la, las），而用与格代词（le, les）。如：

Pepe está en la escuela. Su madre **le (lo)** espera en casa.

· 佩佩在学校里。他的妈妈在家等着他。

有时为了强调或为了避免歧义，在使用了与格代词来指代人后，仍然要重复间接宾语，如：

Nosotros **les** traemos **a las niñas** chocolate.

· 我们给那些小女孩儿拿来了巧克力。

Les recomiendo **a ustedes** la especialidad de la casa.

· 我向诸位推荐本店的特色菜。

7. 宾格代词和与格代词同时使用

动词的直接宾语和间接宾语可以同时分别由宾格和与格代词指代。其中与格代词在前，宾格代词在后。

（1）它们可以同时放在变位动词之前，与之分写；如：

La paella es especialidad de la casa. El camarero **me la** recomienda.

· 巴雅饭是该店的特色菜。侍者向我推荐了它。

（2）也可同时放在动词短语之后，与原形动词连写。注意：这时要在原形动词的重读音节上加重音符号。如：

Queremos leer el periódico. ¿Puede usted tra**érnoslo**?

· 我们想读报纸。您能给我们拿来吗？

（3）当宾格、与格代词同时出现时，第三人称单复数与格代词要用 se 的形式。如：

Los estudiantes hace preguntas y la profesora **se las** contesta.

· 学生提出了问题，老师回答。

EJERCICIO II

（1）仿照例句，用代词完成句子。

例：**Le doy el dinero** a mi amigo.

我把钱给我的朋友。

-**Le** doy **el dinero**.　　　　　　　　　　-**Se lo** doy.

我把钱给他。　　　　　　　　　　　　　　我把它（钱）给他。

1）Yo les recomiendo a usted esta película. _____

2）El camarero le trae a Antonio una cerveza. _____

3）El profesor les dicta a los alumnos una frase. _____

4）Nosotros les hacemos a nuestros padres un regalo. _____

5）Les regalamos a los niños caramelos. _____

6）Yo les doy a usted esta tarde la contestación. _____

7）María le regala a su hermana un disco. _____

8）Esta tarde le traigo a usted el libro. _____

9）La profesora les explica a sus alumnas el ejercicio. _____

10）Le devuelvo a María el dinero. _____

(2) 回答问题，用宾格代词和与格代词替代名词。

例：¿**Me** prestas **tu pluma**?　　　　　　你把你的钢笔借给我好吗？

-Sí, **te la** presto.　　　　　　　　　　好的，我把它借给你。

-No, no **te la** presto.　　　　　　　　不，我不借给你。

1）Papá, ¿nos dejas hoy tu coche? _____

2）¿Me recomienda usted aquel restaurante? _____

3）¿Nos vendéis vuestro coche? _____

4）¿Me enciendes un cigarrillo? _____

5）¿Nos das tu número de teléfono? _____

6）¿Me enseñáis vuestra casa? _____

7）¿Me traes el periódico? _____

8）¿Nos dan ustedes mañana la contestación? _____

9）¿Le dicta el Sr. García a su secretaria una carta? _____

10）¿Os explica el profesor la gramática? _____

UNIDAD 9

¿Dónde vives?

你住哪儿？

> **学习重点**
>
> **会话：** 如何问对方住在哪儿
>   如何表达爱好
> **语法：** 以 "-IR" 结尾的第三变位规则动词
>   动词词根中元音的某些变化规则
>   GUSTAR（使喜欢）

LENGUAJE COLOQUIAL（对话）

1. ¿Dónde vives?
你住哪儿？

(P:Paco; A:Andrés)

P : ¿Dónde vives?

A: Vivo en Francia, en París.

P : ¿Vives solo?

A: No, con unos amigos.

P : ¿Y tu familia dónde vive?

A: Mi familia vive en Burdeos, pero voy a verla casi todos los fines de semana. ¿Y tú?

P : Yo vivo en Madrid con unos primos. Mis padres viven en Roma y apenas los veo. Pero les escribo por correo electrónico muy a menudo.

A: Entonces, tú recibes muchas cartas, ¿verdad?

P : Sí, y ¿tú?

A: Yo recibo pocas. No me gusta escribir.

P: Pues a mí me gusta muchísimo. Escribo, por lo general, cartas muy largas y a diario; así siempre tengo noticias.

A: ¡Qué suerte!

巴　　科：你住哪儿？
安德列斯：我住在法国巴黎。
巴　　科：你一个人住？
安德列斯：不，我和几个朋友一起住。
巴　　科：那你的家人住哪儿？
安德列斯：我家在波尔多，不过我几乎每个周末都去看望他们。你呢，你住哪儿？
巴　　科：我和几个表兄弟住在马德里。我的父母住在罗马，我很少能见到他们。但是我经常给他们写电子邮件。
安德列斯：那你能收到很多邮件喽？
巴　　科：是呀，你呢？
安德列斯：我的信很少。我不喜欢写信。
巴　　科：可我特别喜欢写信。我的信一般都写得很长，而且我天天写。所以我总是有回信。
安德列斯：好幸福啊！

2. ¿qué te gusta?
你喜欢什么？

(P:Presentador; J:Julia; L:Luis)

P: ¿A ti qué te gusta, Julia?

J: A mí me gusta la música clásica, me gustan los ordenadores, me gusta leer...

P: Y, ¿te gusta jugar a las cartas?

J: No. Me gusta jugar al ajedrez.

P: ¡Qué intelectual!

…

P: Y a ti, Luis, ¿qué te gusta?

L: Pues... me gusta mucho la música moderna, las motos me gustan bastante, me gusta leer...

P: ¿A ti te gusta jugar al ajedrez?

L: No, no me gusta nada. No me gusta pensar. A mí me gusta ir a la discoteca o a los conciertos de rock.

主持人：你喜欢什么，胡利娅？

胡利娅：我喜欢古典音乐，喜欢电脑，喜欢读书……

主持人：那你喜欢打牌吗？

胡利娅：不喜欢。我喜欢下棋。

主持人：真是高智商的爱好！

……

主持人：那你呢，路易斯，你喜欢什么？

路易斯：嗯……我非常喜欢现代音乐，还相当喜欢摩托车，喜欢读书……

主持人：你喜欢下棋吗？

路易斯：不，一点儿都不喜欢。我不喜欢思考。我喜欢去迪厅或者去听摇滚音乐会。

VOCABULARIO（词汇）

ver	tr.	看	noticia	f.	消息，新闻
casi	adv.	几乎	correo electrónico		电子邮件
primo, ma	m.f.	表兄弟，表兄妹	suerte	f.	运气
apenas	adv.	几乎不	música	f.	音乐
escribir	tr.	写；写信	clásico	adj.	古典的
menudo	adj.	小的，细小的	ordenador	m.	电脑
a menudo		经常，时常	jugar	intr., tr.	游戏，玩耍；玩（牌），下（棋），赛（球）
recibir	tr.	收到			
gustar	intr.	使喜欢，使喜爱			
muchísimo	adv.	非常	carta	f.	纸牌
general	adj.	总的，一般的	ajedrez	m.	国际象棋
por lo general		通常，一般情况下	intelectual	adj.	智力的，脑力的
largo	adj.	长的	moderno	adj.	现代的
diario	adj.	每日的，天天的，日常的	moto	f.	摩托车
			nada	adv.	一点儿都不
a diario		每天，天天	pensar	intr.	想，考虑，思索
así	adv.	如此，象这样	rock	ingl.	摇滚乐
siempre	adv.	总是			

VOCABULARIO COMPLEMENTARIO（补充词汇）

salir	intr.	离开	paquete	m.	包裹
oír	tr.	听到，听见	sentir	tr.	感觉
tren	m.	火车	dormir	intr.	睡觉
abrir	tr., intr.	打开；张开	pedir	tr.	请求，要求
tranquilo	adj.	安静的，平静的	servir	tr.	服务
partir	tr.	分，分开；分割	bailar	intr.	跳舞
tarta	f.	大糕点，大蛋糕	campo	m.	乡村；原野；田地
nube	f.	云	nadar	intr.	游泳
cubrir	tr.	遮，盖，罩	mar	m.	海洋
cielo	m.	天，天空	escalar	tr.	攀登
universidad	f.	大学	montaña	f.	山
después	adv.	在……后面	rosa	f.	玫瑰
después de		在……后面	tomar el sol		晒太阳

CONTENIDOS COMUNICATIVOS《会话句型》

1. 如何问对方住在哪儿？

-¿**Dónde vives**? · 你住哪儿？
¿Y tu familia **dónde vive**? · 那你的家人住哪儿？
¿**Dónde viven** tus padres? · 你的父母住在哪儿？

-**Vivo en** Francia, **en** París. · 我住在法国巴黎。
Mi familia **vive en** Burdeos. · 我家在波尔多。
Mis padres **viven en** Roma. · 我的父母住在罗马。

2. 如何表达爱好？

-¿A ti qué te gusta, Julia? · 你喜欢什么，胡利娅？
¿Te gusta jugar a las cartas? · 那你喜欢打牌吗？
Y a ti, Luis, ¿qué te gusta? · 那你呢，路易斯，你喜欢什么？
¿A ti te gusta jugar al ajedrez? · 你喜欢下棋吗？

-A mí me gusta la música clásica, me gustan los ordenadores, me gusta leer...

· 我喜欢古典音乐，喜欢电脑，喜欢读书……

No. Me gusta jugar al ajedrez.

· 不喜欢。我喜欢下棋。

Me gusta mucho la música moderna, las motos me gustan bastante...

· 我非常喜欢现代音乐，还相当喜欢摩托车……

No, no me gusta nada. No me gusta pensar.

· 不，一点儿都不喜欢。我不喜欢思考。

CONTENIDOS GRAMATICALES（语法）

1. 以 "-IR" 结尾的第三变位规则动词

第三变位动词在陈述式现在时的变位是去掉原形动词词尾 -ir，然后在动词词根上加如下各人称的词尾。

人称	词尾	例词		例词	
yo	-o	vivo		escribo	
tú	-es	vives		escribes	
él, ella, Ud.	-e	vive	vivir	escribe	escribir
nosotros/as	-imos	vivimos		escribimos	
vosotros/as	-ís	vivís		escribís	
ello, ellas, Uds.	-en	viven		escriben	

有一些使用非常频繁的动词是以 -ir 结尾的不规则变位动词。请注意，加粗部分是它们不规则的地方。

人称	IR（去）	VENIR（来）	DECIR（说）	SALIR（离开）	OÍR（听见）
yo	**voy**	**vengo**	**digo**	**salgo**	**oigo**
tú	**vas**	vienes	dices	sales	o**y**es
él, ella, Ud.	**va**	viene	dice	sale	o**y**e
nosotros / as	**vamos**	venimos	decimos	salimos	oímos
vosotros / as	**vais**	venís	decís	salís	oís
ello, ellas, Uds.	**van**	vienen	dicen	salen	o**y**en

EJERCICIO I

(1) 将括号中的动词变位。

例：El tren _____ (salir) a las 8 en punto.

火车八点整 _____（离开）。

-El tren **sale** a las 8 en punto.

火车八点整开出。

1）Paco _____ (recibir) muchas cartas.

2）Los bancos _____ (abrir) a las nueve.

3）Ella _____ (venir) mañana por la tarde.

4）Usted _____ (vivir) en una calle muy tranquila.

5）Hoy nosotros _____ (ir) con José al teatro.

6）Ellos siempre _____ (decir) la verdad.

7）Yo _____ (oír) todos los días la radio.

8）La madre les _____ (partir) a los niños la tarta.

9）Vosotros _____ (salir) a las 5 de la oficina.

10）Las nubes _____ (cubrir) el cielo.

(2) 仿照例句，回答问题。

例：¿A dónde **vas**? / universidad -**Voy** a la universidad.

你去哪儿？ / 大学 我去大学。

1）¿A dónde vais esta tarde? / cine _____

2）¿A qué hora va usted a la oficina? / a las 7 _____

3）¿De dónde venís? / playa _____

4）¿A qué hora sale usted de clase? / a las 12 _____

5）¿A dónde va usted ahora? / Correos _____

6）¿De dónde vienen ustedes? / escuela _____

7）¿A qué hora salís del teatro? / a las 10 _____

8）¿De dónde sale el tren para Santander? / Estación del Norte _____

9）¿A dónde van ustedes después de clase? / casa _____

10）¿De dónde viene este paquete? / París _____

2. 动词词根中元音的某些变化规则

西班牙语动词在变位的时候，除了词尾要发生变化，有时候词根也要发生变化。而词根中元音的这种变化是有一定规律的。

E → IE

PENSAR （思考）	QUERER （喜欢）	SENTIR （感觉）
pienso	quiero	siento
piensas	quieres	sientes
piensa	quiere	siente
pensamos	queremos	sentimos
pensáis	queréis	sentís
piensan	quieren	sienten

一般而言，词根中元音的变化只发生在第一、二、三人称单数和第三人称复数中。

O → UE

CONTAR （讲述）	PODER （能够）	DORMIR （睡觉）
cuento	puedo	duermo
cuentas	puedes	duermes
cuenta	puede	duerme
contamos	podemos	ormimos
contáis	podéis	dormís
cuentan	pueden	duermen

E → I

PEDIR （请求）	SERVIR （服务）
pido	sirvo
pides	sirves
pide	sirve
pedimos	servimos
pedís	servís
piden	sirven

3. GUSTAR（使喜欢）

动词"GUSTAR"的用法很特殊。一般使用它来表达"某人喜欢某物"的时候，表示物的名词或原形动词作主语，人作间接宾语。

a mí	Me		
a ti	Te		
a él, a ella, a usted	Le	gusta	el cine（电影） leer（读书）
a nosotros / as	Nos	gustan	las flores（花儿） los animales（动物）
a vosotros / as	Os		
a ellos, a ellas, a ustedes	Les		

EJERCICIO II

(1) 仿照例句，回答问题。

例：¿**Te gusta** la música clásica?　　　你喜欢古典音乐吗？

　　-Sí, (a mí) **me gusta** la música clásica.　　是的，我喜欢古典音乐。

　　-No, (a mí) no **me gusta** la música clásica.　　不，我不喜欢古典音乐。

1）¿Le gusta a usted el fútbol? _____

2）¿Os gusta el verano? _____

3）¿Les gustan a ustedes los gatos? _____

4）¿Te gustan las flores? _____

5）¿Le gusta a ella bailar? _____

6）¿Te gustan los pasteles? _____

7）¿Os gusta ir al campo? _____

8）¿Les gusta a los niños el chocolate? _____

9）¿Les gusta a ustedes ver la televisión? _____

10）¿Os gustan los perros? _____

(2) 仿照例句，回答问题。

例：¿Qué **te gusta**? / ir al cine　　　-**Me gusta** ir al cine.

　　你喜欢什么？ / 去看电影　　　我喜欢去看电影。

1）¿Qué os gusta? / nadar en el mar _____

2）¿Qué les gusta a ustedes? / escalar las montañas _____

3）¿Qué le gusta a su niño? / el chocolate _____

4）¿Qué os gusta a vosotros? / el campo _____
5）¿Qué le gusta a usted? / ir a pasear _____
6）¿Qué les gusta a Juan y Pedro? / las chicas guapas _____
7）¿Qué les gusta a tus padres? / los conciertos _____
8）¿Qué le gusta a vuestra hermana? / las rosas _____
9）¿Qué le gusta a usted? / tomar el sol _____

UNIDAD 10

¿Qué estás haciendo?
你在做什么？

学习重点

会话：在电话中如何交谈
　　　　如何表达"正在做……"
　　　　如何表达"很久不见"

语法：副动词的构成
　　　　ESTAR + GERUNDIO（正在做……）
　　　　代词式动词

LENGUAJE COLOQUIAL（对话）

1. ¿Qué estás haciendo?
你在做什么呢？

(*F: Felipe; R: Rafael*)

F : Hola, Rafael, ¿qué estás haciendo?

R: Estoy llamando por teléfono a mis primos, pero está comunicando.

F : ¿Qué hacen ahora tus primos?

R: Pepe está estudiando Geografía e Historia en la Universidad de Madrid, y Luis está trabajando ya como ingeniero en una empresa multinacional. ¿Te acuerdas[①] de ellos?

F : Sí, claro, aunque ya hace mucho tiempo que no les veo. ¿En qué estás trabajando tú ahora?

R: Estoy preparando un estudio sobre la contaminación atmosférica. ¿Y tú?

F : Yo estoy escribiendo mi memoria de licenciatura.

R: ¿Sobre qué?

---

① 这里使用的是代词式动词形式。

F : Sobre los pronombres personales en español.

R : Es un tema bastante difícil. ¿Te queda aún mucho?

F : No, ya tengo todo el material. Ahora estoy pasándolo a máquina.

R : ¿Cuándo vas a presentarla?

F : Quiero presentarla el mes próximo.

R : Te deseo mucha suerte.

F : Gracias; igualmente te deseo mucho éxito en tu estudio sobre la contaminación.

>>>

费利佩：你好，拉斐尔，在做什么呢？

拉斐尔：我在给我的表兄弟们打电话，但现在占线。

费利佩：你的表兄弟们现在干什么呢？

拉斐尔：佩佩正在马德里大学攻读地理和历史专业，路易斯已经是一名工程师了，在一家跨国公司工作。你还记得他们吗？

费利佩：当然记得，虽然很久没有见到他们了。那你现在又在忙什么呢？

拉斐尔：我正在筹备一项关于大气污染的研究。你呢？

费利佩：我正在写我的硕士论文。

拉斐尔：什么内容？

费利佩：西班牙语人称代词。

拉斐尔：这个题目相当难啊。还差很多吗？

费利佩：不多了，材料都收集好了，现在我正在把它打出来。

拉斐尔：你准备什么时候交？

费利佩：我想下个月交。

拉斐尔：祝你一切顺利。

费利佩：谢谢；也祝你在关于污染的研究上取得成绩。

<<<

2. ¿Con quién hablo?
您是哪位？

(D: Daniel; P: Papá)

D : ¡Diga[②]!

P : ¿Daniel?, ¿eres tú?

---

② DECIR（说）的第二人称礼貌式命令式。

— 088 —

D: Sí, soy yo. ¿Qué tal, papá?

P : Bien. ¿Y tú?

D: Muy bien. Estupendamente.

P : ¿Estás estudiando mucho?

D: Sí, claro.

P : ¿Con quién estás? Oigo ruido.

D: Bueno, ahora estoy viendo la televisión con unos amigos, están poniendo un programa muy interesante.

P : ¿Qué? ¡No oigo nada!

丹尼尔：喂！

爸　爸：丹尼尔？是你吗？

丹尼尔：是我。您怎么样，爸爸？

爸　爸：我挺好。你呢？

丹尼尔：很好，非常好。

爸　爸：你现在学习用功吗？

丹尼尔：当然用功啦。

爸　爸：你和谁在一起？我听那边很吵。

丹尼尔：嗯，我正和几个朋友看电视呢，正在播一个非常有趣的节目。

爸　爸：什么？我什么都听不见！

VOCABULARIO（词汇）

comunicar	tr., intr. 通知；(使)相通，(使)相连；传播	atmosférico	adj. 大气的
		memoria	f. 记忆，记性；学术论文
geografía	f. 地理，地理学	licenciatura	f. 硕士学位
historia	f. 历史，史学	pronombre	m. 代词
multinacional	adj. 多国的，多民族的；跨国的	personal	adj. 个人的；人称的
		tema	m. 主题，题目
acordarse (de)	prnl. 记忆，记得	quedar	intr. 停留；还剩，仍有
aunque	conj. 虽然，尽管，但是	aún	adv. 还，尚，仍
preparar	tr. 准备	ya	adv. 已经
contaminación	f. 污染	todo	adj. 所有的，全部的

material		m. 材料，原料	estupendamente	adv.	极好地，极妙地
pasar		tr. 传递，拿给	ruido	m.	声音，噪音
máquina		f. 机器	poner	tr.	上演，演出
a máquina		用打字机、电脑（打字）	programa	m.	节目
presentar		tr. 展示；显现，呈现			

VOCABULARIO COMPLEMENTARIO（补充词汇）

parte	f.	部分；方面	pasear	intr.	散步，闲逛
ponerse	prnl.	使处于某种状态	película	f.	电影
alguno, na	adj.	某个，某种	invitado, da	adj. -m.f.	被邀请的；客人
recado	m.	口信；便笺	billete	m.	票
equivocarse	prnl.	搞错，弄错	corregir	tr.	改正，纠正
perdón	interj.	对不起，请原谅	falta	f.	缺乏；错误
que	conj.	用于引导从句	limpiar	tr.	使清洁，打扫
sin	prep.	无，不，没有，缺少	arreglar	tr.	整理，收拾
siglo	m.	世纪	abrigo	m.	大衣
preferir	tr.	爱，更喜爱	lavarse	prnl.	洗
divertir	tr.	使愉快	diente	m.	牙齿
morir	intr.	死	secarse	prnl.	弄干
caer	intr.	掉，落，坠	pelo	m.	头发
construir	tr.	建设	comida	f.	食物；饭
huir	intr.	逃走	nieto, ta	m.f.	孙子，孙女
tenis	m.	网球	cuento	m.	故事

CONTENIDOS COMUNICATIVOS（会话句型）

1. 在电话中如何交谈？

（1）A: ¿**Diga**? ・喂？

B: ¿Está Juan? ・胡安在吗？

A: Sí, **un momento**. ¿**De parte de quién**? ・在，请稍等。您哪位？

B: De Antonio. ・我是安东尼奥。

A: **Ahora se pone**. ・他这就过来。

（2）Secretaria: Oficina de Exportación Proca, **dígame**.
这里是普罗卡出口公司，请讲。

Sr. Pérez: **Por favor**, ¿el Sr. Director?
请找一下经理先生。

Secretaria: **Un momento, por favor**... **¿Oiga**③**?** No está, **¿quién le llama**?
请稍等……喂？他不在，您是哪位？

Sr. Pérez: Soy el Sr. Pérez.
我是佩雷斯先生。

Secretaria: **¿Quiere dejar algún recado**?
您愿意留言吗？

Sr. Pérez: No, gracias.
不用了，谢谢。

（3）A: **¿Diga**? · 喂？

B: ¿Está Marisa? · 玛丽莎在吗？

A: No, no. **Se ha equivocado**④. · 不对，您打错了。

B: **¿No es el número** 250 93 29? · 您这里电话号码不是 250 93 29 吗？

A: No, este es el 250 93 28. · 不是，我这里是 250 93 28。

B: **Perdón**. · 对不起。

电话用语

¿Diga? · 喂？ **Dígame.** · 请讲。 （用于接电话时）	**Un momento, por favor**... · 请稍等…… **¿De parte de quién**? · 您哪位呀？
¿Oiga? · 喂？ （用于拨电话时）	**¿Quién le llama**? · 您哪里呀？
Ahora se pone. · 他这就过来。 **¿Quiere dejar algún recado**? · 您愿意留言吗？	**Se ha equivocado**. · 您打错了。 **¿No es el número**...? · 您这里电话号码不是……吗？ **Perdón**. · 对不起。

---

③ OIR（听）的第二人称礼貌式命令式。
④ 这里使用的是现在完成时。

2. 如何表达"正在做……"？

-¿Qué **estás haciendo**? · 你在做什么？

¿En qué **estás trabajando** tú ahora? · 那你现在又在忙什么？

¿Qué **está** usted **haciendo**? · 您在做什么呢？

¿Qué **está haciendo** Luisa? · 路易莎在干什么呢？

-**Estoy llamando** por teléfono a mis primos, pero **está comunicando**.
· 我在给我的表兄弟们打电话，但现在占线。
Estoy preparando un estudio sobre la contaminación atmosférica.
· 我正在筹备一项关于大气污染的研究。
Yo **estoy escribiendo** mi memoria de licenciatura.
· 我正在写我的硕士论文。
Está oyendo música.
· 她在听音乐。

3. 如何表达"很久不见"？

Ya hace mucho tiempo que no les veo. · 很久没有见到他们了。

¡Cuándo tiempo sin verte! · 好久都没见你了！

¡Cuándo tiempo! · 多久没见了！

Hace meses que no nos vemos. · 我们几个月没见面了。

¡Hace siglos que no te veo! · 几个世纪没见你了！（好久没见你了！）

CONTENIDOS GRAMATICALES（语法）

1. 副动词的构成

副动词（GERUNDIO）是起副词作用的非谓语动词形式。其词尾有两种：第一变位动词去掉词尾 -ar，加上 -ando；第二、三变位动词去掉词尾 -er 和 -ir，加上 -iendo：

trabaj**ar** — trabaj**ando**

com**er** — com**iendo**

escrib**ir** — escrib**iendo**

在现在时变位中词根有变化的动词，尤其是以 ir 结尾的动词，在构成副动词时，其词根往往也有变化：

E→I

decir — diciendo	servir — sirviendo
pedir — pidiendo	preferir — prefiriendo
divertir — divirtiendo	

O→U

dormir — durmiendo	morir — muriendo
poder — pudiendo	

如果词根以元音结尾，那么副动词词尾 -iendo 要改写为 -yendo：

caer — ca**yendo**	construir — constru**yendo**
huir — hu**yendo** ir — **yendo**	traer — tra**yendo**
leer — le**yendo**	oír — o**yendo**

2. ESTAR+GERUNDIO（正在做……）

副动词的用法之一是和 ESTAR 构成短语，表示"正在做……"。宾格代词和与格代词作这一短语的宾语时，可以前置，与之分写；也可以后置，与副动词连写，同时在副动词相应音节上加重音符号。

Está esperando **el autobús**.
·她在等公共汽车。
-**Lo** está esperando. / Está esperándo**lo**.
El profesor está explicando **la lección a los alumnos**.
·老师正在给学生们讲课。
-Él **se la** está explicando. / Él está explicándo**sela**.
Ya tengo todo **el material**. Ahora estoy pasándo**lo** a máquina.
·材料我都收集好了，现在我正在把它打出来。

EJERCICIO I

(1) 构成副动词。

例：Él habla por teléfono.　　　　　　　　-Él **está hablando** por teléfono.

　　他打电话。　　　　　　　　　　　　　　他正在打电话。

1）Los niños duermen.

2）El tren llega a la estación.

3）Vosotros jugáis al tenis.

4）Ella sale de la habitación.

5）Tú escribes a máquina.

6）Nosotros nadamos en la piscina.

7）Manuel toma un café.

8）Yo paseo por el parque.

9）Pepe va a la oficina.

10）Ella trabaja mucho.

(2) 使用代词替代宾语。

例：Luis está leyendo **el periódico**.　　　-Luis está leyéndo**lo**. / Luis **lo** está leyendo.

　　路易斯在读报纸。　　　　　　　　　　　路易斯在读（报纸）。

1）Pilar está preparando la comida.

2）Nosotros estamos viendo la película.

3）Ellos están saludando a los invitados.

4）¿Estáis comprando los billetes?

5）Los alumnos están corrigiendo las faltas.

6）¿Estás escuchando la radio?

7）Ella está limpiando la habitación.

8）¿Está usted preparando el trabajo?

9）Antonio está pintando las ventanas.

10）¿Están ustedes arreglando la casa?

(3) 使用代词替代宾语，并使用副动词。

例：Él le dicta **a su secretaria una carta**.

　　他给他的女秘书口述一封信。

-Él **se la** está dictando. / Él está dictándo**sela**.

他给她口述（信）。

1）Él profesor le pregunta al alumno la lección. _____
2）Yo me pongo el abrigo. _____
3）Antonio les enseña a sus amigos la ciudad. _____
4）Nosotros les escribimos a nuestros padres una carta. _____
5）Los niños se lavan los dientes. _____
6）Nosotros le pedimos a usted un favor. _____
7）Marta se seca el pelo. _____
8）El camarero nos sirve la comida. _____
9）La abuela les cuenta a sus nietos un cuento. _____
10）Ellos nos enseñan la ciudad. _____

3. 代词式动词

请先看下面课文中的动词形式：

De lunes a viernes los chicos **se levantan** muy temprano, a las seis. **Se visten** y **se asean**; todo lo hacen muy rápido. Después **se ocupan** en limpiar el dormitorio.

Por la noche, **se reúnen** a cenar a las siete y media. A las once **se duchan** y **se acuestan**.

从周一到周五，男孩子们都起得特别早，六点起床。他们穿衣服然后洗漱，一切都做得非常迅速。然后他们忙着打扫寝室。

晚上七点半，他们聚在一起吃晚饭。十一点的时候他们淋浴后就寝。

VOCABULARIO（词汇）

levantarse	prnl.	起床	lavarse	prnl.	洗
temprano	adv.	早	despertarse	prnl.	睡醒
vestirse	prnl.	穿衣服	caliente	adj.	热的
asearse	prnl.	洗漱	bañarse	prnl.	洗澡
rápido	adv.	快	peinarse	prnl.	梳头
ocuparse	prnl.	忙于（做某事）	afeitarse	prnl.	刮脸，修面
reunirse	prnl.	汇集，聚集	desnudarse	prnl.	脱衣服
cenar	intr., tr.	吃晚饭	mano	f.	手
ducharse	prnl.	淋浴	cepillarse	prnl.	刷
acostarse	prnl.	上床（睡觉）	diente	m.	牙齿

barba	f.	下巴；胡须	cara	f.	脸
quitarse	prnl.	去掉，脱掉	mojarse	prnl.	弄湿
ojo	m.	眼睛	ensuciarse	prnl.	弄脏
cortarse	prnl.	切，割，剪，裁，砍	ropa	f.	衣服

如果动作的执行者（施事）和承受者（受事）是同一个主体，则需要使用代词式动词。代词式动词由两部分组成，如 levantarse 便由 levantar 和 se 组成，se 是代词部分，表示"自己"。变位时这两部分同时变化。

人称	levantarse	vestirse
yo	me levanto	me visto
tú	te levantas	te vistes
él, ella, Ud.	se levanta	se viste
nosotros / as	nos levantamos	nos vestimos
vosotros / as	os levantáis	os vestís
ello, ellas, Uds.	se levantan	se visten

me levanto 表示"我把我自己抬起来"，即"我起床"，te levantas 表示"你把你自己抬起来"，即"你起床"，等等。

代词置于变位动词之前，与之分写；如果代词式动词是原形动词，则代词置于其后，与之连写。如：

Los chicos **se levantan** muy temprano.

·男孩子们都起得特别早。

Los chicos tienen que **levantarse** muy temprano.

·男孩子们都起得特别早。

EJERCICIO II

替换主语。

例：Yo **me levanto** a las 8 de la mañana. / Juan

我早晨8点起床。

-Juan **se levanta** a las 8 de la mañana.

胡安早晨8点起床。

1) María se lava con agua fría. / nosotros

2) Antonio se despierta muy temprano. / usted

3）Yo me ducho con agua caliente. / vosotros　_____

4）Él se baña los sábados. / nosotros　_____

5）Ellos se acuestan muy tarde. / ustedes　_____

6）Carmen se peina. / yo　_____

7）Yo me visto deprisa. / ellos　_____

8）Yo me afeito por las mañanas. / Carlos　_____

9）Los niños se desnudan solos. / la niña　_____

10）Él se duerme enseguida. / yo　_____

不仅宾格受事（直接宾语）与施事重叠时要用代词式动词，与格受事（间接宾语）与施事重叠时也要用代词式动词。如：

Me	lavo	las manos.	·我洗手。
（间接宾语）	（动词）	（直接宾语）	

这里，代词式动词 lavarse（为自己洗……）中的代词部分 se 便是作间接宾语，而直接宾语由 las manos 充当。如果这里把直接宾语用宾格代词替换，则宾格代词置于作间接宾语的 se 之后。如：

Me las lavo.　　　　　　　　　　·我洗手。

Quiero lavár**melas**.　　　　　　　·我想洗手。

EJERCICIO III

用代词替换。

例：Nos cepillamos **los dientes**.　　-Nos **los** cepillamos.
　　我们刷牙。　　　　　　　　　　我们刷（牙）。

1）Él se afeita la barba.　_____

2）Ellos se ponen los abrigos.　_____

3）María se seca el pelo.　_____

4）Nosotros nos quitamos los zapatos.　_____

5）Usted se lava los dientes.　_____

6）Carmen se pinta los ojos.　_____

7）Vosotros os cortáis el pelo.　_____

8）Los niños se lavan la cara.　_____

9）El niño se moja las manos.　_____

10）Usted se ensucia la ropa.　_____

UNIDAD 11

¿Qué vais a hacer esta tarde?
你们今天下午打算干什么？

> 学习重点
>
> 会话：如何表达"打算做……，要做……"
> 　　　如何征求对方的意见
> 语法：IR A + INF.（要做……，打算做……）
> 　　　某些可以和原形动词搭配的动词
> 　　　不定代词和不定形容词

LENGUAJE COLOQUIAL（对话）

1. ¿Qué vais a hacer esta tarde?
你们今天下午打算干什么？

(C: Carlos; M: Mercedes; P: Pepe)

C : ¿Qué podemos hacer hoy? ¿Tienes algún plan?

M: No, no tengo ninguno.

C : ¿Quieres ir a bailar a alguna discoteca?

M: No, ya sabes que no me gustan las discotecas. Hay mucho ruido, mucho humo y no se puede charlar ni oír música tranquilamente.

C : ¿Vamos entonces a cenar a algún restaurante chino?

M: Hoy es sábado y mucha gente sale a cenar por ahí, y si no tenemos ninguna mesa reservada, seguro que no encontramos sitio en ningún lado. ¿Por qué no vamos a visitar a Pepe y a Luisa?

C : ¡Buena idea! Voy a llamarlos ahora mismo para ver si están en casa.

UNIDAD 11　¿Qué vais a hacer esta tarde?
你们今天下午打算干什么?

P : ¡Dígame! ¿Quién está al aparato?

C : ¡Hola! Pepe, soy yo, Carlos. ¿Qué vais a hacer esta tarde?

P : Esta tarde tenemos que quedarnos en casa y trabajar para nuestro examen. ¿Y vosotros?

C : Por ahora no pensamos hacer nada.

P : Entonces, ¿por qué no nos hacéis una visita y tomamos algo juntos? ¿Qué te parece el plan?

C : Pero, ¿no tenéis que estudiar? No queremos molestaros.

P : Vosotros nunca molestáis, además es bueno tomarse de vez en cuando algún descanso, ¿no?

C : ¡Por supuesto! Entonces, hasta dentro de un rato.

P : ¡Hasta ahora!

卡 洛 斯：今天我们能做些什么呢？你有什么计划吗？

梅赛德斯：没有，我什么计划也没有。

卡 洛 斯：你想去迪厅跳舞吗？

梅赛德斯：不想去，你知道我不喜欢迪厅。那儿到处都是噪音和烟雾，没法聊天，也不能安静地听音乐。

卡 洛 斯：那我们去一家中国餐馆吃晚饭吧？

梅赛德斯：今天是星期六，好多人都会去那儿吃饭。假如我们没有预订，肯定到处都找不到位子。我们为什么不去找佩佩和路易莎玩呢？

卡 洛 斯：好主意！现在我就给他们打电话看他们在不在家。

佩　　佩：喂！哪位？

卡 洛 斯：喂！佩佩，是我，卡洛斯。你们今天下午打算干什么？

佩　　佩：今天下午我们得待在家里准备考试。你们呢？

卡 洛 斯：到现在我们还没想好干什么呢。

佩　　佩：那你们干吗不过来，然后咱们一起喝点儿什么？你觉得怎么样？

卡 洛 斯：可你们不是得学习吗？我们不想打扰你们。

佩　　佩：我们永远不会嫌你们打扰的，再说经常休息一下也是有好处的，对吧？

卡 洛 斯：当然了！那一会儿见。

佩　　佩：一会儿见！

2. ¿Cómo te parece esta falda?
你觉得这件裙子怎么样?

(*A:Ana; E:Elena; D:Dependiente*)

A: Mira① esta falda de cuero, ¡qué bonita! ¿Te gusta?

E: No mucho. Me gustan más las faldas de tela.

A: ¿Qué te parece esta roja?

E: No está mal, pero prefiero la azul, es más elegante.

 (al dependiente): ¿Puedo probarme esta falda?

D: Sí, claro.

...

E: ¿Cómo me queda?

A: Muy bien, y no es cara.

E: Pues me la llevo.

安　娜：看这件皮裙，多漂亮啊！你喜欢吗？

艾伦娜：不是很喜欢。我更喜欢布裙子。

安　娜：你觉得这件红色的怎么样？

艾伦娜：不错，不过我更喜欢蓝色的，更典雅些。

（对售货员说）：我可以试一下这件裙子吗？

售货员：当然可以。

……

艾伦娜：我穿着怎么样？

安　娜：很漂亮，而且也不贵。

艾伦娜：那我买下了。

VOCABULARIO（词汇）

plan	m. 计划	ni	conj. 也不，甚至不
ninguno, na adj., pron.	任何一个（都不）	tranquilamente	adv. 安静地
humo	m. 烟	reservado	p.p., adj. 预订的，预约的

---

① MIRAR（看）的第二人称单数命令式。

— 100 —

seguro	adj.	安全的；肯定的	por supuesto		当然
encontrar	tr.	找到，发现	dentro	adv.	里面
sitio	m.	地方，地点	dentro de		在……里面
aparato	m.	器具，器械	rato	m.	片刻，短暂的时间
estar al aparato		接电话	falda	f.	裙子
examen	m.	考试	cuero	m.	皮，皮革
visita	f.	拜访；参观	más	adv.	更
junto	adj.	一起的，在一处的	tela	f.	布
parecer	intr.	好像；使觉得	rojo	adj.	红色的
molestar	tr.	打扰	azul	adj.	蓝色的
nunca	adv.	从未，决不	elegante	adj.	华丽的；优雅的；高尚的
cuando	adv.	当……的时候			
de vez en cuando		经常	dependiente	m.f.	售货员
descanso	m.	休息	probarse	prnl.	试
supuesto	m.	假设	llevarse	prnl.	带走；选中

VOCABULARIO COMPLEMENTARIO（补充词汇）

veranear	intr.	避暑，消夏	chaqueta	f.	夹克
tío, a	m.f.	叔，舅；姑，姨	piel	f.	皮
deportivo	adj. m.	体育的，运动的；跑车	reservar	tr.	保存；预订
			alguien	pron.	某人
obra	f.	作品；工程	nadie	pron.	任何人（都不）
de compras		购买	algo	pron.	某物
siesta	f.	午觉	nada	pron.	任何事物（都不）
solucionar	tr.	解决	interesar	tr.	使感兴趣
asunto	m.	事情，事务	ninguno, na	pron.	任何一个（都不）
bolso	m.	（女用）手提包；书包	nevera	f.	冰箱
viaje	m.	旅行	tomate	m.	西红柿
aprobar	tr.	同意；通过	corbata	f.	领带；领结
extranjero	adj. m.	外国的；国外	asiento	m.	座位
planchar	tr.	熨烫（衣物）	llegar	intr.	到达
camisa	f.	衬衫	puntualmente	adv.	准时地

CONTENIDOS COMUNICATIVOS《会话句型》

1. 如何表达"打算做……，要做……"？

Vamos a cenar a algún restaurante chino.

·我们去一家中国餐馆吃晚饭吧。

Voy a llamarlos ahora mismo para ver si están en casa.

·现在我就给他们打电话看他们在不在家。

¿Qué **vais a hacer** esta tarde?

·你们今天下午打算干什么？

¿Vas **a bailar** a alguna discoteca?

·你要去迪厅跳舞吗？

2. 如何征求对方的意见？

-¿**Qué podemos hacer** hoy? ¿Tienes algún plan?

·今天我们能做些什么呢？你有什么计划吗？

-No, no tengo ninguno.

·没有，我什么计划也没有。

¿**Quieres ir** a bailar a alguna discoteca?

·你想去迪厅跳舞吗？

¿**Vamos** entonces **a** cenar a algún restaurante chino?

·那我们去一家中国餐馆吃晚饭吧？

¿**Por qué no** vamos a visitar a Pepe y a Luisa?

·我们为什么不去找佩佩和路易莎玩呢？

¿**Por qué no** nos hacéis una visita y tomamos algo juntos?

·那你们干嘛不过来，然后咱们一起喝点儿什么？

¡Buena idea!

·好主意！

¿**Qué te parece** el plan?

·你觉得这个计划怎么样？

¿**Qué te parece** esta roja?

·你觉得这件红色的怎么样？

¿**Cómo me queda**?

·我穿着怎么样？

UNIDAD 11　¿Qué vais a hacer esta tarde?
你们今天下午打算干什么?

CONTENIDOS GRAMATICALES《语法》

1. IR A+INF.（要做……，打算做……）

动词 IR 由介词 A 联系与原形动词连用，表示即将发生的事或要做的事。如：

¿Por qué no **vamos a visitar** a Pepe y a Luisa? ·我们为什么不去找佩佩和路易莎玩呢?
¿Qué **vais a hacer** esta tarde? ·你们今天下午打算干什么?

动词短语 ir a + inf. 可以与表示方向或目的地的介词组 a + 地点连用，表示"到……地方做……"：

人称	变位	动作	地点
yo	voy	a cenar	a algún restaurante
tú	vas	a bailar	a alguna discoteca
él, ella, Ud.	va	a nadar	a la piscina
nosotros / as	vamos	a estudiar	a la universidad
vosotros / as	vais	a veranear	a Galicia
ello, ellas, Uds.	van	a dormir	a sus habitaciones

¿Quieres **ir a bailar a alguna discoteca**?
· 你想去迪厅跳舞吗?
¿**Vamos** entonces **a cenar a algún restaurante chino**?
· 那我们去一家中国餐馆吃晚饭吧?

如果与动词短语 ir a + inf. 连用的原形动词后带有介词，在提问时应当把介词提前至句首。如：

¿**A** quién vas a llamar? ·你要给谁打电话?
Voy a llamar **a** mi hermano. ·我要给我哥哥打电话。

EJERCICIO I

(1) 仿照例句，回答问题。

例：¿A quién vas a visitar esta tarde? / mi tío　　-Voy a visitar a mi tío.
　　今天下午你要去拜访谁? / 我叔叔　　　　　　我要去拜访我叔叔。

1) ¿Qué va a tomar usted de primero? / una ensalada mixta _____
2) ¿Qué coche vais a comprar? / un deportivo _____
3) ¿Qué van a ver ustedes? / una obra de teatro _____
4) ¿Adónde vais a ir mañana? / la playa _____

— 103 —

5）¿A quién vas a llamar por teléfono? / mi padre

6）¿Qué vamos a tomar de bebida? / vino de la casa

7）¿Adónde va a veranear usted? / la costa

8）¿A quién vais a ver esta tarde? / Antonio

9）¿Dónde va a comer usted hoy? / casa

10）¿Dónde van a dormir ustedes esta noche? / un hotel

(2) 仿照例句，回答问题。

例：¿Qué vas a hacer esta tarde? / ir al cine 　　　-Esta tarde voy a ir al cine.
　　你今天下午要做什么？ / 去看电影　　　　　　我今天下午要去看电影。

1）¿Qué van a hacer ustedes mañana? / visitar la ciudad

2）¿Qué vais a hacer hoy? / quedarse en casa

3）¿Qué van a hacer ellos ahora? / ir de compras

4）¿Qué va a hacer usted después de comer? / dormir la siesta

5）¿Qué vamos a hacer ahora? / corregir los ejercicios

6）¿Qué va a hacer Pilar mañana? / ir de excursión

7）¿Qué vais a hacer después de cenar? / ir a bailar

8）¿Qué va a hacer usted hoy por la mañana? / solucionar unos asuntos

9）¿Qué vamos a hacer después de clase? / divertirse en una discoteca

10）¿Qué va a hacer él antes de comer? / ducharse y afeitarse

2. 某些可以和原形动词搭配的动词

querer（想要）
desear（渴望）
esperar（希望）
pensar（想）
preferir（更愿意）　　**ir** + este verano a España.
gustar（使喜欢）
poder（能够）
deber（应该）
tener que（应该）
hay que（应该）

这些词组在跟宾格代词和与格代词作宾语时，位置都是：与格代词在前，宾格代词在后；两者或一起置于整个词组之前，与之分写，或一起置于原形动词之后，与之连写，并在原形动词相应音节上加重音符号。如：

Yo quiero comprar **a mi madre un bolso**.

· 我想给我妈妈买一个包。

-Yo **se lo** quiero comprar. / Yo quiero comp**rárselo**.

EJERCICIO II

（1）仿照例句，回答问题。

例：¿Quieres ir al cine?　-Sí, quiero ir al cine.　　是的，我想去看电影。

你想去看电影吗?　-No, no quiero ir al cine.　　不，我不想去看电影。

1）¿Os gusta ir al teatro?

2）¿Deseas tener mucho dinero?

3）¿Podemos hacer el viaje?

4）¿Prefieren ustedes tomar una taza de café?

5）¿Esperas aprobar el examen?

6）¿Piensa usted ir este verano al extranjero?

7）¿Quieres ir a bailar esta tarde?

8）¿Prefiere usted bañarse en el mar?

9）¿Desea usted hablar con el director?

10）¿Piensan ellos quedarse esta tarde en casa?

（2）仿照例句，回答问题。

例：¿Quieres comp**rarte** este abrigo?　　　　-Sí, quiero comp**rármelo**.

你想买下这件大衣吗?　　　　　　　　　是的，我想买下它。

-Sí, **me lo** quiero comprar.

1）¿Desean ustedes comprarse la casa?

2）¿Va a cortarse usted el pelo?

3）¿Desean probarse ustedes estos zapatos?

4）¿Puedes plancharme la camisa?

5）¿Van a alquilar ellos un apartamento?

6）¿Esperáis aprobar el examen?

7）¿Vas a visitar esta tarde a tus primos?

8）¿Quiere probarse usted esta chaqueta?

9）¿Desea comprarse ella un abrigo de piel? _____
10）¿Me pueden reservar ustedes la habitación? _____

3. 不定代词和不定形容词

"不定"即不确定、不定指，也即泛指。我们先来看几个不定代词：

	肯定	否定
指人	**ALGUIEN**（某人） ¿Hay **alguien** en casa? · 有人在家吗？	**NADIE**（任何人都不） No hay **nadie** en casa. · 没有人在家。
指物	**ALGO**（某物） ¿Comprendes **algo**? · 你懂了什么没有？	**NADA**（任何物都不） No compendo **nada**. · 我什么都不懂。

注：当否定的代词/形容词/副词出现在动词之后时，需要在动词前再加上一个否定词；而当否定的代词/形容词/副词出现在动词之前时，则不需要其他否定词。

No me quiere ayudar **nadie**. · 没有人愿意帮助我。	**Nadie** me quiere ayudar. · 没有人愿意帮助我。
No me interesa **nada** de aquí. · 这里没有什么让我感兴趣。	**Nada** de aquí me interesa. · 这里没有什么让我感兴趣。
No está **nunca** en casa. · 他从来不在家。	**Nunca** está en casa. · 他从来不在家。

EJERCICIO III

以否定形式回答问题。

例：¿Viene **alguien** esta tarde?　　　　　　-No, **no** viene **nadie**.
　　今天下午有人来吗？　　　　　　　　　　不，没有人来。

1）¿Quieres comer algo? _____
2）¿Podéis hacer algo? _____
3）¿Ve usted a alguien? _____
4）¿Hay alguien en el jardín? _____
5）¿Pregunta alguien por mí? _____
6）¿Hace él algo? _____
7）¿Conoces a alguien? _____
8）¿Quiere decir usted algo? _____
9）¿Sabe alguien el número de teléfono de Pedro? _____
10）¿Saben ustedes algo? _____

UNIDAD 11　¿Qué vais a hacer esta tarde?
你们今天下午打算干什么?

下面的词可以作不定代词，也可以作不定形容词。

	不定形容词		不定代词	
	肯定	否定	肯定	否定
单数	algún / alguna	ningún / ninguna	alguno / alguna	ninguno / ninguna
复数	algunos / algunas	ningunos / ningunas	algunos / algunas	ningunos / ningunas

¿Hay aquí **algún** restaurante alemán?
· 这儿有德国餐厅吗？
　-Sí, aquí hay **alguno**.
　· 是的，有。
　No, aquí no hay **ninguno**.
　· 不，一家都没有。

¿Tiene usted **alguna** pregunta?
· 您有问题吗？
　-Sí, tengo **alguna**.
　· 是的，我有。
　No, no tengo **ninguna**.
　· 不，我一个问题都没有。

¿Compramos **algunos** caramelos?
· 我们买点儿糖果好么？
　-Sí, compramos **algunos**.
　· 好，我们买些。
　No, no compramos **ninguno**.
　· 不，我们一点儿都不买。

注意：alguno 和 ninguno 在阳性单数名词前失去词尾 -o。
　　　ningunos / ningunas 很少使用。

EJERCICIO IV

（1）以否定形式回答问题。

例：¿Tienes **algún** periódico español?
　　你有西班牙的报纸吗？
　　-No, no tengo **ningún** periódico español.
　　没有，我一份西班牙报纸都没有。
　　No, no tengo **ninguno**.
　　没有，我一份都没有。

1）¿Tenéis algún problema?　_____
2）¿Hay alguna cerveza en la nevera?　_____
3）¿Compráis algunos tomates para la ensalada?　_____
4）¿Tienes hoy alguna visita?　_____
5）¿Me puedes prestar alguna corbata?　_____
6）¿Hay aquí algún hotel barato?　_____
7）¿Hay alguna carta para mí?　_____

8）¿Quieres ver alguna película francesa?

9）¿Me puede prestar algún bolígrafo rojo?

10）¿Tienen ustedes algunos amigos en esta ciudad?

(2) 改变顺序。

例： Él **no** escribe **nunca**.　　　　　　　　-Él **nunca** escribe.

　　　他从不写信。

1）No hay ningún asiento libre.

2）No contesta nadie.

3）Ella no saluda a nadie.

4）Vosotros no llegáis nunca puntualmente.

5）No hay ninguna ventana abierta.

6）No se está bañando nadie.

7）No podemos hacer nada.

8）No le interesa nada.

9）No nos quiere ayudar ninguna persona.

10）No tiene nunca tiempo.

UNIDAD 12

Dígame qué le pasa.

跟我说说您怎么了

学习重点

会话： 如何表达谢意
　　　　如何形容身体状况
　　　　如何问路和指路
语法： 命令式

LENGUAJE COLOQUIAL 〈对话〉

1. Dígame qué le pasa.
跟我说说您怎么了

（ E:Enfermera; M:Médico; C:Carlos ）

E : ¡Pase, por favor!

M: ¡Buenas tardes! Tome asiento y dígame qué le pasa.

C : No me encuentro bien, me duele el estómago y la garganta. También tengo dolor de cabeza.

M: Bueno, vamos a ver, túmbese aquí. Primero voy a tomarle el pulso. Súbase la manga de la camisa y déme la mano izquierda.

C : Doctor, me duele mucho el estómago, sobre todo después de comer.

M: Ahora quítese la camisa y respire profundamente. No se ponga nervioso. ¡Relájese!

C : ¿Es algo grave, doctor? Estoy bastante preocupado.

M: No, no es nada grave. Usted tiene agotamiento físico.Trabaja demasiado. No trabaje tanto, lleve una vida tranquila y descanse. Si es posible, échese la siesta de vez en cuando.

C : ¿Puedo seguir fumando, doctor?

M: ¡No, no fume ni beba nada de alcohol!

C : ¿Tengo que seguir alguna dieta?

M: Sí, no tome grasas ni comidas fuertes. Le voy a recetar unas pastillas para hacer bien la digestión. Venga por aquí la semana próxima.

C : Muchas gracias por todo. Hasta la semana que viene.

护　士：请进！

医　生：下午好！请坐，跟我说说您怎么了。

卡洛斯：我不舒服，胃疼，嗓子疼。而且头也疼。

医　生：嗯，来，躺在这儿。我先来给您号脉。把衬衫的袖子挽起来，把左手给我。

卡洛斯：医生，我胃疼得很厉害，尤其是吃完饭以后。

医　生：现在脱掉衬衫，深呼吸。别紧张。放松！

卡洛斯：严重吗，医生？我很担心。

医　生：一点儿都不严重。您是身体疲劳过度。工作过于劳累。别这么工作了，生活要平静些，多休息。有可能的话，经常睡午觉。

卡洛斯：我能继续抽烟吗，医生？

医　生：不要抽烟，也不要喝酒！

卡洛斯：饮食上有什么应该注意的吗？

医　生：有，不要吃高脂肪的食品和味浓的食品。我给你开一些助消化的药。下周您再来一次。

卡洛斯：非常感谢。下周见。

---

2. ¿Cómo se va a la farmacia?
请问药店怎么走？

(*M :Médico; P:Pepe; E.P.:El policía*)

M: ¿Qué te pasa, Pepe?

P : Me duele todo el cuerpo. Los brazos, el pecho, la espalda, el vientre, las piernas, todo.

M: A ver, saca la lengua. Ponte el termómetro. ...No es grave. Tienes un poco de fiebre, es la gripe.

P : Además el pie. Me duele el pie también.

M: Saca el pie, enséñamelo. Ve a la farmacia con esta receta y trae varias vendas y estas medicinas, esto, lo tomas cada cuatro horas.

UNIDAD 12　Dígame qué le pasa.
跟我说说您怎么了

...

P　　: Perdone, ¿hay una farmacia cerca?

E.P.: Sí, hay una cerca de aquí, en la calle Sorolla.

P　　: Por favor, ¿cómo se va?

E.P.: Sigue todo recto, coge la segunda calle a la derecha y luego la primera a la izquierda. Allí está.

P　　: Gracias. Muy amable.

E.P.:De nada.

医生：你怎么了，佩佩？

佩佩：我浑身都疼。胳膊，胸，背，肚子，腿，哪儿都疼。

医生：伸出舌头我看看。给你测一下体温。……不是很严重。你有点儿发烧，是流感。

佩佩：还有脚，我脚也疼。

医生：伸出脚我看看。你拿着这张药方去药店，再买点儿绷带，取了这药，每四小时服一次。

……

佩佩：对不起，请问附近有药店吗？

警察：有，这附近有一家，在索罗亚大街。

佩佩：请问怎么走？

警察：直走，在第二个街口右转，然后在第一个街口左转，就到了。

佩佩：谢谢，您真太好了。

警察：不客气。

VOCABULARIO（词汇）

pasar	intr. 经过，穿过；发生	pulso	m. 脉搏
tomar asiento	就座	tomar el pulso	号脉
encontrarse	prnl. 相遇；置身，位于	subir	tr., intr. 提起，举起；上升，升高
doler	tr. 疼，痛		
estómago	m. 胃	manga	f. 袖子
garganta	f. 咽喉，嗓子	dar	tr. 给
dolor	m. 疼，痛	sobre todo	尤其
cabeza	f. 头，头部	respirar	intr. 呼吸
tumbarse	prnl. 倒下，躺下	profundamente	adv. 深深地，深刻地

— 111 —

nervioso	adj. 紧张的	brazo	m. 臂，手臂
relajarse	prnl. 放松，松懈	pecho	m. 胸
grave	adj. 严重的	espalda	f. 背，背部
preocupado	p.p., adj. 担忧的，担心的	vientre	m. 腹部，肚子
agotamiento	m. 枯竭，耗尽；筋疲力尽	pierna	f. 腿
físico	adj. 物理的；肉体的，身体的	sacar	tr. 取出，拿出
		lengua	f. 舌头；语言
damasiado	adj., adv. 过分的，过度的；过分地，过度地	termómetro	m. 温度计
		un poco de	一点儿……
llevar	tr. 度过	fiebre	f. 热度；发烧
descansar	intr. 休息	gripe	f. 流感
posible	adj. 可能的	pie	m. 脚
echar	tr. 扔，投，掷	farmacia	f. 药店，药房
echar la siesta	睡午觉	receta	f. 药方
seguir	tr., intr. 跟随；遵从；继续	vario	adj. 多样的，不同的；若干，许多
alcohol	m. 酒精；烈性酒		
dieta	f. 规定的饮食；忌食	venda	f. 绷带，纱布
grasa	f. 油脂，脂肪	medicina	f. 医学；药品，药物
fuerte	adj. 结实的；强大的；剧烈的；浓的	cada	adj. 每一个
		cerca	adv. 附近
recetar	tr. 开（药方）	cerca de	在……附近
pastilla	f. 药片	recto	adj. 直的
digestión	f. 消化	coger	tr. 拿，抓；走（某一条路）
cuerpo	m. 身体，身躯		

VOCABULARIO COMPLEMENTARIO（补充词汇）

agradecer	tr. 感谢	acera	f. 人行道，便道
ayuda	f. 帮助	cuarto	adj., num. 第四
indicar	tr. 表明；指明；指出；指点	miedo	m. 害怕，恐惧
		llave	f. 钥匙
bajarse	prnl. 弯腰；下车	sentarse	prnl. 坐下
atravesar	tr. 横贯；穿过，越过	marcharse	prnl. 离开
andar	intr. 走，行走	guitarra	f. 吉他

mandar	tr.	命令；寄；派	luz	f.	光；灯
bufanda	f.	围巾	apellido	m.	姓
apagar	tr.	熄灭；关闭	tortilla	f.	饼

关于身体的词汇

cabeza	f.	头	cintura	f.	腰
ojo	m.	眼睛	dedo	m.	指；趾
nariz	f.	鼻子	codo	m.	肘
boca	f.	嘴	muñeca	f.	腕
oreja	f.	耳朵	rodilla	f.	膝
ceja	f.	眉	encía	f.	牙床
pestaña	f.	睫毛	muela	f.	臼齿
cabello	m.	头发	grupo sanguíneo		血型
cuello	m.	脖子	presión arterial		血压
hombro	m.	肩膀	ritmo cardíaco		心律
brazo	m.	手臂	capacidad vital		肺活量

关于疾病的词汇

desmayarse	prnl.	昏倒	bacteria	f.	细菌
insolación	f.	中暑	hidrofobia	f.	狂犬病
asfixia	f.	窒息	amnesia	f.	失忆症
espasmo	m.	痉挛	miopía	f.	近视
enfermedad contagiosa		传染病	influencia	f.	流感
enfermedad profesional		职业病	tos	f.	咳嗽
recaída	f.	复发	infarto del miocardio		心肌梗塞
virus	m.	病毒			

CONTENIDOS COMUNICATIVOS《会话句型》

1. 如何表达谢意？

Muchas gracias por todo. ·非常感谢您所做的一切。

Gracias. Muy amable. ·谢谢，您真太好了。

¡Muchas gracias por tu ayuda!
¡Estoy agradecido por tu ayuda! 〉非常感谢你的帮助！
¡Te agradezco la ayuda!
¡Te agradezco que me ayudes!

De nada.
No hay de qué. 〉不客气。

2. 如何形容身体状况？

-Dígame qué le pasa. · 跟我说说您怎么了。
¿Qué te duele? · 你哪儿疼？
¿Cómo te encuentras? · 你有什么感觉？
¿Te encuentras bien? · 你感觉舒服吗？

-No **me encuentro** bien, **me duele** el estómago y la garganta.
· 我不舒服，胃疼，嗓子疼。

Me duele mucho el estómago. · 我胃疼得很厉害。
Tengo dolor de cabeza. · 我头疼。
No. **Me duele** todo el cuerpo. · 不舒服。我浑身都疼。

3. 如何问路和指路？

-**Por favor**, ¿**cómo se va** a la farmacia? · 请问药店怎么走？
¿Puedes **indicarme el camino a**l banco? · 你能告诉我银行怎么走吗？
Para ir al correo, ¿qué tengo que hacer? · 我想去邮局，我该怎么走？
¿Conoce usted dónde está la Plaza Mayor? · 您知道大广场在哪儿吗？

-**Sigue** todo recto, **coge** la segunda calle **a la derecha** y luego la primera **a la izquierda**. Allí está.
· 直走，在第二个街口右转，然后在第一个街口左转，就到了。

Mejor en autobús. **Coge** el 16 y **bájate en** la tercera parada, en la plaza; **atraviesa** la plaza y **al lado de** un supermercado está el banco.
· 最好乘公交车。你坐16路，在第三站，也就是广场站下车；然后穿过广场，有一个超市，旁边就是银行。

Siga andando por la misma acera. El correo es la tercera o cuarta casa.

· 就顺着这条人行道继续走，第三栋或者第四栋房子就是邮局。

Salga del hotel, **a mano izquierda**.

· 您出酒店，左拐。

CONTENIDOS GRAMATICALES 《语法》

命令式

当对话的一方向另一方发出祈使或命令的语气时，动词需采取命令式。如：

¡**Pase**, por favor!

· 请进！

Tome asiento y **díga**me qué le pasa.

· 请坐，跟我说说您怎么了。

Súbase la manga de la camisa y **dé**me la mano izquierda.

· 把衬衫的袖子挽起来，把左手给我。

Saca la lengua. **Pon**te el termómetro.

· 伸出舌头我看看。给你测一下体温。

Ve a la farmacia con esta receta y **trae** varias vendas.

· 你拿着这张药方去药店，再买点儿绷带。

⊙ 命令式的变位规则

			肯定形式			否定形式
-AR (TOMAR)	(tú) (Ud.) (vosotros / as) (Uds.)	tom**a** tom**e** tom**ad** tom**en**	el autobús	(tú) (Ud.) (vosotros / as) (Uds.)	no tom**es** no tom**e** no tom**éis** no tom**en**	el autobús
-ER (COMER)	(tú) (Ud.) (vosotros / as) (Uds.)	com**e** com**a** com**ed** com**an**	pan	(tú) (Ud.) (vosotros / as) (Uds.)	no com**as** no com**a** no com**áis** no com**an**	pan
-IR (SUBIR)	(tú) (Ud.) (vosotros / as) (Uds.)	sub**e** sub**a** sub**id** sub**an**	la manga	(tú) (Ud.) (vosotros / as) (Uds.)	no sub**as** no sub**a** no sub**áis** no sub**an**	la manga

EJERCICIO I

用命令式改写句子。（保留原来的人称）

例：Tú **hablas** deprisa. 　　　　　-**Habla** deprisa.　　你说话快些。

　　你说话快。　　　　　　　　　　-**No hables** deprisa.　你说话不要太快。

1）Vosotros trabajáis mucho.　　　＿＿＿＿＿＿＿＿＿＿＿＿

2）Ustedes beben vino　　　　　　＿＿＿＿＿＿＿＿＿＿＿＿

3）Tú preguntas mucho.　　　　　 ＿＿＿＿＿＿＿＿＿＿＿＿

4）Vosotros leéis la carta.　　　　 ＿＿＿＿＿＿＿＿＿＿＿＿

5）Usted escribe las palabras.　　　＿＿＿＿＿＿＿＿＿＿＿＿

6）Tú alquilas un coche.　　　　　 ＿＿＿＿＿＿＿＿＿＿＿＿

7）Usted abre la ventana.　　　　　＿＿＿＿＿＿＿＿＿＿＿＿

8）Vosotros continuáis trabajando.　＿＿＿＿＿＿＿＿＿＿＿＿

9）Ustedes toman un taxi.　　　　　＿＿＿＿＿＿＿＿＿＿＿＿

10）Vosotros cogéis el autobús.　　 ＿＿＿＿＿＿＿＿＿＿＿＿

⊙ 命令式 + 人称代词

宾格代词、与格代词、代词式动词中的代词置于肯定命令式之后，与之连写；置于否定命令式之前，与之分写。

肯定形式	否定形式
compra **el libro** — cómpra**lo**	no compres **el libro** — no **lo** compres
saluda**d a Juan** — saluda**dlo**	no saludéis **a Juan** — no **lo** saludéis
da**me la llave** — dá**mela**	no **me** des **la llave** — no **me la** des
láva**te las manos** — láva**telas**	no **te** laves **las manos** — no **te las** laves
注意：代词式动词在 "vosotros" 人称下的肯定命令式有书写变化。 　　　 sentad + **os** — senta - **os** 　　　 marchad + **os** — marcha - **os** 　　　 lavad + **os** las manos — lavá- **oslas** 　　　 例外：IR: idos / iros	

EJERCICIO II

构成命令式。

例：¿Por qué no **le** regalas **a Juan un disco**?　-Regála**selo**.

　　你为什么不送给胡安一张唱片呢？　　　　把（它）送给（他）。

1）¿Por qué no me compras una guitarra?
2）¿Por qué no se quitan los abrigos?
3）¿Por qué no nos explica usted la lección?
4）¿Por qué no les escribís una carta?
5）¿Por qué no me mandas el dinero por correo?
6）¿Por qué no nos enseña usted su nuevo coche?
7）¿Por qué no os limpiáis los zapatos?
8）¿Por qué no te lavas el pelo?
9）¿Por qué no nos prestas el coche?
10）¿Por qué no nos leéis la carta?

⊙ 一些不规则动词的命令式变位

	DECIR	IR	HACER	OÍR	PONER	SER	SALIR	TENER	VENIR
肯定	di diga decid digan	ve vaya id vayan	haz haga haced hagan	oye oiga oíd oigan	pon ponga poned pongan	sé sea sed sean	sal salga salid salgan	ten tenga tened tengan	ven venga venid vengan
否定	digas diga digáis digan	vayas vaya vayáis vayan	hagas haga hagáis hagan	oigas oiga oigáis oigan	pongas ponga pongáis pongan	seas sea seáis sean	salgas salga salgáis salgan	tengas tenga tengáis tengan	vengas venga vengáis vengan

EJERCICIO III

（1）使用代词，改写句子。

例：Haz el ejercicio.　　　　　　-Hazlo.　　（你）做（练习）。
　　（你）做练习。　　　　　　-No lo hagas.　（你）不要做（练习）。

1）Dadle a Pepe un cigarrillo.
2）Poneos las bufandas.
3）Apaguen la luz.
4）Tómate el café.
5）Compradnos un helado.
6）Tráigame una cerveza.
7）Cierren la puerta.
8）Dígale su apellido.

9) Poned la radio.

10) Hágale una tortilla.

(2) 构成命令式。

例：Tú no le dices la verdad.　　　　-Dile la verdad.
　　你不告诉他真相。　　　　　　　（你）不要告诉他真相。

1) Vosotros no os ponéis el abrigo.

2) Usted no hace ninguna pregunta.

3) Ustedes no van a clase.

4) Tú no oyes las noticias.

5) Usted no viene pronto.

6) Ustedes no van a bailar.

7) Vosotros no tenéis miedo del perro.

8) Tú no sales a la calle.

9) Ustedes no dicen nada.

10) Vosotros no vais al cine.

UNIDAD 13

¿Qué número calza usted?
您穿多大号鞋?

> **学习重点**
>
> 会话：如何表达自己的愿望
> 　　　买衣服时如何问尺寸
> 　　　如何表达"是否合适"
> 　　　如何推荐
> 　　　如何问价钱和讨价还价
> 语法：形容词的比较级和最高级
> 　　　形容词的绝对最高级

LENGUAJE COLOQUIAL 《对话》

1. ¿Qué número calza usted?
您穿多大号鞋?

(D:Dependiente; P:Pilar)

D: Buenas tardes, ¿qué desea?

P: Quiero comprar unos zapatos.

D: ¿Los quiere de piel?

P: Sí, me gusta el modelo que tienen en el escaparate.

D: ¿Qué número calza usted? Creo que de ese modelo sólo tenemos números pequeños. Pruébeselos, a ver cómo le quedan.

P: Me están un poco pequeños. ¿No tienen otro número mayor?

D: No, lo siento. ¿Por qué no se prueba estos marrones? Tienen un tacón más alto, pero son mucho más cómodos y de mejor calidad. Por supuesto, son más caros que los del escaparate.

P : No, gracias, no me gustan.

D: Mire, estos negros tienen poquísimo tacón. Son comodísimos y no tan caros como los marrones.

P : Sí, es verdad, pero me están un poco grandes. Tráigame un número menor.

D: Por desgracia su número está agotado en este modelo. Pero aquí tengo unos azules que están muy bien de precio. Ahora están rebajados. Cuestan cinco euros menos de lo que marcan.

P : Me están mucho mejor que los negros, pero el color no me gusta. No van bien con el bolso.

D: Pues cómprese un bolso azul. Tenemos varios modelos y algunos en oferta. ¿Qué le parece éste de asas? Puede llevarlo tanto por el día como por la noche. Sólo cuesta treinta y cinco euros.

P : Muchas gracias por todo, pero no quiero gastarme tanto en un bolso. Perdone por la molestia. Adiós.

D: ¡No importa! Hasta cuando quiera.

售货员：下午好，有什么可以帮你？

皮拉尔：我想买双鞋。

售货员：是想买双皮鞋吗？

皮拉尔：对，我想要橱窗里的那一款。

售货员：您穿多大号？我想那一款只有小号的了。您试试，看合不合适。

皮拉尔：我穿着有点小。没有更大一点的号了吗？

售货员：对不起，没有了。您要不试试这双咖啡色的？这双鞋的跟高一些，但是要舒服得多，质量也更好一些。当然，要比橱窗里的那双贵。

皮拉尔：不了，谢谢，我不喜欢。

售货员：您看，这双黑色的跟特别低，非常舒服，而且还没有咖啡色的那双贵。

皮拉尔：没错，可是我穿着有一点儿大。您给我拿一双小号的。

售货员：很遗憾，这一款没有适合您穿的号了。不过这儿有一双蓝色的，价格非常便宜。现在正在减价，比标价便宜5欧元。

皮拉尔：这双我穿着比那双黑色的合适多了，不过颜色我不喜欢。和我的包不协调。

售货员：那您就买一个蓝色的包吧。我们这儿有好多种款式，有几款正在降价。您觉得这款手提的怎么样？白天和晚上都可以提。只卖35欧元。

皮拉尔：非常感谢，不过我不想在一个包上花这么多钱。对不起，打扰了，再见。

售货员：没关系！您需要买的时候就过来。

2. ¿Qué precio tienen?
多少钱？

(D:Dependiente; C:Cliente)

D: ¡Buenos días!, señora, ¿qué desea?

C: Buenos días. Quiero unos pantalones.

D: ¿De qué talla?

C: Pues, no sé... de la 40 ó 42, creo.

D: De estas tallas los tenemos azules y negros.

C: ¿Puedo probarme los negros?

D: Sí, claro, allí están los probadores... Cómo le quedan?

C: Me quedan bien. Me los llevo. ¿Qué precio tienen?

D: Estos valen 45 euros. ¿Paga con dinero o con tarjeta de crédito?

C: Con dinero. Aquí tiene...

售货员：早上好！女士，您需要点什么？

顾　客：早上好。我想买条裤子。

售货员：多大尺寸？

顾　客：嗯，我不知道……我觉得是40或者42号吧。

售货员：这个尺寸我们有蓝色的和黑色的。

顾　客：我可以试试黑色的吗？

售货员：当然可以，试衣间在那儿。……合适吗？

顾　客：合适。我买了。多少钱？

售货员：45欧元。您是付现金还是信用卡支付？

顾　客：付现金。给您……

VOCABULARIO（词汇）

modelo	m. 模本；型号；样式；模特儿	quedar	intr. 表现，结果
		mayor	adj. 更大的
escaparate	m. 橱窗	sentir	tr. 感觉；（对某事）感到遗憾；抱歉；难过
calzar	tr. 穿（鞋，袜）		

marrón		adj.	栗色的，咖啡色的	en oferta		减价出售
tacón		m.	鞋跟	asa	f.	柄，把，提手
mucho		adv.	很多，大量；更为，更加	tanto...como...		无论……还是……
				por el día		白天
mejor		adj.	更好的	por la noche		晚上
calidad		f.	质，质量	gastar	tr.	花费
menor		adj.	更小的	molestia	f.	打扰
desgracia		f.	不幸；倒霉	importar	intr.	重要
por desgracia			不幸地	no importa		没关系
agotado		p.p., adj.	枯竭的，耗尽的；精疲力尽的	pantalon	m.	裤子
				talla	f.	尺寸
precio		m.	价格	negro	adj.	黑色的
rebajado		p.p., adj.	减价的	probador	m.	试衣间
menos		adj., adv.	较少的；少，不到，不如	pagar	tr.	支付，付款
				tarjeta	f.	卡片
marcar		tr.	作标记；标价	crédito	m.	信任；信贷；信用
oferta		f.	供应；出价	tarjeta de crédito		信用卡

VOCABULARIO COMPLEMENTARIO（补充词汇）

considerar	tr.	考虑；认为	peluquería	f.	理发店
igual	adj.	一样的	amargo	adj.	苦的
peor	adj.	更坏的	limón	m.	柠檬
sed	f.	渴	andaluz,za	adj. -s.	（西班牙）安达卢西亚的；安达卢西亚人
proyecto	m.	计划			
carácter	m.	性质，特点；性格	sillón	m.	大扶手椅
aplicado	adj.	勤奋的，刻苦的	jarabe	m.	糖浆；甜饮料

服饰及装饰品相关词汇					
tendencias de moda		流行趋势	moda unisex		中性款式
boutique	f.	专卖店	cazadora de piel		皮夹克
marca de prestigio		名牌	abrigo de visón		貂皮大衣

UNIDAD 13　¿Qué número calza usted?
您穿多大号鞋？

服饰及装饰品相关词汇

pantalones cómodos		休闲裤	alfiler de corbata		领带夹
vaquero	m.	牛仔裤	collar de diamantes		钻石项链
zapatos de tacón		高跟鞋	perla natural		天然珍珠
zapatilla	f.	拖鞋	jade	m.	玉
lentes de contacto		隐形眼镜	amuleto	m.	护身符
gafas de sol		太阳镜			

CONTENIDOS COMUNICATIVOS 《会话句型》

1. 如何表达自己的愿望？

-¿Qué **desea**? · 您需要点儿什么？
-**Quiero comprar** unos zapatos. · 我想买双鞋。
Quiero unos pantalones. · 我想买条裤子。
Quiero comprar un abrigo. · 我想买一件大衣。
Me gusta el modelo que tienen en el escaparate. · 我想要橱窗里的那一款。
El color **no me gusta**. · 颜色我不喜欢。

2. 买衣服时如何问尺寸？

¿Qué **número calza** usted? · 您穿多大号？
¿No tienen otro **número mayor**? · 没有更大一点的号了吗？
Tráigame un **número menor**. · 您给我拿一双小号的。
Por desgracia su **número** está agotado en este modelo. · 很遗憾，这一款没有适合您穿的号了。
¿**De** qué **talla**? · 多大尺寸？

3. 如何表达"是否合适"？

-**Pruébese**los, a ver **cómo** le **quedan**. · 您试试，看合不合适。
-Me **están** un poco **pequeños**. · 我穿着有点小。
Me **están** un poco **grandes**. · 我穿着有一点儿大。
Me **están** mucho **mejor que** los negros. · 这双我穿着比那双黑色的合适多了。

Me **quedan** bien.　　　　　　　　　　・合适。

4. 如何推荐呢？

-¿**Por qué no** se prueba estos marrones?　　・您要不试试这双咖啡色的？
Mire, estos negros...　　　　　　　　　　・您看，这双黑色的……
Pero aquí tengo unos azules que　　　　　・不过这儿有一双蓝色的价格非常便宜。
　　están muy bien de precio.
Pues cómprese un bolso azul.　　　　　　・那您就买一个蓝色的包吧。
¿**Qué le parece** éste de asas?　　　　　　・您觉得这款手提的怎么样？
-**No**, **gracias**, no me gustan.　　　　　　・不了，谢谢，我不喜欢。

5. 如何问价钱和讨价还价？

-¿**Qué precio tienen**?　　　　　　　　　　・多少钱？
¿**Cuánto vale** este abrigo?　　　　　　　　・这件大衣多少钱？
¿**Cuánto cuesta** esta chaqueta?　　　　　・这件外套多少钱？
-Estos **valen** 45 euros.　　　　　　　　　　・45 欧元。
Cuestan cinco euros menos de lo que marcan.　・比标价便宜 5 欧元。
Sólo **cuesta** treinta y cinco euros.　　　　・只卖 35 欧元。
Es demasiado cara.　　　　　　　　　　　・太贵了。
¿Qué considera usted un buen precio　　　・那你觉得这件外套多少钱合适？
　　por esta chaqueta?
Se la dejo en 30 euros.　　　　　　　　　　・我让到 30 欧元吧。

CONTENIDOS GRAMATICALES（语法）

1. 形容词的比较级和最高级

当对一类事物中的不同个体的同质特征进行比较时，要用形容词的比较级和最高级。

原级	比较级 （更……/不如……/和……一样）	最高级 （最……）
Antonio es alto. ・安东尼奥个子高。	**Más** alto **que** Pedro. ・比佩德罗高。	**El más** alto **de** la clase. ・班里最高的。

UNIDAD 13 ¿Qué número calza usted?
您穿多大号鞋?

续表

原级	比较级 （更……/ 不如……/ 和……一样）	最高级 （最……）
María es simpática. · 玛丽亚很可爱。	**Menos** simpática **que** Carmen. · 不如卡门可爱。	**La menos** simpática **de** todas. · 所有人里最不可爱的。
Tus hijos son inteligentes. · 你的孩子很聪明。	**Tan** inteligentes **como** los míos. · 和我的孩子一样聪明。	**Muy** inteligentes. · 非常聪明。
Estas casas son viejas. · 这些房子很旧。	**Igual de** viejas **que** aquellas. · 和那些房子一样旧。	Viej**ísimas**. · 非常旧。

下表中是一些形容词的比较级和最高级的不规则变化形式。

原级	比较级	最高级
bueno(a) 好	mejor 更好	el / la mejor 最好
malo(a) 坏	peor 更坏	el / la peor 最坏
pequeño(a) 小	menor 更小	el / la menor 最小
grande(-) 大	mayor 更大	el / la mayor 最大
mucho(a) 多	más 更多	el / la más 最多
poco(a) 少	menos 更少	el / la menos 最少

注意：
tanto(s) + 名词 + como
tanta(s)
tengo tantos problemas como tú. 我的问题和你一样多。
tenemos tanta sed como vosotros. 我们和你们一样渴。

EJERCICIO I

（1）构成比较级。

例：Esta clase es **grande**. / ésa   -Sí, pero ésa es **mayor**.
    这个教室很大。/ 那个   是的，但是那个更大。

1）Este trabajo es muy malo. / ése   _____

2）Esta habitación es pequeña. / ésa   _____

3）Estos proyectos son buenos. / ésos   _____

4）Este restaurante es grande. / ése   _____

5）Este niño tiene mal carácter. / ése   _____

6）Esta biblioteca tiene buenos libros. / ésa _____

7）Este edificio es muy alto. / ése   _____

8）Esta película es buena. / ésa   _____

9）Esta carne es mala. / ésa

10）Estos tomates son muy pequeños. / ésos

(2) 仿照例句，回答问题。

例：¿Eres tú **el menor de** los hermanos?　　-No, no soy **el menor**, soy **el mayor**.
　　你是兄弟中最小的吗？　　　　　　　　　不，我不是最小的，我是最大的。

1）¿Es Juan el mejor alumno de la clase?

2）¿Es esta iglesia la más antigua de la ciudad?

3）¿Es Juan vuestro hijo mayor?

4）¿Es esta la mejor discoteca de la ciudad?

5）¿Es Carmen la más aplicada de la clase?

6）¿Es Pepe el más alto de sus amigos?

7）¿Son estos los peores exámenes?

8）¿Es este el ejercicio más difícil de la lección?

9）¿Son aquellas casas las más baratas del barrio?

10）¿Es esta tu mejor foto?

(3) 构成比较级。

例：Aquel hombre es **alto**. / éste　　-Sí, es **tan** alto **como** éste.　　是的，和这个一样高。
　　那个男人个子高。　　　　　　　　-Sí, es **igual de** alto **que** éste.　　是的，和这个一样高。

1）Aquella peluquería es cara. / ésta

2）Aquel pueblo es grande. / éste

3）Aquellas torres son antiguas. / éstas

4）Aquellos estudiantes son aplicados. / éstos

5）Aquel sofá es cómodo. / éste

6）Aquellas flores son bonitas. / éstas

7）Aquellas revistas son interesantes. / éstas

8）Aquel vestido es elegante. / éste

9）Aquellos edificios son altos. / éstos

10）Aquel parque es pequeño. / éste

2. 形容词的绝对最高级

在表达"很，非常……"，而且没有比较对象时，我们会使用形容词的绝对最高级。

UNIDAD 13　¿Qué número calza usted?
您穿多大号鞋？

它有两种形式：

（1）形容词前加 muy：

Estos zapatos negros son **muy** cómodos.

· 这双黑色的鞋非常舒服。

（2）在形容词词根上加后缀 -ísimo，用于表达十分强烈的感情色彩"很，非常"。此时，形容词的性数变化体现在后缀词尾上：

以元音结尾的，去掉元音加后缀 -ísimo：	barato — barat**ísimo** grande — grand**ísimo**
以辅音结尾的，直接加后缀 -ísimo：	fácil — facil**ísimo** difícil — dificil**ísimo**
有书写变化的特殊情况：	rico — ri**quísimo** amable — ama**bilísimo** amargo — amar**guísimo** antiguo — anti**quísimo** bueno — bon**ísimo** fuerte — fort**ísimo**

Mire, estos negros tienen **poquísimo** tacón. Son **comodísimos**.

· 您看，这双黑色的跟特别低，非常舒服。

EJERCICIO II

（1）构成绝对最高级。

例：Esta película es **muy buena**.　　　　-Es **buenísima**.

　　这部电影很好。　　　　　　　　　　非常好。/ 好极了。

1）Aquel edificio es muy antiguo.　　　_____

2）Estos limones son muy amargos.　　_____

3）Esta azafata es muy amable.　　　　_____

4）Las casas andaluzas son muy blancas.　_____

5）Este trabajo es muy malo.　　　　　_____

6）Él es muy inteligente.　　　　　　　_____

7）Tus primos son muy simpáticos.　　_____

8）Este niño es muy nervioso.　　　　_____

9）Esta habitación es pequeña.　　　　_____

10）Ellos son muy amables.　　　　　_____

(2) 仿照例句，回答问题。

例：¿Es **muy alto** Felipe?　　　　　　　菲利佩很高吗？
　　-Sí, es **altísimo**.　　　　　　　　是的，他非常高。
　　-Sí, es **el más alto de** todos.　　是的，他是所有人中最高的。

1）¿Es muy grande su casa?
2）¿Es muy caro aquel hotel?
3）¿Son muy antiguas estas torres?
4）¿Es muy pequña vuestra habitación?
5）¿Es buena esta playa?
6）¿Es muy rica aquella señora?
7）¿Son cómodos esos sillones?
8）¿Es muy amargo este jarabe?
9）¿Es muy divertida esta película?

UNIDAD 14

¿A qué hora tiene la salida el avión para Madrid?
去马德里的飞机几点起飞？

学习重点

会话：机场询问
　　　机场提示语
　　　关于机票
语法：副词的比较级和最高级

LENGUAJE COLOQUIAL （对话）

1. Quiero el billete de ida y vuelta.
我要往返票

(J:Juan; A:Azafata)

J : Quiero ir a Francia en avión, ¿puede usted decirme el horario y los precios, por favor?

A: Sí, señor, ¿qué día desea usted salir?

J : El quince de abril. Es un sábado.

A: El sábado hay un vuelo de la Compañía Iberia por la mañana que sale de Barcelona a las nueve y media. Por la tarde, espere usted, ... perdón señor, por la tarde no hay nada.

J : ¿Me dice las condiciones, por favor?

A: Con mucho gusto. El billete de ida en clase turista cuesta 50 euros; ida y vuelta, 90 euros; dos meses de validez.

J : ¿Y franquicia de equipaje?

A: Veinte kilos por persona.

J : Bien, pues quiero el billete de ida y vuelta.

A: Para la vuelta, rellene usted este formulario y no olvide dar confirmación dentro de las cuarenta y ocho horas antes de vuelo.

胡安：我想乘飞机去法国，您能告诉我时间和票价吗？

空姐：好的，先生，您想哪天走？

胡安：4月15日，星期六。

空姐：星期六上午九点半伊比利亚航空公司有航班从巴塞罗那起飞。下午，您稍等……对不起，先生，下午没有航班。

胡安：可以告诉我具体情况吗？

空姐：当然啦。经济舱的单程票价是50欧元；往返票价是90欧元；两个月内有效。

胡安：那免费的行李额呢？

空姐：每人20公斤。

胡安：好，我要往返票。

空姐：买返程票，请填写这张表格，别忘了在起飞前的48小时内确认。

---

2. ¿A qué hora tiene la salida el avión para Madrid?
去马德里的飞机几点起飞？

(L: Luisa; Az: Azafata; M: María; Al: Altavoz; E.P.: El policía)

L: Por favor, señorita, ¿a qué hora tiene la salida el avión para Madrid?

A: A las ocho y media. Usted tiene que presentarse una hora antes en la ventanilla número seis para facturar el equipaje.

M: Aún tenemos media hora. ¿Te apetece tomar un café?

L: Sí, pídeme un café con leche. Mientras, voy a comprar cigarrillos.

Al: ¡Atención, atención! Señores pasajeros con destino a París pasen por el control del pasaportes. Señores pasajeros con destino a Londres diríjanse a la puerta de embarque número seis. Señores pasajeros con destino a Madrid diríjanse a la ventanilla número seis y entreguen su equipaje.

M: ¿Es aquí donde tenemos que entregar el equipaje?

Az: Sí, por favor, pongan las maletas en la báscula. La maleta negra pesa más de veinte kilos. Usted tiene que pagar exceso de equipaje.

L: ¿Ves cómo tengo razón? No se debe viajar con tanto equipaje.

M: Sí, es verdad. Pero yo no sé cómo es el tiempo en Madrid durante la primavera, y por eso llevo tanto ropa de verano como de entretiempo.

...

E.P. : ¿Viajan ustedes juntas?

L : Sí, somos estudiantes y venimos a hacer un curso de español.

E.P. : Enséñeme sus pasaportes, por favor. ¿Cuánto tiempo piensan quedarse en España?

M : Dos meses. Nuestro curso dura desde el dos de abril hasta el quince de mayo. Después del curso queremos viajar un poco por España.

E.P. : ¿Tienen algo que declarar?

M : No. Sólo llevamos ropa y libros.

E.P. : Pueden pasar. Feliz estancia en nuestro país.

路易莎：小姐，请问去马德里的飞机几点起飞？

空　姐：八点半。您应当提前一小时到六号窗口办理行李托运手续。

玛丽亚：我们还有半个小时。你想喝杯咖啡吗？

路易莎：是的，替我要一杯加奶的咖啡。那我去买烟。

广　播：请注意，请注意！去往巴黎的乘客，请前去检查护照。去往伦敦的乘客，请前往六号登机口。去往马德里的乘客，请前往六号窗口托运行李。

玛丽亚：是在这儿托运行李吗？

空　姐：是的，请把箱子放在秤上。那个黑色的箱子的重量超过20公斤了。您得付超重费。

路易莎：你看，我说得有道理吧？旅行不应该带这么多行李。

玛丽亚：确实如此。可是我不知道马德里春天的天气怎么样，所以我不但带了夏天的衣服，还带了春秋季的衣服。

……

警　察：你们是一起旅行的吗？

路易莎：是啊，我们是学生，来上一个西语课程。

警　察：请出示你们的护照。你们想在西班牙待多久？

玛丽亚：两个月。我们的课程是从4月2日到5月15日。课程结束之后我们想在西班牙玩一玩。

警　察：有什么要申报的吗？

玛丽亚：没有。我们只带了衣服和书。

警　察：你们可以通过了。祝你们在我们国家过得愉快。

VOCABULARIO（词汇）

horario	m.	时间表	equipaje	m.	行李
vuelo	m.	飞行；航班	apetecer	intr.	使想，使愿意
compañía	f.	公司	atención	f.	注意，关心，关注
condición	f.	条件；情况	pasajero, ra	m.f.	旅行者，旅客，乘客
ida	f.	往，去	destino	m.	用途；终点，目的地
clase	f.	类；级，等	pasaporte	m.	护照
turista	adj., m.f.	旅游的；旅游者	dirigirse	prnl.	走，走向
vuelta	f.	返回	embarque	m.	装船；登船，登机
ida y vuelta		往返	entregar	tr.	交给，交出
validez	f.	有效	maleta	f.	手提箱，手提包
franquicia	f.	（邮资、关税等的）豁免权	báscula	f.	磅秤，台秤
			pesar	intr.	有重量；沉，重
rellenar	tr	填装；填写	exceso	m.	多余，剩余
formulario	m.	表格	razón	f.	理性；原因；道理
olvidar	tr.	忘记	viajar	intr.	旅行
confirmación	f.	确认	entretiempo	m.	春秋季
salida	f.	出去，出来；出口	aduana	f.	海关
avión	m.	飞机	policía	f.	警察
presentarse	prnl.	出现，显现	curso	m.	课程
antes	adv.	以前，之前	durar	intr.	持续
antes de		在……之前	declarar	tr.	宣布，声明；（在海关等处）申报
ventanilla	f.	窗口；车窗			
facturar	tr.	托运（行李）	estancia	f.	停留

VOCABULARIO COMPLEMENTARIO（补充词汇）

oler	tr., intr.	闻，嗅；有（某种）气味	conducir	tr.	驾驶
			paciencia	f.	耐心
reír	intr.	笑			

UNIDAD 14 ¿A qué hora tiene la salida el avión para Madrid?
去马德里的飞机几点起飞？

关于航空旅行的词汇

aeropuerto internacional	国际机场	ciudad de destino	到达城市
terminal nacional	国内航空站	hora de salida	起飞时间
tripulación de aviación	机组人员	hora de llegada	抵达时间
vuelo directo	直达航班	hora local	本地时间
número de vuelo	航班号	vuelo de conexión	转机航班
mostrador de información	咨询台	demora del avión	飞机延误
primera clase	头等舱	desfase horario	时差
business class	商务舱	asiento de ventana	靠窗坐位
clase turística / económica	经济舱	asiento de pasillo	靠走道座位
talón equipaje	行李票	cinturón de seguridad	安全带
carrito portaequipajes	行李推车	pastilla contra el mareo	晕机药
recogida de equipajes	行李厅	bolsa para el mareo	呕吐袋
tasa de aeropuerto	机场税	careta de oxígeno	氧气罩
sala de espera	候机厅	chaleco salvavidas	救生衣
ciudad de partida	出发城市	salida de emergencia	太平门

CONTENIDOS COMUNICATIVOS 《会话句型》

机场常用语

⊙ 关于机票

¿Qué día desea usted **salir**?

·您想哪天走？

El sábado hay un **vuelo** de la Compañía Iberiapor la mañana que **sale de Barcelona** a las nueve y media.

·星期六上午九点半伊比利亚航空公司有航班从巴塞罗那起飞。

El **billete de ida** en **clase turista** cuesta 50 euros; **ida y vuelta**, 90 euros; dos meses de **validez**.

·经济舱的单程票价是 50 欧元；往返票价是 90 欧元；两个月内有效。

Para la vuelta, rellene usted este **formulario** y no olvide **dar confirmación dentro de** las cuarenta y ocho horas **antes de vuelo**.

·买返程票，请填写这张表格，别忘了在起飞前的 48 小时内确认。

— 133 —

⊙ 询问

¿A qué hora tiene la salida el avión para Madrid?

· 去马德里的飞机几点起飞？

¿Es aquí donde tenemos que entregar el equipaje?

· 是在这儿托运行李吗？

Quiero ir a Francia en avión, ¿puede usted decirme el horario y los precios, por favor?

· 我想乘飞机去法国，您能告诉我时间和票价吗？

¿Y franquicia de equipaje?

· 那免费的行李额呢？

¿En cuál puerta tengo que embarcar?

· 我应该从哪个登机口登机？

⊙ 机场提示语

Usted **tiene que** presentarse **una hora antes** en la **ventanilla número seis** para **facturar** el equipaje.

· 您应当提前一小时到六号窗口办理行李托运手续。

¡Atención, atención!

· 请注意，请注意！

Señores pasajeros **con destino a** París pasen por el **control del pasaportes**.

· 去往巴黎的乘客，请前去检查护照。

Señores pasajeros **con destino a** Londres **diríjanse a la puerta de embarque** número seis.

· 去往伦敦的乘客，请前往六号登机口。

Señores pasajeros **con destino a** Madrid **diríjanse a la ventanilla** número seis y **entreguen** su equipaje.

· 去往马德里的乘客，请前往六号窗口托运行李。

Pongan las maletas en la **báscula**.

· 请把箱子放在秤上。

La maleta negra **pesa más de** veinte kilos. Usted tiene que **pagar exceso de equipaje**.

· 那个黑色的箱子的重量超过 20 公斤了。您得付超重费。

Enséñeme sus **pasaportes**, por favor.

· 请出示你们的护照。

¿Tienen algo que **declarar**?

· 有什么要申报的吗？

UNIDAD 14 ¿A qué hora tiene la salida el avión para Madrid?
去马德里的飞机几点起飞?

CONTENIDOS GRAMATICALES 《语法》

副词的比较级和最高级

副词的比较级和形容词比较级一样，分同等、较高、较低三级：

Salimos **tan** temprano **como** ellos. · 我们和他们出来得一样早。
tan... como... （与……一样……）

Los autobuses marchan **más** rápido **que** otros días. · 公共汽车开得比别的日子快。
más... que... （比……更……）

Su casa está **menos** lejos **que** la mía. · 他家不如我家远。
menos... que... （不如……）

⊙ 不规则形式

原级	比较级 （更……/不如……）	最高级 （最……）
Juan habla **bien** francés. · 胡安的法语讲得好。	Pedro habla francés **mejor que** Juan. · 佩德罗的法语讲得比胡安好。	Antonio es **el que mejor** habla francés **de** todos. · 安多尼奥是所有人中法语讲得最好的。
Carmen habla **mucho**. · 卡门爱说话。	Pilar habla **más que** Carmen. · 皮拉尔比卡门爱说话。	Luisa es **la que más** habla de todas. · 路易莎是所有人中最爱说话的。
Estos alumnos trabajan **poco**. · 这些学生学习不努力。	Ésos trabajan **menos que** éstos. · 那些（学生）学习不如这些（学生）努力。	Aquéllos son **los que menos** trabajan **de** todos. · 那些（学生）是所有人中学习最不努力的。
Estas flores huelen **mal**. · 这些花味儿不好。	Ésas huelen **peor que** éstas. · 那些（花）味儿不如这些（花）好。	Aquéllas son **las que peor** huelen **de** todas. · 那些（花）是所有（花）中味儿最不好的。

EJERCICIO

构成副词的比较级和最高级。

例：Él habla **poco**. / Juan / Pepe 他不爱说话。
-Juan habla **menos que** él. 胡安不如他爱说话。
-Pepe es **el que menos** habla. 佩佩最不爱说话。

1) Carmen se ríe mucho. / Mercedes / Lola _____

2) Estas chicas bailan muy bien. / ésas / aquéllas _____

3) Él conduce deprisa. / Felipe / vosotros _____

— 135 —

4) Tú fumas mucho. / yo / ellos _____
5) Estos zapatos me gustan mucho. / ésos / aquéllos _____
6) Ella tiene poca paciencia. / yo / tú _____
7) Tú trabajas bien. / Pedro / ella _____
8) Carmen conduce mal. / Luis / vosotros _____
9) Yo me levanto tarde. / mi mujer / mis hijos _____
10) Yo me acuesto pronto. / mi mujer / mis hijos _____

UNIDAD 15

Cuando era pequeño vivía en un pueblo del norte.
我小的时候住在北方的一个村庄里

学习重点

会话： 如何表达"当……时候"
　　　　如何表达"只要……，就……"
语法： 陈述式过去未完成时
　　　　时间从句

LENGUAJE COLOQUIAL（对话）

1. ¿Te acuerdas mucho de tu pueblo?
你还清楚地记得你的村子吗？

（C:Carlos; L:Luis）

C: Mira, allí en aquella plaza jugaba yo cuando era niño.

L: ¿Vivían tus padres en este barrio?

C: Sí, ahí en esa casa. Estaba ya muy vieja y por eso nos cambiamos a donde ahora vivimos. Y tú, ¿vives en la misma casa de cuando eras niño?

L: No, mis padres no eran de aquí. Vivíamos en el pueblo; yo vivo aquí desde que estoy estudiando.

C: ¿Te acuerdas mucho de tu pueblo?

L: Sí, lo pasaba muy bien allí.

C: ¿Mejor que aquí?

L: Sí. La vida que llevábamos era muy tranquila. Siempre estábamos jugando. Muchas veces nos íbamos a correr por el campo, otras veces bajábamos al río a pescar. Y sólo pensábamos en divertirnos. ¡Qué tiempos aquellos!

C: ¡Qué suerte! Yo no puedo decir lo mismo. Mi padre era muy autoritario con nosotros. Apenas nos dejaba jugar. Cuando volvíamos de la escuela, teníamos que hacer los deberes y después de cenar nos íbamos enseguida a la cama. Sólo podíamos ver la televisión los domingos.

L: Yo desde luego tengo muy buenos recuerdos de mi infancia y siempre que puedo me voy a pasar unos días al pueblo.

C: ¡Qué bien! La próxima vez te acompaño. ¿Cuándo piensas ir?

L: El próximo fin de semana. El viernes te llamo para ponernos de acuerdo.

C: ¡Estupendo! Hasta el viernes.

卡洛斯：你看，我小时候就在那个广场上玩耍。

路易斯：你的父母当时住在这一带吗？

卡洛斯：对，就住在那边那所房子里。当时房子已经很旧了，所以我们就搬到了现在住的房子里。你呢，你还住在小时候住的房子里吗？

路易斯：不，我的父母不是这儿的。我们过去住在乡下；我是从上学开始住在这儿的。

卡洛斯：你还清楚地记得你的村子吗？

路易斯：是的，我在那儿过得很愉快。

卡洛斯：比在这儿愉快吗？

路易斯：是啊。当时我们的生活很宁静。我们总是在玩耍。我们有时候在田野里奔跑，有时候下河去捉鱼。我们就想着玩儿。多么美好的时光啊！

卡洛斯：你多幸运啊！我就不一样了。我父亲对我们非常严格。基本上不让我们玩儿。放学以后，我们得做作业，晚饭后我们立刻要上床睡觉。只有星期天可以看看电视。

路易斯：我的童年有非常美好的回忆。只要有可能，我就要回家乡住几天。

卡洛斯：太好了，下次我陪你回去。你想什么时候走？

路易斯：下个周末。周五我给你打电话约时间。

卡洛斯：太好了！周五见。

2. Cuando era pequeño vivía en un pueblo del norte.
我小的时候住在北方的一个村庄里

(P:Pepe; F:Felipe)

P: Dime algo sobre tu infancia.

F: Cuando era pequeño vivía en un pueblo del norte. Era un pueblo muy bonito, rodeado de

UNIDAD 15　Cuando era pequeño vivía en un pueblo del norte.
我小的时候住在北方的一个村庄里

montañas, cerca pasaba un río.

P: ¡Qué vida tan bonita!

F: Sí, era una vida muy tranquila. En invierno iba todos los días a la escuela. Los domingos quedaba con unos amigos para ir a dar un paseo. En verano, nos bañábamos y pescábamos en el río; por la tarde había baile en la plaza del pueblo.

P: Ah, me gusta. Y ahora, ¿cómo se encuentra el pueblo?

F: Ahora queda poca gente, los jóvenes se han marchado① a la ciudad a trabajar. En verano, algunos vuelven para disfrutar de la tranquilidad del campo y del paisaje.

佩　佩：跟我讲讲你的童年吧。

费利佩：我小时候住在北方的一个村庄里。那是一个非常美丽的村庄，群山环绕，附近有一条河流过。

佩　佩：多么美好的生活！

费利佩：是的，当时的生活非常宁静。冬天的时候我每天去上学。星期天我和一些朋友相约一起出去散步。夏天，我们在河里洗澡，捉鱼。下午的时候，人们在村子的广场上跳舞。

佩　佩：啊，我喜欢这种生活。那现在呢，村庄什么样？

费利佩：现在留下的人不多了，年轻人都到城里工作了。夏天的时候，有些人会回来享受乡间的宁静和美丽的景色。

VOCABULARIO（词汇）

cambiar	tr.	改变	recuerdo	m.	记忆，回忆
correr	intr.	跑	infancia	f.	童年
pescar	tr.	捕，捞，打，捉，钓（鱼、虾等）	siempre que		只要
			estupendo	adj.	极好的
bajar	intr., tr.	下，降；放下，降下	rodeado	p.p.	围绕的
autoritario	adj.	有权威的	bañarse	prnl.	洗澡，沐浴
dejar	tr.	让，允许	baile	m.	舞蹈
volver	intr.	返回，回来，回去	disfrutar	intr.	享受
deber	m. pl.	作业	tranquilidad	f.	安静，宁静，平静

---

① MARCHARSE 的现在完成时第三人称复数变位。

Español
西班牙语入门

VOCABULARIO COMPLEMENTARIO（补充词汇）

progreso	m.	前进；发展；进步	tráfico	m.	交通
esforzarse	prnl.	努力	pájaro	m.	鸟
cajetilla	f.	小盒子	enfermedad	f.	疾病
uña	f.	指甲	drogadicto, ta	m.f.	吸毒者
pez	m.	鱼			

关于玩耍与休闲的词汇

juguete inflable		充气玩具	los ociosos		有闲阶级
animal de compañía		宠物	parque de atracciones		游乐场
muñeca de trapo		布偶	montaña rusa		过山车
oso de felpa		绒毛熊	tiovivo	m.	旋转木马
cubos de madera		积木	noria gigante		摩天轮
cubo mágico		魔方	escalada en roca		攀岩
rompecabezas	m.	拼图	paracaidismo	m.	跳伞运动
gallina ciega		捉迷藏	montañismo	m.	登山
rayuela	f.	跳房子	funicular	m.	缆车
trompo	m.	陀螺	arreglo floral		插花
saltar a la cuerda		跳绳	ceremonia de té		茶道
subibaja	m.	跷跷板	juego de ordenador		电脑游戏
cometa	f.	风筝	crucigrama	m.	填字游戏
monopatín	m.	滑板	ajedrez chino		中国象棋
patinar	intr.	溜冰	go	m.	围棋
patín	m.	冰鞋；旱冰鞋			

CONTENIDOS COMUNICATIVOS《会话句型》

1. 如何表达"当……时候"？

Allí en aquella plaza jugaba yo **cuando** era niño.

· 我小时候就在那个广场上玩耍。

Cuando volvíamos de la escuela, teníamos que hacer los deberes.

· 放学以后，我们得做作业。

— 140 —

UNIDAD 15　Cuando era pequeño vivía en un pueblo del norte.
我小的时候住在北方的一个村庄里

Cuando era pequeño vivía en un pueblo del norte.
· 我小时候住在北方的一个村庄里。

2. 如何表达"只要……，就……"？

Siempre que puedo me voy a pasar unos días al pueblo.
· 只要有可能，我就要回家乡住几天。

Siempre que estoy libre, voy a volver a casa a ver a mis padres.
· 只要有时间，我就回家看望父母。

Harás[②] progresos **siempre que** te esfuerces[③].
· 只要你努力，就一定会取得进步。

CONTENIDOS GRAMATICALES（语法）

1. 陈述式过去未完成时

首先我们来看它的变位形式：

人称	JUGAR	COMER	VIVIR
yo	jug**aba**	com**ía**	viv**ía**
tú	jug**abas**	com**ías**	viv**ías**
él, ella, Ud.	jug**aba**	com**ía**	viv**ía**
nosotros / as	jug**ábamos**	com**íamos**	viv**íamos**
vosotros / as	jug**abais**	com**íais**	viv**íais**
ello, ellas, Uds.	jug**aban**	com**ían**	viv**ían**

下表是它的不规则变化形式。

人称	IR	SER
yo	iba	era
tú	ibas	eras
él, ella, Ud.	iba	era
nosotros / as	íbamos	éramos
vosotros / as	ibais	erais
ello, ellas, Uds.	iban	eran

---

② HACER 的陈述式将来时第二人称单数变位。
③ ESFORZARSE 的虚拟式现在时第二人称单数变位。

⊙ 陈述式过去未完成时的用法

(1) 表示过去的动作，不指其开始或结束，而只截取其进行的过程。如：

Allí en aquella plaza **jugaba** yo cuando **era** niño.

· 我小时候就在那个广场上玩耍。

¿**Vivían** tus padres en este barrio?

· 你的父母当时住在这一带吗？

La vida que **llevábamos era** muy tranquila.

· 当时我们的生活很宁静。

Era un pueblo muy bonito, rodeado de montañas, cerca **pasaba** un río.

· 那是一个非常美丽的村庄，群山环绕，附近有一条河流过。

(2) 表示过去重复的、习惯的动作。如：

Siempre **estábamos** jugando.

· 我们总是在玩耍。

Muchas veces **nos íbamos** a correr por el campo, otras veces **bajábamos** al río a pescar.

· 我们有时候在田野里奔跑，有时候下河去捉鱼。

Después de cenar **nos íbamos** enseguida a la cama.

· 晚饭后我们立刻要上床睡觉。

En invierno **iba** todos los días a la escuela.

· 冬天的时候我每天去上学。

Por la tarde **había** baile en la plaza del pueblo.

· 下午的时候，人们在村子的广场上跳舞。

(3) 用于描述过去的各种场景。如：

Era un día de invierno. **Hacía** mucho frío.

· 那是一个冬日。当时非常冷。

En la sala **había** mucha gente. Los mayores **hablaban** y los jóvenes **cantaban** y **bailaban**.

· 当时在大厅里有很多人。老人们在谈话，年轻人们在唱歌跳舞。

(4) 用在时间从句中。如：

Allí en aquella plaza **jugaba** yo cuando **era** niño.

· 我小时候就在那个广场上玩耍。

Cuando **volvíamos** de la escuela, **teníamos** que hacer los deberes.

· 放学以后，我们得做作业。

UNIDAD 15　Cuando era pequeño vivía en un pueblo del norte.
我小的时候住在北方的一个村庄里

让我们再来看一篇包含过去未完成时的小文章，请注意刚才讲到的这一时态的不同用法：

Hace unos años **trabajaba** muchísimo. Me **pasaba** diez horas en la oficina. Como no **tenía** tiempo para comer **me tomaba** un sandwich y tres o cuatro cafés al día. A veces **iba** a un bar a tomar una cerveza y una hamburguesa. **Estaba** siempre fumando y no **hacía** ningún ejercicio. **Me sentía** cansada y mal, hasta que un día tuve④ un infarto y cambié⑤ de vida.

Ahora trabajo menos. Como carne, fruta y verdura todos los días. Nunca tomo alcohol y voy al gimnasio los lunes, miércoles y viernes. Mi vida ha cambiado y me encuentro estupendamente.

几年前我工作很卖力。我常在办公室待上十个小时。由于没有时间吃饭，我每天只吃一个三明治，喝三四杯咖啡。有时候我会去酒吧喝一杯啤酒，吃一个汉堡。我总是抽烟，从来不运动。我感觉疲惫，状态不佳，直到有一天我患了梗塞，我的生活改变了。

现在我工作得少了。我每天吃肉，水果和蔬菜。再不喝酒，而且每周一、周三、周五我都去健身。我的生活改变了，感觉好极了。

VOCABULARIO（词汇）

sandwich	m.	三明治	gimnasio	m.	体育馆，健身房
hamburguesa	f.	汉堡包	estupendamente	adv.	好极了
infarto	m.	梗塞，梗死			

EJERCICIO

（1）仿照例句，回答问题。

例：¿Dónde **nadabas**? / en el río　　　　　-**Nadaba** en el río.
　　你当时在哪儿游泳？／在河里　　　　　我当时在河里游泳。

1）¿Dónde vivía usted antes? / en el pueblo　　_____

2）¿A qué hora salías de la escuela? / a las 12　_____

3）¿Cuántos años tenías en 1942? / cinco años　_____

4）¿Dónde trabajaban ellos antes? /
　en la fábrica textil　　　　　　　　　　　　_____

5）¿Adónde ibais a veranear? / al mar　　　　_____

6）¿Cómo era tu abuelo? / simpático　　　　　_____

---

④ TENER 的简单过去时第一人称单数变位。
⑤ CAMBIAR 的简单过去时第一人称单数变位。

7）¿Quién os invitaba los domingos? / _____
　　mi tío Felipe

8）¿Dónde os bañabais en las vacaciones? / _____
　　en el mar

9）¿Cuántos cigarrillos fumabas antes? / _____
　　2 cajetillas

10）¿Qué vida llevaban ustedes en el pueblo? / _____
　　una vida tranquila

(2) 构成过去未完成时。

例：Yo ahora apenas tengo tiempo para leer.　　-Antes **tenía** más tiempo para leer.
　　我现在几乎没有时间读书。　　　　　　　　过去我有更多的时间读书。

1）Él ahora apenas fuma. _____

2）Apenas vamos al cine. _____

3）Ella apenas lee. _____

4）Ellos apenas duermen. _____

5）Vosotros ahora apenas nos visitáis. _____

6）Usted ahora apenas nos escribe. _____

7）Nosotros ahora apenas salimos de casa. _____

8）Tú ahora apenas haces deporte. _____

9）Él ahora apenas nos llama por teléfono. _____

10）Yo ahora apenas voy al teatro. _____

(3) 仿照例句，回答问题。

例：¿Qué **estaba** haciendo él? / preparar la comida
　　他正在做什么？ / 做饭
　　Estaba preparando la comida.
　　他正在做饭。

1）¿Qué estabas haciendo? / leer una revista _____

2）¿Qué estabais haciendo? / oír música _____

3）¿Qué estaban ustedes haciendo? /
　　ver una película _____

4）¿Qué estaba haciendo María? / pintarse las uñas _____

5）¿Qué estaba usted haciendo? / escribir una carta _____

6）¿Qué estaban haciendo los niños? / _____
　　hacer los deberes

7）¿Qué estabais haciendo? / limpiarse los zapatos _____

8）¿Qué estaba haciendo Antonio? / afeitarse _____

9）¿Qué estabas haciendo? / lavarse los dientes _____

10）¿Qué estaba haciendo usted? / divertirse _____

（4）构成过去未完成时。

例：Ahora hay muy pocos peces en este río.　　-Antes **había** muchos peces.
　　现在这条河里的鱼很少。　　　　　　　　　过去有很多鱼。

1）En este pueblo hay ahora muchas fábricas. _____

2）En esta calle hay ahora mucho tráfico. _____

3）En esta costa hay ahora muchos hoteles. _____

4）En este parque hay ahora pocos pájaros. _____

5）Ahora hay mucha gente sin trabajo. _____

6）Ahora hay muchos coches. _____

7）En este jardín hay ahora pocas flores. _____

8）Ahora hay menos enfermedades. _____

9）Ahora hay muchos drogadictos en el mundo. _____

2. 时间从句

时间从句表示主句动作发生的时间，借助连词与主句衔接。CUANDO 是常用的连词之一，不重读。如：

Allí en aquella plaza jugaba yo **cuando** era niño.

· 我小时候就在那个广场上玩耍。

Cuando volvíamos de la escuela, teníamos que hacer los deberes.

· 放学以后，我们得做作业。

UNIDAD 16

¿Qué hizo usted ayer?

您昨天做什么了？

学习重点

会话：如何表达"我认为……"
　　　　如何表达"让某人做……"
语法：陈述式简单过去时

LENGUAJE COLOQUIAL（对话）

1. ¿Qué pasó?
发生什么事了？

（*L:Luis; M:Manolo*）

L : ¡Hola! Manolo. ¿Cómo estás todavía en la cama? Son ya las doce. ¿No te encuentras bien?

M: Estoy bastante cansado. Ayer tuve un día muy ajetreado y me fui muy tarde a la cama.

L : ¿Qué tuviste que hacer?

M: ¿Sabes? Mi padre se cayó ayer por la escalera y tuvimos que ingresarle en el hospotal.

L : ¿Estaba solo en casa cuando ocurrió el accidente?

M: No, mi madre oyó el ruido y salió corriendo. Intentó levantarlo, pero no pudo y llamó enseguida a una ambulancia.

L : ¡Cuánto lo siento! ¿Está grave?

M: Al principio creímos que tenía la pierna rota, pero en el hospital el médico nos dijo que la pierna estaba solamente dislocada.

L : ¿Cuándo te enteraste tú?

M: Dos horas después del accidente. Me pegué un gran susto y me puse muy nervioso, ya que me temí lo peor. Cuando llegué al hospital, me tranquilicé un poco. Me quedé con él hasta las seis de la mañana; le dieron un calmante y pudo dormir bien; después me vine a casa a descansar un poco.

L : Entonces, te dejo descansar. ¡Y que se mejore tu padre!

M: Gracias. Adiós.

路易斯：你好！马诺罗。你怎么还在床上呀？已经十二点了。你不舒服吗？

马诺罗：我非常累。昨天我特别忙碌，很晚才上床。

路易斯：你有什么必须忙的呀？

马诺罗：你知道吗？我爸爸昨天从楼梯上摔下来，我们必须把他送到医院去。

路易斯：这事发生的时候你一个人在家吗？

马诺罗：不，我妈妈听到了动静，跑了出去。她想扶起他，可扶不起来，就立即叫了一辆救护车。

路易斯：真让人担心！严重吗？

马诺罗：一开始我们以为他的腿摔断了，可是到了医院，医生告诉我们他的腿只是脱臼了。

路易斯：你什么时候知道的？

马诺罗：就在意外发生两小时后。我一开始被这事儿吓坏了，非常紧张，因为我往最坏处想了。等我到了医院，心里才平静了一些。我一直陪他到早上六点；后来给他打了一针镇静剂，他可以好好睡了；然后我才回了家休息了一会儿。

路易斯：那你休息吧。祝你爸爸早日康复！

马诺罗：谢谢。再见。

2. ¿Qué hizo usted ese día?
您那天做什么了？

（I:Inspector; J:José）

I: ¿Qué hizo usted el viernes pasado desde las 7 hasta las 12 de la noche?

J: El viernes fui al cine Liceo. Entré en el cine a las 7 aproximadamente y salí a las 9.

I: ¿Habló usted con alguien en el cine, con el acomodador, con el camarero del bar...?

J: No, no hablé con nadie.

I: Bien. Y después del cine, ¿adónde fue?

J: A un restaurante, el "Don Pancho". Cené con unos amigos.

I: ¿A qué hora llegó a este restaurante?

J: Creo que llegué allí a las nueve y media o diez menos cuarto.

I: El "Don Pancho" está muy cerca del cine Liceo. ¿Dónde estuvo entre las nueve y las nueve y media?

J: Eeeeh... pues yo... estuve... No me acuerdo...

>>>

检察官：上星期五晚上7点至12点您在做什么？

何　塞：星期五我去了利塞欧电影院。大约7点进了电影院，9点离开的。

检察官：你在电影院是否和谁说过话？像引座员，酒吧的服务生……

何　塞：没有，我没有跟任何人说过话。

检察官：好。那看完电影，您去哪儿了？

何　塞：去了一个叫"堂·潘丘"的餐馆，和一些朋友吃晚饭。

检察官：您几点到这个餐馆的？

何　塞：我想我是在九点半或者十点差一刻到的。

检察官："堂·潘丘"餐馆离利塞欧电影院很近。九点到九点半期间您在哪儿？

何　塞：嗯……我……我在……我不记得了……

<<<

VOCABULARIO（词汇）

Ayer	adv.	昨天		dislocado	p.p., adj.	脱白的
ajetreado	p.p., adj.	忙碌的		enterar	tr., prnl.	通知，使知道；
escalera	f.	楼梯；梯子				获悉，得知
ingresar	intr., tr.	进入；送入		pegar	tr.	粘贴；使受到，引起
ocurrir	intr.	发生		susto	m.	惊吓，惊恐
accidente	m.	意外事件；事故		temer	tr.	害怕
intentar	tr.	试图，努力；企图，		tranquilizar	tr.	使平静
		打算		calmante	m.	镇静剂
ambulancia	f.	救护车		mejorarse	prnl.	变好
principio	m.	开始，起点		pasado	adj.	过去的
al principio		开始，起初		entrar	intr.	进入
creer	tr.	相信；认为		aproximadamente	adv.	大致，大约
roto	p.p., adj.	破的，碎的		acomodador, ra	m.f.	引座员

UNIDAD 16　¿Qué hizo usted ayer?
您昨天做什么了？

VOCABULARIO COMPLEMENTARIO（补充词汇）

oportuno	adj.	适时的，适当的	anteayer	adv.	前天
opinar	tr.	认为，觉得，主张	mediodía	m.	中午
opinión	f.	意见，看法	informarse	prnl.	调查，了解
chiste	m.	笑话	conocer	tr.	认识，了解，熟悉，知道
retroceder	intr.	后退，倒退	madera	f.	木头
rueda	f.	轮子；圆盘	examinar	tr.	检查，考试
anoche	adv.	昨晚	matemáticas	f.pl.	数学
fútbol	m.	足球	casarse	prnl.	结婚
traje	m.	服装	millonario, ria	m.f.	百万富翁
retraso	m.	迟误，延误	mío	adj.	我的

CONTENIDOS COMUNICATIVOS（会话句型）

1. 如何表达"我认为……"？

Al principio **creímos que** tenía la pierna rota.

· 一开始我们以为他的腿摔断了。

Creo que llegué allí a las nueve y media o diez menos cuarto.

· 我想我是在九点半或者十点差一刻到的。

Pienso que ahora no es el momento oportuno para eso.

· 我认为现在不是做那件事的适当时机。

Opino que eres todavía muy joven.

· 我觉得你还很年轻。

En mi opinión, tenemos que ir a verlo.

· 依我看，我们应该去看望他。

2. 如何表达"让某人做……"？（注意区分以下两个"让"）

⊙ **dejar a uno** + inf.（让、允许某人做……）

Te **dejo** descansar.　　　　　　　· 那你休息吧。

Déjame pensar, por favor.　　　　· 请让我想一想。

— 149 —

Le **dejo** a la chica pasar primero. ・我让那个女孩儿先过去。

⊙ hacer a uno + inf.（让、使某人做……）

Los chistes nos **hacen** reír a todos.
・这些笑话让我们所有人都笑了。

Nadie puede **hacer** retroceder la rueda de la historia.
・谁也不能使历史的车轮倒转。

CONTENIDOS GRAMATICALES《语法》

陈述式简单过去时

首先来看它的变位形式：

人称	LLMAR	COMER	SALIR
yo	llam**é**	com**í**	sal**í**
tú	llam**aste**	com**iste**	sal**iste**
él, ella, Ud.	llam**ó**	com**ió**	sal**ió**
nosotros / as	llam**amos**	com**imos**	sal**imos**
vosotros / as	llam**asteis**	com**isteis**	sal**isteis**
ello, ellas, Uds.	llam**aron**	com**ieron**	sal**ieron**

下表是它的不规则变化形式。

人称	DAR	DECIR	IR / SER	PODER
yo	di	dije	fui	pude
tú	diste	dijiste	fuiste	pudiste
él, ella, Ud.	dio	dijo	fue	pudo
nosotros / as	dimos	dijimos	fuimos	pudimos
vosotros / as	disteis	dijisteis	fuisteis	pudisteis
ello, ellas, Uds.	dieron	dijeron	fueron	pudieron
人称	PONER	ESTAR	TENER	VENIR
yo	puse	estuve	tuve	vine
tú	pusiste	estuviste	tuviste	viniste
él, ella, Ud.	puso	estuvo	tuvo	vino
nosotros / as	pusimos	estuvimos	tuvimos	vinimos
vosotros / as	pusisteis	estuvisteis	tuvisteis	vinisteis
ello, ellas, Uds.	pusieron	estuvieron	tuvieron	vinieron

⊙ 陈述式简单过去时的用法

(1) 简单过去时表示过去曾经发生，并且已经结束的动作。过去的时间经常用 ayer, anoche, la semana pasada, el año pasado 或时间从句来表示。如：

Ayer tuve un día muy ajetreado y **me fui** muy tarde a la cama.

· 昨天我特别忙碌，很晚才上床。

Mi padre **se cayó ayer** por la escalera y **tuvimos** que ingresarle en el hospotal.

· 我爸爸昨天从楼梯上摔下来，我们必须把他送到医院去。

Mi madre **oyó** el ruido y **salió** corriendo. **Intentó** levantarlo, pero no **pudo** y **llamó** enseguida a una ambulancia.

· 我妈妈听到了动静，跑了出去。她想扶起他，可扶不起来，就立即叫了一辆救护车。

Cuando llegué al hospital, **me tranquilicé** un poco.

· 等我到了医院，心里才平静了一些。

¿Qué **hizo** usted **el viernes pasado** desde las 7 hasta las 12 de la noche?

· 上星期五晚上 7 点至 12 点您在做什么？

¿A qué hora **llegó** a este restaurante?

· 您几点到这个餐馆的？

(2) 陈述式简单过去时和陈述式过去未完成时的配合使用

这两个时态经常可以配合使用，简单过去时用于叙述过去发生的动作，而过去未完成时用于描写这一动作发生时的背景。如：

¿**Estaba** solo en casa cuando **ocurrió** el accidente?

· 这事儿发生的时候你一个人在家吗？

Al principio **creímos** que **tenía** la pierna rota.

· 一开始我们以为他的腿摔断了。

让我们再来看一篇包含简单过去时的对话，请注意刚才讲到的这一时态的用法：

Álvaro: ¿Por qué no me **llamaste** ayer?

昨天你为什么不给我打电话？

Cristina: Es que **estuve** en la oficina hasta las nueve. Luego **tuve** una cena de negocios con un cliente y lo **llevé** a su hotel...

是这样，我在办公室待到九点。然后我和一个客户去吃工作晚餐，并送他回酒店……

Álvaro: Ya. Y después **te fuiste** a la discoteca, ¿no?

够了。然后你去了迪厅，对不对？

Cristina: ¡Cómo eres! **Me fui** a casa, a dormir.

你怎么了！我回家了，睡觉。

Álvaro: ¿Y por qué no me **llamaste** desde la oficina o el restaurante?

那你为什么不从办公室或者餐厅给我打电话？

Cristina: Bueno, yo... es que...

嗯，我……因为……

EJERCICIO

（1）仿照例句，回答问题。

例：¿Por dónde **se cayó** ayer tu padre? / escalera -**Se cayó** por la escalera.

你爸爸昨天在哪里摔倒的？ / 楼梯 他在楼梯上摔倒的。

1）¿A dónde fuisteis ayer? / cine

2）¿Dónde estuvieron ustedes ayer? / teatro

3）¿A quiénes visitaste ayer? / mis primos

4）¿Qué comió usted ayer? / paella

5）¿Qué cantaron ayer los niños? / una canción

6）¿Qué se puso ella ayer? / abrigo azul

7）¿Cuántos invitados tuvisteis ayer? / cinco

8）¿Qué te dijo Pepe ayer? / nada

9）¿Qué os dio Juan ayer? / dinero

10）¿Qué no pudieron ustedes encontrar ayer? / taxi libre

（2）构成过去时。

例：Hoy **estamos** en el fútbol. / ayer -Ayer **estuvimos** en el fútbol.

今天我们在踢足球。 / 昨天 昨天我们在踢足球。

1）Hoy tenemos invitados. / la semana pasada

2）Ellos van hoy al teatro. / anoche

3）Él se levanta a las nueve. / ayer

4）Ella escucha la radio. / ayer por la noche

5）Hoy me pongo el traje azul. / ayer por la mañana

6）Ellos están en Londres. / el mes pasado

7）Vosotros no me decís nada. / ayer

8）El enfermo no puede dormir bien. / anoche

9）¿Qué cenan ustedes? / ayer por la noche　_____

10）La fiesta es muy divertida. / ayer　_____

(3) 使用简单过去时填空。

1）Mis padres me _____ (llamar) ayer por teléfono.

2）El tren _____ (salir) anoche con retraso.

3）Nosotros _____ (ir) el jueves pasado al teatro.

4）Carmen se _____ (poner) ayer el vestido rojo.

5）Yo _____ (estar) el año pasado en Francia.

6）Él no _____ (poder) venir la semana pasada.

7）Usted no nos _____ (decir) ayer la verdad.

8）Vosotros os _____ (poner) ayer muy nerviosos.

9）Ellos _____ (venir) anteayer de Inglaterra.

10）Ayer por la noche ustedes _____ (beber) mucho vino.

(4) 仿照例句，回答问题。

例：¿Qué **estuviste haciendo** ayer por la tarde? / escribir cartas

你昨天下午在做什么？/ 写信

-Estuve escribiendo cartas.

我当时在写信。

1）¿Qué estuvisteis haciendo ayer por la noche? / bailar en la discoteca

_____

2）¿Qué estuvieron haciendo ustedes ayer por la tarde? / ver escaparates

_____

3）¿Qué estuvo usted haciendo ayer al mediodía? / bañarse en la playa

_____

4）¿Qué estuviste haciendo ayer en la estación? / informarse

_____

5）¿Qué estuvo haciendo María ayer por la mañana? / lavarse la cabeza

_____

6）¿Qué estuvieron haciendo ellos ayer toda la tarde? / estudiar para el examen

_____

7）¿Qué estuvisteis haciendo en Inglaterra? / hacer un curso de inglés

_____

8）¿Qué estuvo usted haciendo ayer desde las 9 hasta las 12? / oír la radio

___

9）¿Qué estuviste haciendo ayer en la clase? / corregir los ejercicios

___

10）¿Qué estuvo Juan haciendo ayer en Correos? / echar unas cartas

___

（5）就斜体部分提问。

例：Ayer conocí *a una chica muy guapa*.　　　　　-¿A quién conociste ayer?
　　昨天我认识了一位非常漂亮的女孩儿。　　　　昨天你认识了谁？

1）Esta mesa es *de madera*.

___

2）Ella se puso un vestido *de noche* para el concierto.

___

3）Nosotros tenemos *dos* coches.

___

4）Prefiero *los zapatos azules*.

___

5）De primer plato quiero *una sopa de pescado*.

___

6）Mi casa tiene *cuatro* habitaciones.

___

7）Ayer nos examinamos *de matemáticas*.

___

8）Ella se casó con *un millonario*.

___

9）*Aquellos jóvenes* son mis hermanos.

___

10）El abrigo *que está en la silla* es mío.

___

UNIDAD 17

¿Qué os pasó?

你们出什么事了?

学习重点

会话: 如何表达各种情绪和语气
语法: 陈述式简单过去时和陈述式过去未完成时的区别以及配合使用
陈述式简单过去时的一些不规则变位

LENGUAJE COLOQUIAL 《对话》

1. ¿Qué os pasó?
你们出什么事了?

（P:Pepe ;M:Miguel; C:Carmen）

P : ¡Hola! ¿Qué tal el viaje?

M: Muy mal. Tuvimos muy mala suerte. El coche se averió varias veces, y no pudimos llegar a nuestra meta por falta de tiempo.

P : ¿Qué os pasó?

M: El primer día de viaje hizo un tiempo malísimo. Estuvo lloviendo todo el día y tuvimos que conducir muy despacio, ya que la carretera estaba muy peligrosa.

P : ¿Dónde hicisteis noche?

M: En el Parador de Gredos. Pero no pudimos ver nada por la lluvia y la espesa niebla.

C : Al día siguiente nos pusimos muy temprano en carretera. Conduje yo porque a Miguel le dolía mucho la cabeza, pero no llegamos muy lejos.

P : ¿Por qué?

M: El radiador del coche se estropeó y tuvimos que avisar a una grúa.

P : ¡Qué mala suerte!

M: ¡Eso no fue todo! Cuando ya estábamos otra vez en carretera, se nos volvió a estropear el coche. Esta vez fue una avería en la caja de cambios.

P : ¿Y qué hicisteis?

C : Avisar a un mecánico. Pero, como ya era muy tarde, no hubo otra solución que pasar allí la noche, en un hostal.

M: A la mañana siguiente regresamos a casa con un humor de perros. ¡A esto se redujo nuestro soñado viaje!

P : ¡Cuánto lo siento!

佩　佩：嗨！旅行顺利吗？

米盖尔：糟透了。我们运气很不好。汽车坏了好几次，而且因为时间不够，我们没能到达目的地。

佩　佩：你们出什么事了？

米盖尔：旅行的第一天天气非常糟糕。下了一整天雨，我们只能开得很慢，因为公路上很危险。

佩　佩：那你们在哪儿过夜的？

米盖尔：在格莱多斯客栈。但是由于下雨和浓雾，我们什么都没能看见。

卡　门：第二天我们很早就出发了。我开车，因为米盖尔头很疼。可是并没有走很远。

佩　佩：为什么？

米盖尔：车的散热器坏了，我们不得不叫来了吊车。

佩　佩：真倒霉！

米盖尔：还不止这些呢！当我们又上路后，车又坏了。这次是变速箱坏了。

佩　佩：那你们怎么办？

卡　门：叫了一位机械师来。但是因为太晚了，所以没别的办法，只能在那儿的一家旅馆过夜了。

米盖尔：第二天早上我们回到家，心情糟透了。我们梦想中的旅行就这样泡汤了！

佩　佩：真遗憾！

UNIDAD 17　¿Qué os pasó?
你们出什么事了？

2. ¿No oísteis nada?
你们什么都没有听到吗？

(*P:Pepe; J:Juan*)

P: He oído que os han robado, ¿es verdad?

J: Sí. El sábado por la noche, cuando mi mujer y yo estábamos viendo la televisión en el salón de casa, un ladrón entró por una ventana.

P: Pero ¿no oísteis nada?

J: Al principio no. En aquel momento, había en la televisión un concierto de música rock. La televisión estaba muy alta. De pronto, terminó el concierto, se paró la música y mi mujer oyó un ruido, se levantó y fue a su dormitorio.

P: ¿Se encontró con el ladrón?

J: Sí. Cuando llegó y abrió la puerta, vio al ladrón que estaba saliendo por la ventana. Miró en el cajón de la mesita de noche y vio que no estaba el dinero que guardaba allí. Ayer domingo, la policía detuvo al ladrón cuando intentaba entrar en una casa próxima.

>>>

佩佩：我听说你家被盗了，是吗？

胡安：是啊。星期六晚上，当我和我妻子正在家里的客厅看电视的时候，一个小偷从窗户钻了进来。

佩佩：你们什么都没有听到吗？

胡安：一开始没有。当时，电视里正在播一场摇滚音乐会。电视音量很高。突然，音乐会结束了，音乐声停止了，我妻子听到了什么声音，她站起来，走向卧室。

佩佩：她撞见小偷了？

胡安：是的。当她走到卧室，打开门，看到小偷正钻出窗户。她去看床头柜的抽屉，发现她放在那里的钱不见了。昨天，星期天，警察逮捕了那个小偷，当时他正企图进入另外一家。

<<<

VOCABULARIO（词汇）

averiarse	prnl. 毁坏，损坏；发生故障	despacio	adv. 缓慢地
		ya que	既然
meta	f. 终点；目标，目的	carretera	f. 公路，大路

— 157 —

peligroso	adj.	危险的	mecánico, ca	m.f.	机械师
parador	m.	客栈，客店	solución	f.	溶解；解决，解决办法
lluvia	f.	雨			
espeso	adj.	浓的	hostal	m.	旅馆
niebla	f.	雾	regresar	intr.	返回，回来，回去
siguiente	adj.	后续的，下面的	humor	m.	情绪，心情，幽默
radiador	m.	散热器	reducir	tr.	使局限于；减少
estropearse	prnl.	损坏，毁坏	soñado	p.p., adj.	渴望的，梦想的
avisar	tr.	通知；提醒；叫（医生，汽车等）	sevillano	adj.	塞维里亚的
			ladrón, ona	m.f.	小偷；强盗
grúa	f.	起重机，吊车	de pronto		突然
volver a+inf.		重新做……	parar	intr., tr.	停止，中断；使停止
avería	f.	故障			
cambio	m.	改变，变化；（汽车的）变速器	mesita de noche		床头柜
			guardar	tr.	保护；看管；保存
caja de cambios		变速箱	detener	tr.	阻止，拦截；逮捕

VOCABULARIO COMPLEMENTARIO（补充词汇）

lástima	f.	同情；不幸；遗憾，可惜	caber	intr.	放得下
			producir	tr.	生产，制造
barbaridad	f.	野蛮，残暴；荒唐，冒失	convenir	tr.	聚集；约定；一致认为；同意
rollo	m.	卷，盘；令人厌烦的事物	traducir	tr.	翻译
			fecha	f.	日期
aburrido	p.p., adj.	感到厌倦的；乏味的	resolver	tr.	解决
			intenso	adj.	强烈的，剧烈的，紧张的
depender	intr.	取决于；从属于；依靠			
			tontería	f.	愚蠢；愚蠢言行
enfadado	p.p., adj.	生气的	elegir	tr.	选择；选举
harto	adj.	厌倦的	impedir	tr.	阻止
deprimido	p.p., adj.	消沉的	medir	tr.	测量
enamorado	p.p., adj.	恋爱的	repetir	tr.	重复

contribuir	tr. 贡献；促进	bomba	f. 炸弹
destruir	tr. 毁坏，摧毁	sinfonía	f. 交响乐
incluir	tr. 包括	lista	f. 名单
honor	m. 荣誉	matriculado	adj. 注册的，登记的
entrada	f. 入口；进入	excluir	tr. 排除
Biblia	f. 《圣经》	equipo	m. 装备；队，组
castillo	m. 城堡	lesión	f. 损伤；损害
árabe	adj.-s. 阿拉伯的；阿拉伯人	asamblea	f. 会议，大会，议会
	m. 阿拉伯语	trabajador, ra	m.f. 劳动者

CONTENIDOS COMUNICATIVOS（会话句型）

如何表达各种情绪和语气？

⊙ 失望、沮丧、抱怨

Muy mal. Tuvimos **muy mala suerte**.	·糟透了。我们运气很不好。
El primer día de viaje hizo un tiempo **malísimo**.	·旅行的第一天天气非常糟糕。
Tenemos **un humor de perros**.	·我们心情糟透了。
¡A esto se redujo nuestro soñado viaje!	·我们梦想中的旅行就这样泡汤了！
¡Vaya!	·咳！
¡Vaya por Dios!	·咳！／天那！

⊙ 同情、附和

¡Qué mala suerte!	·真倒霉！
-¡Eso no fue todo!	·还不止这些呢！
¡Qué pena!	·真遗憾！
¡Qué lástima!	·真可惜！
¡Qué barbaridad!	·真糟糕！／真不像话！
¡Cuánto lo siento!	·真遗憾！

⊙ 高兴、喜悦

¡Qué bien!	·真好！／太好了！
¡Qué suerte!	·真走运！
¡Qué gracia!	·真不错！

⊙ 惊讶

¡Qué sorpresa! ·真让人意外！
¡No me digas! ·不会吧？！／真的假的呀？！

⊙ 烦躁

¡Qué rollo! ·真无聊！
¡Qué aburrido! ·真没劲！

⊙ 不屑、反对

¡Qué va! ·什么呀！／才不是呢！

⊙ 不置可否、犹豫、支吾

¡Bah! ¡(me) da igual! ·咳！随便！／无所谓！
Bueno... depende... ·嗯……不好说……／说不准，不一定
Bueno, yo... es que... ·嗯，我……因为……

⊙ 一个人的各种情绪状态

Estar
- contento　高兴的　　　　harto / aburrido　厌倦的
- preocupado　忧虑的　　　deprimido　消沉的
- enfadado　生气的　　　　enamorado　恋爱的
- nervioso　紧张的　　　　de mal humor　心情不好
- tranquilo　平静的　　　　de buen humor　心情好

CONTENIDOS GRAMATICALES（语法）

1. 陈述式简单过去时和陈述式过去未完成时

⊙ 区别

简单过去时表示完成了的动作，不强调事件发生的过程，而是站在现在的角度，强调过去曾经"发生过"；过去未完成时表示过去正在进行而未完成的动作，不指出开始和结束，而强调过程，是站在当时的角度，强调那一动作正在"发生着"。

⊙ 配合使用

在上一课中，我们已经见到了这两个时态配合使用的用法，本课对话中也不乏这样的

例子。在配合使用时，也可以清楚地对比出这两个时态的用法特点。

在复合句中，简单过去时用于叙述过去发生的动作，而过去未完成时用于描写这一动作发生时的背景。如：

Tuvimos que conducir muy despacio, ya que la carretera **estaba** muy peligrosa.
·我们只能开得很慢，因为公路上很危险。

Conduje yo porque a Miguel le **dolía** mucho la cabeza.
·我开车，因为米盖尔头很疼。

Cuando ya **estábamos** otra vez en carretera, se nos **volvió** a estropear el coche.
·当我们又上路后，车又坏了。

Como ya **era** muy tarde, no **hubo** otra solución que pasar allí la noche, en un hostal.
·但是因为太晚了，所以没别的办法，只能在那儿的一家旅馆过夜了。

Cuando Juan García y su mujer Teresa Rodríguez **estaban** viendo la televisión en el salón de su casa, un ladrón **entró** por una ventana.
·当胡安·加西亚和他妻子特雷莎·罗德里格斯正在家里的客厅看电视的时候，一个小偷从窗户钻了进来。

Cuando **llegó** y **abrió** la puerta, **vio** al ladrón que **estaba** saliendo por la ventana.
·当她走到卧室，打开门，看到小偷正钻出窗户。

Ayer domingo, la policía **detuvo** al ladrón cuando **intentaba** entrar en una casa próxima.
·昨天，星期天，警察逮捕了那个小偷，当时他正企图进入另外一家。

2. 陈述式简单过去时的一些不规则变位

由一个变化了的词根加下列词尾构成：-e, -iste, -o, -imos, -isteis, -ieron。

以下各动词以其第一人称单数变位为例。

变成 "U"	变成 "J"	变成 "I"
andar — anduve	conducir — conduje	convenir — convine
caber — cupe	decir — dije	hacer — hice
estar — estuve	producir — produje	querer — quise
poder — pude	reducir — reduje	venir — vine
poner — puse	traer — traje	
saber — supe		
tener — tuve		
haber — hube		

EJERCICIO I

(1) 仿照例句，回答问题。

例：¿**Hiciste** el ejercicio?　　　　　　　　-Sí, sí lo **hice**.　　是的，我做了。
　　你做练习了吗？　　　　　　　　　　　-No, no lo **hice**.　　不，我没做。

1）¿Hicisteis ayer la excursión? _____
2）¿Condujo él el coche? _____
3）¿Tradujo usted el texto? _____
4）¿Tuvieron ustedes suerte? _____
5）¿Os dijo el policía la dirección? _____
6）¿Os trajeron el televisor? _____
7）¿Te pusiste el traje azul? _____
8）¿Supisteis la pregunta? _____
9）¿Convinieron ellos la fecha? _____
10）¿Pudiste resolver el problema? _____

(2) 构成简单过去时。

例：El avión no **puede** salir por la intensa niebla.
　　由于浓雾，飞机不能起飞。
　　-El avión no **pudo** salir por la intensa niebla.

1）No cabe nadie más en la sala. _____
2）Lo hacemos como siempre. _____
3）Quiero comprar un reloj. _____
4）¿A qué hora vienen ellos? _____
5）Nosotros no sabemos nada. _____
6）Pedro se pone los guantes. _____
7）¿Qué traduce María? _____
8）¿Por qué no traéis el coche? _____
9）Tú dices muchas tonterías. _____
10）No tengo tiempo para nada. _____

有些动词的简单过去时只有第三人称单、复数不规则。

e — i		o — u		Ió — yó, ieron — yeron	
pedir	pedí pediste **pidió** pedimos pedisteis **pidieron**	dormir	dormí dormiste **durmió** dormimos dormisteis **durmieron**	leer	leí leíste leyó leímos leísteis **leyeron**
(corregir, elegir, impedir, medir, repetir, servir, seguir, vestir)		(morir)		(caer, creer, construir, contribuir, destruir, incluir, oír)	

EJERCICIO II

(1) 仿照例句，回答问题。

例：¿A quién **pediste** un bolígrafo? / profesor   -Se lo **pedí** al profesor.
    你向谁借圆珠笔？ / 老师   我向老师借。

1) ¿A quién corrigió la profesora los ejercicios? / alumnos

___

2) ¿Quién os sirvió la comida? / una camarera

___

3) ¿A quién eligieron ellos presidente de honor? / mi padre

___

4) ¿Qué os repitió él? / su número de teléfono

___

5) ¿Qué siguió usted haciendo? / el ejercicio

___

6) ¿Cómo se vistieron ellos para el concierto? / muy elegantes

___

7) ¿Cuántas horas durmió usted ayer? / cinco horas

___

8) ¿Con cuántos años murió tu abuelo? / 82 años

___

9) ¿A quiénes impidieron la entrada? / menores de 18 años

___

10) ¿Dónde durmieron ustedes anoche? / hostal

___

(2) 仿照例句，回答问题。

例：¿Qué **contribuyó** al retraso del avión? / la intensa niebla

什么导致了飞机的延误？ / 浓雾

-La intensa niebla **contribuyó** al retraso del avión.

浓雾导致了飞机的延误。

1) ¿Quién no os creyó? / Carmen

2) ¿Qué leyeron ellos en la iglesia? / la Biblia

3) ¿Quién construyó este castillo? / los árabes

4) ¿Qué destruyeron las bombas? / toda la ciudad

5) ¿Qué oísteis ayer en el concierto? / la 9ª sinfonía de Beethoven

6) ¿A quién no incluyó usted en la lista? / los no matriculados

7) ¿Por dónde se cayó Antonio? / las escaleras

8) ¿Por qué te excluyeron del equipo? / por una lesión

9) ¿Quiénes constituyeron la asamblea? / la dirección y los trabajadores

10) ¿Qué oyeron ustedes ayer por la radio? / las noticias

UNIDAD 18

¿Por qué ha llegado usted tarde?

您为什么来晚了？

学习重点

会话：如何表达"越来越……"
如何表达"至少、至多"
如何对对方的夸张表示不信任
如何在说话前表达自己坦诚的态度

语法：陈述式现在完成时
过去分词作形容词

LENGUAJE COLOQUIAL (对话)

1. ¡Cada día está peor!
一天比一天糟糕！

(*L.M.:La mujer; E.M.:El marido*)

L.M.: ¡Qué pronto llegas hoy! Aún no está preparada la comida.

E.M.: He salido un poco antes de la oficina porque tenía que pasar por el banco para sacar dinero y solucionar algunos problemas.

L.M.: ¿Has solucionado todo?

E.M.: Sí, pero el problema que no tiene solución es el tráfico. ¡Cada día está peor! He tardado en el trayecto más que nunca.

L.M.: ¿Has venido en taxi o en autobús?

E.M.: En autobús, porque el metro me cogía un poco retirado.

L.M.: Entonces has ganado en comodidad, ¿no? Al menos es la propaganda que están haciendo ahora.

E.M.: Pues esta vez, no. El autobús venía llenísimo. Me han dado tantos empujones como en el metro y además no me he podido sentar. Como te puedes imaginar, me he puesto de un humor de perros, pues durante todo el trayecto no he dejado de pensar en toda esa propaganda que está haciendo ahora el Ayuntamiento:《¡Gane en comodidad!》《¡Ahorre energía!》《¡Coja el autobús!》y yo añado: ¡Y muera asfixiado!

L.M.: ¡Hombre! No es para tanto. Creo que exageras un poco. Además piensa en la gasolina que te has ahorrado al no venir en coche.

E.M.: Sí, pero prefiero ir cómodamente en mi coche y no tener que sufrir tantas incomodidades y perder tanto tiempo. Como no aguantaba más, me he bajado en la parada anterior y me he venido andando.

L.M.: Pues, sinceramente, no has perdido el tiempo. Así has andado y has hecho un poco de ejercicio, ¡que buena falta te hace!

妻子：今天你回来得可真早！饭还没准备好呢。

丈夫：我提前了一会从办公室出来的，因为我得去银行取钱，还得解决一些问题。

妻子：都已经解决了吗？

丈夫：是的，不过无法解决的问题是交通。一天比一天糟糕！我在路上耽误的时间从来没有这么长。

妻子：你是打的还是乘公交车回来的？

丈夫：乘公交车，因为地铁有点儿远。

妻子：那你得到了舒适，对吧？至少这正是现在所宣传的。

丈夫：这次没有。公交车上人满为患。我被人推来推去，就像在地铁里一样，而且我一直没能找着座。你能想象得到，我的心情糟透了，因为一路上我一直想着现在市政府正在做的宣传："请享受舒适！"，"请节约能源！"，"请乘公共汽车！"我再给它加一句："请被闷死！"

妻子：哎呀！没那么严重啦。我看你是有点夸张了。而且你想想，你不开车还节约了汽油呢。

丈夫：那倒是，不过我还是宁愿舒舒服服地开车，免得遭那么多罪，浪费那么多时间。我今天因为无法继续忍受，而从前一站下车，走回来的。

妻子：嗯，坦率地讲，你并没有浪费时间。你这么走着回来，还锻炼了身体，而这正是你需要的！

2. ¿Por qué ha llegado usted tarde?
您为什么来晚了？

(*M:Marisa; T:Tomás; G:Gerente*)

M y T: ¡Buenos días!

G : ¡Hola!, ¡Pasen!. Marisa, ¿por qué ha llegado usted tarde?

M: Lo siento. He estado en el médico.

G : Está bien. Y usted, Tomás, ¿por qué ha llegado tarde?

T : Es que... he perdido el autobús.

G : ¡Vaya, hombre! ¡A ver! ¿han preparado ya los balances?

M: Sí, yo ya he terminado.

T : Yo, todavía no. Es que no he tenido tiempo.

>>>

玛丽莎和托马斯：早上好！

经　理：你们好！请进！玛丽莎，您为什么来晚了？

玛丽莎：很抱歉。我去看病了。

经　理：好。那您呢，托马斯，您为什么来晚了？

托马斯：嗯……我误了公交车。

经　理：嘿！那么，你们的账目都准备好了吗？

玛丽莎：是的，我已经做好了。

托马斯：我还没有。因为我没时间。

<<<

VOCABULARIO（词汇）

tardar	intr. 费时；迟误，耽搁	lleno	p.p., adj. 充满的
trayecto	m. 路程，路线	empujón	m. 推，搡，冲击
metro	m. 地铁	imaginar	tr. 想象，设想，猜想
retirado	p.p., adj. 偏远的	dejar de + inf.	停止做……
ganar	tr. 赢得，获得	ahorrar	tr. 节约
comodidad	f. 舒适	energía	f.
al menos	至少	añadir	tr. 力量；能量
propaganda	f. 宣传	asfixiar	tr. 使窒息

exagerar	tr.	夸张	aguantar	tr.	撑住；忍住；忍受
gasolina	f.	汽油	anterior	adj.	前面的
cómodamente	adv.	舒服地	sinceramente	adv.	诚挚地，坦率地
sufrir	tr.	遭受，忍受	hacer falta		缺少，需要
incomodidad	f.	不舒适	balance	m.	结算账目
perder	tr.	丢失；失去			

VOCABULARIO COMPLEMENTARIO（补充词汇）

entender	tr.	理解	inaugurar	tr.	揭幕，开幕
justificar	tr.	证明，证实；说明，辩白	exposición	f.	展览
			publicar	tr.	出版
pintura	f.	图画，画	alcalde	m.	市长，镇长，乡长，村长
francamente	adv.	坦率地，直率地			
desayunar	tr., intr.	吃早餐	suspender	tr.	使悬起；中止，中断；推迟
romper	tr.	弄破，打破			
descubrir	tr.	发现	corrida	f.	跑，奔跑
taquilla	f.	文件柜	localidad	f.	位置；门票，入场券
encargar	tr.	委托；预定	tienda	f.	商店
despierto	p.p., adj.	醒的			

CONTENIDOS COMUNICATIVOS《会话句型》

1. 如何表达"越来越……"？

¡**Cada día** está **peor**! ・一天比一天糟糕！

Está **cada día más** fuerte. ・他长得越来越强壮了。

Creo en él **cada vez menos**. ・我越来越不相信他了。

Cada vez lo entiendo **menos**. ・我越来越不明白了。

2 如何表达"至少或至多"？

Al menos es la propaganda que están haciendo ahora.

・至少这正是现在所宣传的。

Déjenme, **por lo menos**, hablar para justificarme.
·你们至少让我解释一下。
Le va a llevar **a lo más** dos semanas terminar esta pintura.
·他至多两个星期就能完成这幅画。
Ese trabajo necesita **a lo más** un mes.
·那项工作至多需要一个月。

3. 如何对对方的夸张表示不信任？

¡Hombre! **No es para tanto**.	·哎呀！没那么严重啦。
Creo que **exageras** un poco.	·我看你是有点儿夸张了。
¡**No exageres**!	·别太夸张了！
Temo que eres demasiado **exagerado**.	·你这样说来未免太夸张了。

4. 如何在说话前表达自己坦诚的态度？

Pues, **sinceramente**, no has perdido el tiempo.	·嗯，坦率地讲，你并没有浪费时间。
Francamente, no estoy de acuerdo contigo.	·坦率地讲，我不同意你的观点。
A decir verdad, no me gusta esta película.	·说实话，我不喜欢这部电影。

CONTENIDOS GRAMATICALES（语法）

1. 陈述式现在完成时

陈述式现在完成时的构成是由助动词 haber 的陈述式现在时加上变位动词的过去分词构成。此时，过去分词没有性数变化。

<table>
<tr><th colspan="5">过去分词（P.P.）的构成方式</th></tr>
<tr><th>人称</th><th>变位</th><th>-ar — -ado</th><th>-er — -ido</th><th>-ir — -ido</th></tr>
<tr><td>yo</td><td>he</td><td rowspan="6">solucion-ado</td><td rowspan="6">perd-ido</td><td rowspan="6">sal-ido</td></tr>
<tr><td>tú</td><td>has</td></tr>
<tr><td>él, ella, Ud.</td><td>ha</td></tr>
<tr><td>nosotros / as</td><td>hemos</td></tr>
<tr><td>vosotros / as</td><td>habéis</td></tr>
<tr><td>ello, ellas, Uds.</td><td>han</td></tr>
</table>

⊙ 现在完成时的用法

（1）表示刚刚过去的动作

¿**Has venido** en taxi o en autobús?

·你是打的还是乘公交车回来的？

Como no aguantaba más, **me he bajado** en la parada anterior y **me he venido** andando.

·我今天因为无法继续忍受，而从前一站下车，走过来的。

¿Por qué **ha llegado** usted tarde?

·您为什么来晚了？

（2）表示"已经"完成的动作

¿**Has solucionado** todo?

·都已经解决了吗？

¿**Han preparado** ya los balances?

·你们的帐目都准备好了吗？

（3）表示发生在过去的行动，但说话人认为其后果或影响现在仍然存在

Me **han dado** tantos empujones como en el metro y además no **me he podido** sentar.

·我被人推来推去，就像在地铁里一样，而且我一直没能找着座。

Me he puesto de un humor de perros.

·我的心情糟透了。

Durante todo el trayecto no **he dejado** de pensar en toda esa propaganda que está haciendo ahora el Ayuntamiento.

·一路上我一直想着现在市政府正在做的宣传。

Entonces **has ganado** en comodidad, ¿no?

·那你得到了舒适，对吧？

He perdido el autobús.

·我误了公交车。

EJERCICIO I

（1）仿照例句，回答问题。

例：Pedro **ha alquilado** un piso. ¿Y él?　　-Él también **ha alquilado** un piso.
　　佩德罗租了一套房子。他呢？　　　　他也租了一套房子。

1）Nosotros hemos escuchado las noticias. ¿Y tú?

2) Ellos han solucionado todos los problemas. ¿Y ustedes?
_____

3) Yo he venido en metro. ¿Y vosotras?
_____

4) Pepe ha trabajado mucho. ¿Y María?
_____

5) Nosotros nos hemos levantado muy temprano. ¿Y usted?
_____

6) Hoy he estado en la playa. ¿Y vosotros?
_____

7) Él ha ido hoy a clase. ¿Y ella?
_____

8) Esta mañana he sido muy puntual. ¿Y vosotras?
_____

9) Esta noche he dormido mal. ¿Y usted?
_____

10) Nosotros ya hemos comido. ¿Y vosotros?
_____

(2) 使用现在完成时填空。

例：Yo no _____ (comprender) nada.

　　-Yo no **he comprendido** nada.　　我什么都没懂。

1) El tren _____ (llegar) con retraso.
2) Nosotros _____ (reservar) una mesa.
3) Usted _____ (tener) mucha suerte.
4) Vosotros no _____ (ser) amables con él.
5) Ella _____ (perder) el autobús.
6) Ustedes _____ (ser) muy puntuales.
7) Ellos _____ (vivir) muchos años en París.
8) Tú _____ (dormir) hoy muy poco.
9) El autobús _____ (salir) ya.
10) Hoy nos _____ (quedar) en casa.

(4) 现在完成时还可以表示在尚未结束的一段时间内发生的动作

Hoy por la mañana, por la tarde, por la noche
Esta mañana, esta tarde, esta noche
Este fin de semana
Esta semana
Este mes, este verano, esta primavera
Este año
} he estudiado mucho.

(5)

aún
todavía } 现在完成时
ya

¿Ha salido el tren?
·火车开了吗?
{ No, **aún** no ha salido.　　不,还没开。
No, **todavía** no ha salido.　不,还没开。
Sí, **ya** ha salido.　　　　 是的,已经开走了。

一些不规则动词的过去分词	
hacer — hecho	abrir — abierto
poner — puesto	cubrir — cubierto
resolver — resuelto	decir — dicho
romper — roto	descubrir — descubierto
ver — visto	escribir — escrito
volver — vuelto	

EJERCICIO II

(1) 用现在完成时补全句子。

例：Yo desayuno una taza de café.

我早餐喝了一杯咖啡。

Hoy por la mañana **he desayunado** una taza de café.

今天早上我早餐喝了一杯咖啡。

1) Él duerme muy poco.　　　　　　　　　Esta noche _____
2) Nosotros pasamos la vacaciones en Italia.　Este verano _____
3) Llueve mucho.　　　　　　　　　　　　Esta primavera _____
4) Ellos van a bailar a una discoteca.　　　　Esta tarde _____

UNIDAD 18　¿Por qué ha llegado usted tarde?
您为什么来晚了？

5) Vosotros trabajáis mucho.　　　　　　Este año _____
6) Él está de viaje por Europa.　　　　　Este mes _____
7) Nos quedamos en casa descansando.　　Este fin de semana _____
8) Nieva mucho en las montañas.　　　　Este invierno _____
9) Cogemos un taxi.　　　　　　　　　 Esta mañana _____

(2) 仿照例句，回答问题。

例：¿**Has leído** la novela?　　　　　　你读过那本小说了吗？
　　-Sí, **ya** la **he leído**.　　　　　　　是的，我读过了。
　　-No, **todavía** / **aún** no la **he leído**.　　不，我还没读过呢。

1) ¿Ha comprado usted el periódico? _____
2) ¿Te has lavado las manos? _____
3) ¿Han encontrado ustedes piso? _____
4) ¿Habéis vendido el coche? _____
5) ¿Ha tomado usted la medicina? _____
6) ¿Has arreglado la bicicleta? _____
7) ¿Han reservado ustedes las entradas? _____
8) ¿Habéis sacado los billetes? _____
9) ¿Le has enseñado las fotos? _____
10) ¿Se ha levantado Pedro de la cama? _____
11) ¿Han visto ustedes esta película? _____
12) ¿Has escrito la carta? _____
13) ¿Habéis resuelto el problema? _____
14) ¿Te ha devuelto el dinero? _____
15) ¿Has puesto la mesa? _____
16) ¿Has abierto el paquete? _____
17) ¿Os ha dicho Carmen la verdad? _____
18) ¿Has hecho la cama? _____
19) ¿Ha roto el niño el vaso? _____
20) ¿Ha descubierto la policía al ladrón? _____

2. 过去分词作形容词

过去分词可以作为形容词使用，表示"被动、完成"的概念。它可以直接修饰名词，也可以与动词搭配，构成系表结构。此时，过去分词要与所修饰的名词性、数一致。

estar ⎫
tener ⎬ +p.p.
seguir ⎪
quedar ⎭

La puerta está cerrada.
La casa tiene la puerta cerrada.
La puerta sigue cerrada.
La puerta queda bien cerrada con llave.

EJERCICIO III

(1) 仿照例句，回答问题。

例：¿**Has preparado** ya la comida?　　-Sí, la comida ya **está preparada**.
　　你已经准备饭了吗?　　　　　　　　是的，饭已经准备好了。

1) ¿Ha escrito ella ya las cartas? _____
2) ¿Habéis corregido ya estos ejercicios? _____
3) ¿Ha resuelto usted ya el problema? _____
4) ¿Me has planchado ya la camisa? _____
5) ¿Han cerrado ya la taquilla? _____
6) ¿Habéis hecho ya el equipaje? _____
7) ¿Han facturado ellos ya las maletas? _____
8) ¿Has arreglado ya la habitación? _____
9) ¿Habéis metido las cervezas en la nevera? _____
10) ¿Has encargado ya las entradas? _____

(2) 补全句子。

例：El niño no se **ha dormido** aún.　　El niño **sigue despierto**.
　　这孩子还没睡。　　　　　　　　　　这孩子还醒着。

1) Ella se ha roto la pierna.　　　　　　　Ella tiene _____
2) El ministro ha inaugurado la exposición.　La exposición ha quedado _____
3) El camarero ya ha puesto la mesa.　　　La mesa está _____
4) Ella no se ha despertado todavía.　　　Ella sigue _____
5) La ropa no se ha secado aún.　　　　　La ropa está _____
6) Él ha publicado una novela.　　　　　　La novela está _____
7) El alcalde ha suspendido la corrida.　　La corrida queda _____
8) Han vendido todas las localidades.　　Todas las localidades están _____
9) No han cerrado aún las tiendas.　　　Las tiendas siguen _____

UNIDAD 19

En la comisaría
在警察局

学习重点

会话： 如何向别人表达提供帮助的诚意
　　　　如何表达"直到……才……"
　　　　如何表达"甚至"
　　　　如何表达"……的是……"

语法： 陈述式过去完成时
　　　　某些形容词修饰名词时的位置
　　　　介词 A，EN，DE 的一些用法

LENGUAJE COLOQUIAL（对话）

1. En la comisaría
在警察局

(*E.C.:El comisario; F:Fernando; L:Luisa*)

E.C.: ¿En qué puedo servirles?

　F: Venimos a denunciar un robo. Ayer, cuando regresamos a casa, nos encontramos con la puerta abierta y enseguida pensamos que nos habían robado.

E.C.: ¿Habían cerrado ustedes bien la puerta cuando se marcharon de casa?

　F: Sí, por supuesto; pero los ladrones la habían abierto con una llave falsa.

E.C.: ¿Cómo encontraron la casa?

　L: Los ladrones habían revuelto todo. Habían abierto todos los cajones de los armarios y habían tirado muchas cosas al suelo. Todo estaba desordenado.

E.C.: ¿Consiguieron llevarse muchas cosas de valor?

L: Sí, un collar de perlas que me había regalado mi marido el año pasado por nuestro aniversario de bodas, varias joyas antiguas que yo había heredado de mi abuela, un jarrón de porcelana china que estaba valorado en unos mil euros, y el televisor en color que nos habíamos comprado en Navidades.

E.C.: ¿Saben ustedes si alguien pudo ver a los ladrones?

F: No, en nuestra casa sólo hay tres viviendas. Nosotros vivimos en la planta baja. Los vecinos del primer piso se habían ido el día anterior al robo de vacaciones y los del segundo no habían regresado todavía a casa cuando sucedió el robo.

警察局长：有什么能为你们效劳的？

费尔南多：我们来报案，是一宗盗窃案。昨天当我们回到家，发现门开着，就立即意识到我们家被盗了。

警察局长：你们离开家的时候锁好门了吗？

费尔南多：当然锁好了；可是小偷用伪造的钥匙开的门。

警察局长：家里情况怎么样？

路 易 莎：小偷把家里都翻遍了。他们把柜子的抽屉都打开了，还把很多东西丢到了地上。家里一片狼藉。

警察局长：丢了很多贵重物品吗？

路 易 莎：是啊，丢了一条珍珠项链，那是去年我丈夫在我们结婚纪念日的时候送给我的，还有我从我祖母那里继承来的许多古老的首饰，一个大约价值1000欧元的中国瓷器花瓶，还有我们在圣诞节的时候买的一台彩电。

警察局长：你们知道是否有人看到小偷了吗？

费尔南多：没有。我们这栋房子里只住着三家。我们住底层。二层的邻居在案发前一天去度假了，三层的邻居在案发时还没回来。

2. No regresamos hasta las doce.
我们十二点才回去

(*E.C.:El comisario; F:Fernando; L:Luisa*)

(*Unos minutos después...*)

E.C.: ¿Qué hicieron antes de regresar a casa?

F: Fuimos a ver una película.

E.C.: ¿A qué hora se habían marchado ustedes al cine y cuándo regresaron a casa?

UNIDAD 19 En la comisaría
在警察局

F: Nos fuimos de casa aproximadamente a las nueve y media y hasta las doce no regresamos, pero yo creo que los ladrones lo tenían todo muy bien calculado y que nos habían estado vigilando durante cierto tiempo, hasta que pudieron comprobar que nosotros salíamos todos los sábados por la noche al cine o al teatro.

E.C.: ¿Tienen algún seguro contra robos?

L: El año pasado habíamos asegurado algunos objetos de valor en una compañía de seguros, pero este año no hemos renovado la póliza.

E.C.: Lo malo es que no tenemos ninguna pista. De todas formas, a ver si tenemos suerte y logramos atrapar a los ladrones. Muchas gracias por su declaración. Ya les informaremos de nuestras investigaciones.

F: De acuerdo. Muchas gracias. Adiós.

（几分钟后……）

警察局长：你们回家之前做了什么？

费尔南多：我们去看了场电影。

警察局长：你们是几点去的电影院，又是什么时候回家的？

费尔南多：我们大约九点半离开家，十二点才回去，不过我认为这些小偷把一切都算得非常好，而且已经注意我们一段时间了，甚至能够确定我们每个星期六晚上都会去电影院或者剧院。

警察局长：你们是否上过盗窃险？

路 易 莎：去年我们曾经在一家保险公司给一些贵重的东西上过保险，不过今年还没有续延保险单。

警察局长：糟糕的是，我们没有一点儿线索。不管怎么样，看看我们运气好不好，能不能抓住这些小偷。谢谢你们来报案。我们会通知你们调查的结果的。

费尔南多：好的。非常感谢。再见。

VOCABULARIO（词汇）

denunciar	tr.	揭露，检举，告发	tirar	tr.	扔，投，掷
robo	m.	偷盗	suelo	m.	地面
robar	tr.	偷盗，抢劫	conseguir	tr.	取得，获得，得到
falso	adj.	假的	valor	m.	价值
revolver	tr.	翻动；翻乱	collar	m.	项链

— 177 —

perla		f.	珍珠	calcular	tr.	计算，估算
marido		m.	丈夫	vigilar	tr.	看管；监视，监督
aniversario		m.	周年	comprobar	tr.	证明；核实
boda		f.	婚礼	seguro	m.	保险
joya		f.	首饰	contra	prep.	反对
heredar		tr.	继承	asegurar	tr.	固定；确保；保险
jarrón		m.	大花瓶	objeto	m.	物体，物品
porcelana		f.	瓷器	renovar	tr.	使恢复；重新开始
valorar		intr.	评价；定价；重视	póliza	f.	保险单
televisor		m.	电视机	pista	f.	踪迹
vivienda		f.	住处，住房，住宅	de todas formas		不管怎样
planta		f.	（楼房的）层	atrapar	tr.	抓住，捉住
bajo		adj.	低的；底下的	declaración	f.	宣布，声明，说明
suceder		intr.	发生	informar	tr.	告诉，通知
aproximadamente		adv.	大约	investigación	f.	调查

VOCABULARIO COMPLEMENTARIO（补充词汇）

útil		adj.	有用的	cita	f.	约会
aviso		m.	通知	herido, da	p.p., adj., m.f.	受伤的；伤者
información		f.	信息	acabar	tr., intr.	完成；结束
oficial		adj.	官方的；正式的	crimen	m.	罪行
ni		conj.	也不，甚至不	explosión	f.	爆炸
incluso		adv.	包括在内，甚至	revisar	tr.	重看，复查；检查
helar		impers.	结冰，冰冻	motor	m.	马达，发动机
caza		f.	打猎	oposición	f.	反对
comportarse		prnl.	表现	músico, ca	m.f.	音乐家
amanecer		impers.	天明，天亮	estupendamente	adv.	极好地，极妙地
anochecer		impers.	入夜，天黑	sobresaliente	adj.	突出的，超群的
carrera		f.	跑；学业，专业	notable	adj.	突出的，杰出的，优秀的
entrada		f.	门票			
cumplir		tr.	完成	caballo	m.	马
decidirse		prnl.	决定	región	f.	地区

UNIDAD 19　En la comisaría

在警察局

CONTENIDOS COMUNICATIVOS 〈会话句型〉

1. 如何向别人表达提供帮助的诚意?

¿En qué puedo servirles?　　　　　　　·有什么能为你们效劳的?

¿En qué les puedo ayudar?　　　　　　·我能帮你们做点儿什么呢?

¿Les soy útil en algo?　　　　　　　　·有什么能为你们效劳的?

¿Hay algo que yo pueda hacer (por ustedes)?　·我能（帮你们）做点儿什么呢?

2. 如何表达"直到……才……"?

Nos fuimos de casa aproximadamente a las nueve y media y **hasta** las doce **no** regresamos.

·我们大约九点半离开家，十二点才回去。

No recibimos el aviso **hasta** anoche.

·我们直到昨晚才接到通知。

Aún **no** hemos recibido ninguna información oficial **hasta** la fecha.

·直到今天我们还没有接到正式通知。

No me acosté **hasta** las doce.

·我十二点才睡觉。

3. 如何表达"甚至"?

Nos habían estado vigilando durante cierto tiempo, **hasta** que pudieron comprobar que nosotros salíamos todos los sábados por la noche al cine o al teatro.

·他们已经注意我们一段时间了，甚至能够确定我们每个星期六晚上都会去电影院或者剧院。

Hasta los niños lo comprenden.

·甚至连小孩子都懂得这一点。

No tiene tiempo **ni** para comer.

·他甚至连吃饭的时间都没有。（请注意否定句中的"甚至"）

Incluso cuando hiela salimos de caza.

·甚至在结冰的时候，我们也出去打猎。

4. 如何表达"……的是……"?

Lo malo es que no tenemos ninguna pista.
· 糟糕的是，我们没有一点儿线索。

Lo importante es saber aprender.
· 重要的是善于学习。

Lo interesante es que se comporta como un niño.
· 有趣的是，他举止行为像一个小孩子。

CONTENIDOS GRAMATICALES（语法）

1. 陈述式过去完成时

过去完成时的构成是由助动词 haber 的陈述式过去未完成时加上变位动词的过去分词构成。此时，过去分词没有性数变化。

人称	变位	-AR — -ADO	-ER — -IDO	-IR — -IDO
yo	había			
tú	habías			
él, ella, Ud.	había	solucion-ado	perd-ido	sal-ido
nosotros / as	habíamos			
vosotros / as	habíais			
ello, ellas, Uds.	habían			

⊙ 过去完成时的用法

过去完成时是一个相对的时态，表示的是过去的过去，只有在和过去某时和某动作相比较时才用到它。所以它是有一个过去的时间作参照点的。这一时间上的比较一般体现在时间从句中，cuando 是常用的连词。如：

Ayer, cuando regresamos a casa, nos encontramos con la puerta abierta y enseguida pensamos que nos habían robado.
· 昨天当我们回到家，发现门开着，就立即意识到我们家被盗了。
（本句中，前三处划线部分使用了简单过去时，即为时间参照点，第四处划线部分使用了过去完成时，即表示这一动作发生在前面这些动作之前。）

¿**Habían cerrado** ustedes bien la puerta cuando **se marcharon** de casa?
· 你们离开家的时候锁好门了吗？

Los vecinos del segundo no **habían regresado** todavía a casa cuando **sucedió** el robo.

· 三层的邻居在案发时还没回来。

EJERCICIO I

(1) 使用 cuando 连接句子。

例：Él **llegó** a la estación. El tren ya **había salido**.

他来到火车站。火车已经开走了。

-**Cuando llegó** a la estación, el tren ya **había salido**.

当他来到火车站的时候，火车已经开走了。

1) Nos levantamos. Aún no había amanecido.
___

2) Llegamos a París. Ya había anochecido.
___

3) Conocí a Paco. Ya había terminado la carrera.
___

4) Llegaron al cine. Las entradas se habían agotado.
___

5) Llamé por teléfono a Carmen. Ella ya se había acostado.
___

6) Entramos en el cine. La película no había comenzado.
___

7) Puse la radio. Ya habían dado las noticias.
___

8) María tuvo su primer hijo. Aún no había cumplido 20 años.
___

9) Nos decidimos a comprar la casa. Ya la habían vendido.
___

10) Regresé a casa. Mis padres ya habían cenado.
___

11) Llegamos a la iglesia. Ellos se habían casado.
___

12) Llegó a la cita. Ella ya se había marchado.
___

13) Llegó la ambulancia. El herido se había muerto.

14) Fuimos por el coche. La grúa se lo había llevado.

15) Fueron a alquilar el piso. Ya lo habían alquilado.

16) Regresamos a casa. Nos habían robado.

17) Fuimos a visitarle. Él aún no se había levantado.

18) Puse la televisión. El programa ya había acabado.

19) Mi abuelo murió. Aún no había cumplido 80 años.

20) Salimos de viaje. Ya había empezado a nevar.

(2) 仿照例句，回答问题。

例：¿Qué **habíais estado haciendo** antes de ir a dormir? / ver la televisión

你们睡觉前一直在做什么？ /看电视

-**Habíamos estado viendo** la televisión.

我们一直在看电视。

1) ¿Qué había estado haciendo Carmen cuando la fuiste a ver? / preparar la comida

2) ¿Qué habían estado haciendo ellos toda la noche? / jugar a las cartas

3) ¿Qué había estado haciendo usted aquella mañana? / pintar la puerta del garaje

4) ¿Qué habíais estado haciendo aquel año en Inglaterra?/ aprender inglés

5) ¿Qué había estado haciendo el Sr. Gómez en el banco? / solucionar unos problemas y sacar dinero

6) ¿Qué habías estado haciendo aquel día? / arreglar el coche

7）¿Qué habían estado haciendo ustedes antes del crimen? / hacer unas compras en la ciudad

_____

8）¿Qué habían estado haciendo los mecánicos antes de la explosión? / revisar el motor

_____

9）¿Qué había estado haciendo él todos esos años? / preparar las oposiciones

_____

10）¿Qué había estado haciendo María toda la mañana? / lavarse la cabeza y pintarse las uñas

_____

2. 某些形容词修饰名词时的位置

某些形容词置于阳性单数名词之前时，需要去掉词尾；而 grande 无论置于阳性或阴性单数名词之前时，都要去掉词尾。

Ella tiene una casa **grande**. 她有一幢大房子。	Ella tiene una **gran** casa.
Él es un hombre **bueno**. 他是个好人。	Él es un **buen** hombre.
Él es un hombre **malo**. 他是个坏人。	Él es un **mal** hombre.
Vivimos en el piso **primero**. 我们住在一层。	Vivimos en el **primer** piso.
Mi clase está en el piso **tercero**. 我的教室在三层。	Mi clase está en el **tercer** piso.

EJERCICIO II

用适当的形容词填空。

1）Hemos visto una _____ película, nos ha gustado muchísimo.

2）Él es un _____ músico. Toca estupendamente el piano.

3）Ayer hizo _____ tiempo. Estuvo lloviendo todo el día.

4）Ella tiene muy _____ humor. Siempre se está riendo.

5）Mi hijo ha sacado muy _____ notas. Dos sobresalientes y tres notables.

6）Hoy vamos a la playa porque hace muy _____ tiempo.

7）Ella espera un hijo. Ya está en el _____ (3.er) mes.

8）Me gusta el _____ vino.

9）Este sí que es un _____ coche. Gasta poca gasolina y apenas tiene averías.

10) El (1.ᵉʳ) _____ día después de las vacaciones todo el mundo está de _____ humor.

3. 介词 A，EN，DE 的一些用法

A	EN	DE
1. 表示方向或目的 Él va a la universidad. ·他要去大学。	1. 表示地点 Él está en la universidad. ·他在大学里。	1. 表示来源 Él viene de la universidad. ·他从大学来。
2. 表示时间 a las dos, al mediodía ·在两点，在中午	2. 表示时间 en invierno, en junio ·在冬天，在六月	2. 表示时间 las 2 de la tarde ·下午两点
3. 表示方式 Él escribe a máquina. ·他打字。 Él va a pie / a caballo. ·他走着去 / 骑马去。	3. 表示交通工具 Él viaja en tren / en bicicleta. ·他乘火车 / 骑自行车旅行。	3. 表示材料 Un collar de perlas ·一条珍珠项链
4. 与直接、间接宾语搭配 Yo pregunto a la profesora. ·我问老师问题。 Dale el dinero a Pedro. ·把钱给佩德罗。	4. 表示方式 Te lo digo en serio. ·我严肃地对你说这件事。	4. 表示方式 Él desayuna de pie. ·他站着吃早餐。
		5. 表示所属 El libro es de mi hermano. ·这本书是我哥哥的。

EJERCICIO III

用 A, EN 或 DE 填空。

1) ¿Cómo habéis ido a Canarias? ¿_____ barco o _____ avión?

2) ¿Viven ustedes _____ la ciudad o _____ el campo?

3) Yo no sé escribir _____ máquina, por eso escribo _____ mano.

4) _____ verano siempre vamos _____ mar.

5) Tuve que ir _____ pie.

6) Los alumnos _____ esta clase saben mucho español.

7) _____ primavera hace buen tiempo _____ esta región.

8) Hoy estamos _____ 12 _____ octubre _____ 1989.

9) La máquina _____ escribir está estropeada.

_____ las 9 tenemos clase _____ español _____ la universidad.

UNIDAD 20

¿Qué ha visitado usted ya?
您去哪里游览了？

学习重点

会话：如何对别人的观点表示赞同
语法：现在完成时与简单过去时的比较
　　　　某些动词与介词 A，DE，EN 的配合使用

LENGUAJE COLOQUIAL（对话）

1. ¿Qué ha visitado usted ya?
您去哪里游览了？

（G:Gómez; R:Richard）

G: ¿Qué le parece nuestra ciudad?

R: Me gusta mucho, aunque aún no he visto todo.

G: ¿Qué ha visitado usted ya?

R: La Catedral, la Plaza Mayor y el Palacio Real.

G: ¿Fue usted ayer al Museo del Prado?

R: Sí, después de comer. Como era domingo, había muchos turistas y tuve que estar más de media hora en la cola. Sin embargo, mereció la pena, pues nunca he visto un museo con tantas obras pictóricas.

G: ¿Entendió usted todo lo que explicó el guía?

R: No todo, pues hablaba muy deprisa, y como el grupo era muy numeroso, a veces no oía lo que el guía decía.

G: ¿Qué pintor le ha gustado más?

R: Sin duda, Goya, sobre todo sus pinturas negras. Creo que ha sido el pintor que mejor ha sabido representar los horrores de la guerra.

G: ¿Qué hizo usted después de visitar el museo?

R: Decidí dar un paseo por el Madrid de los Austrias. Hacía un tiempo maravilloso y había mucha animación en las calles. Siempre me ha gustado conocer la vida y las costumbres del país que visito.

G: Tiene usted razón. Hay que conocer también la forma de vida y los productos típicos del país. ¿Qué le parece si vamos a una taberna típica, donde hay un vino estupendo?

R: ¡Buena idea! ¡Vamos!

戈麦斯：您觉得我们的城市怎么样？

理查德：我很喜欢，尽管我还没有全部看完。

戈麦斯：您都去过哪里了？

理查德：大教堂，大广场和王宫。

戈麦斯：您昨天去普拉多博物馆了吗？

理查德：去了，吃完午饭后去的。因为昨天是星期天，游客很多，所以我不得不花半个多小时来排队。不过，这都是值得的，因为我从来没有见过有那么多绘画作品的博物馆。

戈麦斯：导游讲解的您都听懂了吗？

理查德：不是都懂，因为他说得非常快，而且那个团人很多，有时候我听不见他说什么。

戈麦斯：您最喜欢哪位画家？

理查德：当然是戈雅了，尤其喜欢那些在他"黑色时期"[①]创作的作品。我认为他是最懂得表现战争恐怖的画家。

戈麦斯：您参观完博物馆之后还做了些什么？

理查德：当时我决定去逛逛奥地利王朝时期的马德里[②]。天气特别好，街上特别热闹。我总是喜欢去了解我所游览国家的人们的生活和风俗习惯。

戈麦斯：您说得有道理。而且还应该了解这个国家的生活方式和土特产。我们找个特色酒吧去喝上一杯上好的葡萄酒，您看怎么样？

理查德：好主意！我们走！

---

① 戈雅（1746—1828），西班牙宫廷画家。晚年时的作品，即被称为"黑色时期"的油画，深沉有力，又使人感到动荡不安，如《魔女的集会》等。

② 哈布斯堡王朝统治西班牙时期马德里的名称。在这一时期兴建的建筑有马德里的太阳门广场，大广场（也译作马约尔广场）等。

2. ¿Y qué tal México DF?
墨西哥城怎么样?

(*F:Fred; S:Simone*)

F: Bueno, Simone, ¿qué has hecho?, ¿dónde has estado?

S: En México, haciendo un curso de español en la Universidad. También he visitado Mérida y Oaxaca.

F: ¡Qué bien! Entonces, habrás aprendido mucho, ¿no?

S: Sí, bastante. Ahora hablo español mejor que antes.

F: ¿Y qué tal México DF? ¿Te ha gustado?

S: Bueno, es demasiado grande. Hay mucha polución y muchos coches. Mérida me gusta más que México DF. No es tan grande como otras ciudades, pero es muy animada.

F: Pues yo no he viajado tanto como tú. Me he quedado en España. En Navidades me fui a Asturias.

S: ¿Y qué tal por allí?

F: Fatal, llovía tanto como en Inglaterra.

S: ¿Y has practicado mucho?

F: Menos que tú, seguro. He conocido a una chica italiana y he practicado más italiano que español.

弗雷德：嗨，西蒙奈，你都干什么了？你去哪儿了？

西蒙奈：我去墨西哥了，在大学里参加了一个西语课程。我还游览了美里达和瓦哈卡。

弗雷德：真不错！这么说，你一定学了不少东西，对吧？

西蒙奈：是学了不少。现在我的西语比以前说得好多了。

弗雷德：那墨西哥城怎么样？你喜欢吗？

西蒙奈：嗯，太大了。污染很严重，汽车很多。比起墨西哥城来说，我更喜欢美里达。她不像别的城市那么大，但是很热闹。

弗雷德：我不像你，去了那么多地方。我就待在西班牙。圣诞节的时候我去了阿斯图里亚斯。

西蒙奈：在那里玩得怎么样？

弗雷德：糟透了，一直在下雨，像英国一样。

西蒙奈：那你练习口语了吗？

弗雷德：肯定不如你练得多。我认识了一个意大利女孩儿，练意大利语比练西语还多。

VOCABULARIO（词汇）

palacio	m. 宫殿	horror	m. 恐怖
real	adj. 真的；国王的，王室的	guerra	f. 战争
cola	f. 尾巴；队列	paseo	m. 散步，闲逛
merecer	tr. 应该得到，应当受到（奖惩等）；值得	maravilloso	adj. 神奇的；极好的
		animación	f. 热闹
pena	f. 难过；遗憾；可惜；艰苦；疼痛	costumbre	f. 习惯
		típico	adj. 典型的；特有的
pictórico	adj. 绘画的	taberna	f. 酒馆
guía	m.f. 向导，导游	polución	f. 污染
numeroso	adj. 大量的，众多的	animado	adj. 热闹的
duda	f. 怀疑；疑问；犹豫	fatal	adj. 注定的；致命的；糟糕透顶的
sin duda	毫无疑问		
representar	tr. 表现；象征；代表；演出		

VOCABULARIO COMPLEMENTARIO（补充词汇）

prosperar	intr. 兴旺；繁荣	económico	adj. 经济的
guerra	f. 战争	importar	tr. 进口
terminar	intr., tr. 结束	sillón	m. 大扶手椅
nacer	intr. 出生	acero	m. 钢
río	m. 河流	ministro	m.（政府的）部长
cosecha	f. 收割，收获；收成	estado	m. 状态，状况；国家，政府
sueño	m. 睡眠；睡意；梦；梦想，幻想	taller	m. 作坊；车间
colegio	m. 学院，专科学校；中学；小学	conferenciante	m.f. 报告人，讲演者
		cubierto	m.（整套的）餐具［指刀、叉、匙等］
horrible	adj. 可怕的	plata	f. 银
pulsera	f. 手镯	católico	adj. 天主教的
despertador	m. 闹钟	prohibir	tr. 禁止
bombero	m. 消防员	aparcar	tr. 停放（车辆）
quemar	tr. 焚烧；烧毁		
situación	f. 位置；形式，状况		

UNIDAD 20 ¿Qué ha visitado usted ya?
您去哪里游览了？

关于旅游的词汇

el turismo	旅游业	carnet de identidad		身份证
temporada turística	旅游季节	pasaporte	m.	护照
temporada alta	旺季	visado	m.	签证
temporada baja	淡季	hotel de cinco estrellas		五星级酒店
lugares de interés turísticos	名胜	índice de ocupación		住房率
zonas de ocio nocturno	夜间游乐区	gimnacio	m.	健身房
vida nocturna	夜生活	habitación individual		单人房
folleto turístico	旅游手册	habitación doble		双人房
agencia de viajes	旅行社	suite presidencial		总统套房
viaje de negocios	商务旅行	tarjeta-llave		钥匙卡
viaje de novios / luna miel	蜜月	objeto de valores		贵重物品
seguro de accidentes	意外保险	línea exterior		外线
souvenir	m. 纪念品	servicio-despertador		叫醒服务
mercado de pulgas	跳蚤市场			

CONTENIDOS COMUNICATIVOS 《会话句型》

如何表达赞同别人的观点？

Tiene usted razón.	·您说得有道理。
¿Estás de acuerdo conmigo?	·我的意见你同意吗？
Estoy totalmente de acuerdo contigo.	·我完全同意你的观点。

CONTENIDOS GRAMATICALES 《语法》

1. 现在完成时与简单过去时的比较

现在完成时表示已经过去的事情，从时值上讲，与简单过去时相似，都表示过去。但这两个时态所表达的概念却是有所不同的。现在完成时的动作虽然发生在过去，但说话人认为其后果或影响现在仍然存在。请对比下列例句：

（1）La industria **ha prosperado** mucho.　·工业有了很大的发展。

（2）La industria **prosperó** mucho. ·工业在当时大发展。

句（1）中 ha prosperado 是指过去一直到现在，甚至包括现在的行动；句（2）中的 prosperó 仅指过去的、与现在无关系的行动。

（3）**Ha estado** en Beijing. ·她在北京待过。

（4）**Estuvo** en Beijing. ·她在北京待过。

句（3）说明她到过北京一事和现在仍有联系，比如说她为什么对北京那么了解，就是因为她在北京待过；而句（4）只是简单说明她去过北京一事。

（5）Esta mañana **ha llovido**. ·今天上午下过雨。

（6）Esta mañana **llovió**. ·今天上午下过雨。

句（5）是从"今天"这个角度来衡量的；而句（6）讲话时间是在"今天下午或晚上"。

（7）La guerra **terminó** el mes pasado. ·战争已在上月结束。

（8）La guerra **ha terminado** hace tres meses. ·三个月之前战争已经结束。

句（7）讲话的时间是"本月"；句（8）讲话人从"今年"这个角度来衡量。

（9）Su padre **ha muerto** hace tres años. ·他父亲是在三年前去世的。

（10）Su padre **murió** hace tres años. ·他父亲三年前去世了。

句（9）说明三年之前他父亲的死对他现在的情绪仍有影响；而句（10）只是简单说明了这一发生在过去的事实。

EJERCICIO I

（1）使用简单过去时和现在完成时。

例：Ellos **van** a pasear. / ayer / esta tarde

他们要去散步。/ 昨天 / 今天下午

-**Ayer** (ellos) **fueron** a pasear.

昨天他们去散步了。

-**Esta tarde** (ellos) **han ido** a pasear.

今天下午他们已去散过步了。

1）Nos quedamos en casa. / anteayer / este fin de semana

_____

2）Ella está enferma. / la semana pasada / esta semana

_____

3）Me levanto muy tarde. / el domingo / hoy

_____

4）Hace mucho frío. / el invierno pasado / este invierno

_____

5) Él no nos dice nada. / anoche / hasta el momento
   _____

6) Ellos no pueden ir de vacaciones al mar. / el año pasado / este año
   _____

7) Ellas tienen que trabajar mucho. / el mes pasado / este mes
   _____

8) Él viene en avión. / el lunes pasado / esta mañana
   _____

9) La película es muy interesante. / la película de ayer / la película de hoy
   _____

10) ¿A qué hora llega el tren? / ayer / hoy
    _____

(2) 将下面括号中的动词变成最适当的时态：过去未完成时，简单过去时，现在完成时或过去完成时。

1) Cervantes _____ (nacer) en 1547 y _____ (morir) en 1616.
2) Ayer yo _____ (estar) en el teatro y _____ (ver) una obra de Antonio Gala.
3) Dos veces por semana _____ (ir) a bañarse al río.
4) Este año la cosecha _____ (ser) buena porque _____ (llover) mucho.
5) Esta mañana yo me _____ (levantarse) muy temprano porque no _____ (tener) sueño.
6) Él _____ (tener) 4 años, cuando _____ (perder) a su madre.
7) ¿_____ (estar) usted ya en España? Sí, el año pasado _____ (estar) dos meses en Madrid.
8) Ayer, cuando nosotros _____ (salir) del colegio, _____ (ver) un accidente horrible.
9) Cuando _____ (llegar) la policía, los ladrones ya se _____ (ir).
10) Cuando él _____ (saber) la noticia, _____ (llamar) enseguida a su padre.
11) Nosotros no _____ (ir) ayer al cine porque ellos ya _____ (ver) la película.
12) _____ (perder) la pulsera que él me _____ (regalar) el año pasado.
13) Como ayer _____ (llover) mucho, se _____ (suspender) la excursión.
14) Cuando Maite _____ (volver) a casa, se _____ (encontrar) la puerta abierta.
15) Los turistas no _____ (poder) ver ayer la exposición de Picasso porque

_____ (haber) mucha gente en la cola.

16) Esta mañana nos _____ (levantar) tarde porque no _____ (oír) el despertador.

17) Paco _____ (estar) ayer tan nervioso que no _____ (saber) lo que _____ (hacer).

18) Cuando los bomberos _____ (llegar), el edificio ya se _____ (quemar).

19) Aunque esta tarde _____ (hacer) muy mal tiempo, ellos _____ (dar) un paseo por el parque.

20) Mientras usted ayer _____ (hablar) sobre la situación económica, yo _____ (pensar) en posibles soluciones.

2. 某些动词与介词 A, DE, EN 的配合使用

exportar, ir, llegar, salir, subir, venir, volver, empezar } A	importar, ir, salir, bajar, venir, volver, levantarse } DE	trabajar, estar, sentarse } EN ir, volver } EN
这里 A 表示动作的方向或目的地	这里 DE 表示动作发生的起点或来源地	这里 EN 表示地点或者方式

EJERCICIO II

（1）使用最恰当的介词填空。

1) Mi marido sale a las 2 _____ la oficina y llega _____ casa a las 2:30.

2) Ella trabaja _____ una empresa que exporta muchos productos _____ Marruecos.

3) Él se levantó _____ la silla y se sentó _____ el sillón.

4) Nosotros siempre viajamos _____ tren, pero a él le gusta ir _____ avión.

5) El niño empezó _____ llorar.

6) Ayer estuvimos _____ una fiesta y volvimos muy tarde _____ casa.

7) No ha dejado _____ llover en todo el día.

8) España importa acero _____ Alemania.

9) El ministro se bajó _____ coche y entró rápidamente _____ el hotel.

10）Nosotros nos fuimos _____ París _____ avión y volvimos _____ Madrid _____ tren.

（2）使用 SER 或 ESTAR 填空。

1）Madrid _____ en el centro de España y _____ la capital del estado español.

2）La boda _____ el próximo domingo.

3）La comida _____ en un restaurante que _____ en el centro de la ciudad.

4）Mi coche _____ en el taller porque _____ estropeado.

5）Para mí _____ muy difícil comprender lo que _____ diciendo el conferenciante.

6）Los cubiertos que _____ en la mesa _____ de plata.

7）El examen _____ muy difícil y creo que yo aún no _____ bien preparado para hacerlo.

8）No me tomo el café porque _____ muy fuerte y además ya _____ frío.

9）Irlanda _____ un país católico.

10）_____ prohibido aparcar aquí.

UNIDAD 21

¿Cómo lo amueblarás?
你准备放些什么家具？

学习重点

会话： 如何表达"当然"
　　　 如何客气地对别人提出邀请
　　　 如何接受或拒绝邀请
语法： 将来未完成时
　　　 介词 PARA 和 POR

LENGUAJE COLOQUIAL 〈对话〉

1. ¿Cómo lo amueblarás?
你准备放些什么家具？

(P:Paco; A:Antonio)

P : Mira, ya estamos llegando. Allí está el pueblo y aquella casita junto al río es la mía.

A : ¡Qué bonita es y qué bien situada está! ¿Vivirás aquí todo el año?

P : No, por ahora pasaré sólo los fines de semana. Pero pasa por aquí y te la enseñaré. Aún no están terminadas las obras. La semana que viene me instalarán la luz y la calefacción.

A : El vestíbulo es grandísimo. ¿Cómo lo amueblarás?

P : Lo iré amueblando poco a poco. Ahora dispongo de poco dinero y para comprar cualquier cosa hay que tener dinero.

A : ¿Lo decorarás tú mismo?

P : Sí, traeré algunos cuadros y piezas de cerámica. Frente a la puerta colocaré un mueble castellano y encima un espejo.

UNIDAD 21 ¿Cómo lo amueblarás?
你准备放些什么家具？

A : ¿Esta habitación será el salón?

P : Sí, de momento pondré un sofá y varias sillas. Allí irá el televisor y en aquel rincón un mueble-bar.

A : ¿Y cuál será tu despacho?

P : Aquella habitación, al fondo del pasillo. Frente a mi mesa de trabajo colocaré una gran estantería que ocupará toda la pared. El despacho comunicará con mi dormitorio.

A : No veo ninguna chimenea. ¿La construirás?

P : ¡Por supuesto! Estará en el salón. En invierno será delicioso leer y conversar junto al fuego.

A : Me gusta tu casa. ¿Me invitarás alguna vez?

P : ¡Claro que sí! Aquí tienes tu casa.

>>>

巴　　科：你看，我们到了。村子就在那边，河边上那个小房子就是我的。

安东尼奥：真漂亮，位置真好！你一年四季都会住在这里吗？

巴　　科：不是，现在我只是在这里过周末。你过来，我领你看看。工程还没结束呢。下周有人会来装照明和采暖设备。

安东尼奥：门厅可真大。你准备放些什么家具呢？

巴　　科：我准备逐渐地添置家具。现在我钱不多，而买什么东西都得有钱。

安东尼奥：你要自己装饰家吗？

巴　　科：是啊，我要弄来一些画和一些陶瓷。门的对面我要摆一件卡斯蒂利亚式的家具，上面挂一面镜子。

安东尼奥：这个房间将作为客厅吗？

巴　　科：是的，现在我会放一个沙发和一些椅子。电视会放那边，那个角落放一个酒柜。

安东尼奥：哪一个是你的书房？

巴　　科：走廊尽头的那个房间。办公桌对面我要放一个占满整面墙的大书架。书房将与我的卧室相通。

安东尼奥：我到处都没看到烟囱。你会建烟囱吗？

巴　　科：当然会了！会建在客厅里。冬天的时候在炉火旁读书和聊天会很惬意的。

安东尼奥：我喜欢你的房子。什么时候请我过来吧？

巴　　科：当然会了！你就把这里当作自己家吧。

<<<

2. Tendrás mucha suerte.
你会有好运气

(A:Adivina; P:Pedro)

A: Joven, aquí veo muchas cosas buenas. Tendrás mucha suerte el próximo año... Harás un viaje al extranjero, muy interesante...

P : ¿Adónde? ¿A América?

A: Un momento, no está claro... no, a Lisboa.

P : ¡Vaya!, ya he estado allí.

A: Sigamos... conocerás a una chica.

P : ¿Sí? ¿Cómo es?

A: Alta, rubia, muy moderna, tiene un perro.

P : ¡Vaya por Dios! ¡Es Cristina, mi antigua novia!

A: ¡Calla!... te tocará el gordo en la lotería de Navidad.

P : Pero, señora, estamos en febrero y la lotería de Navidad es en diciembre.

P : Lo siento, joven. No importa, tendrás mucho éxito en tu trabajo.

P : Es bastante difícil... no tengo trabajo, estoy en el paro.

算命人：年轻人，我在这儿看到很多美好的事情。你明年会有很好的运气……你会出国旅行，很有意思……

佩德罗：去哪儿？去美洲？

算命人：等会儿，还不清楚……不是，是去里斯本。

佩德罗：咳！我去过那儿了。

算命人：我们接着来……你会结识一位女孩儿。

佩德罗：是吗？她什么样？

算命人：高个子，金发，很时髦，有一条狗。

佩德罗：上帝啊！是克利斯蒂娜，我以前的女朋友！

算命人：别说话……你会中圣诞彩票的头奖。

佩德罗：可是，太太，现在是二月，而圣诞彩票在十二月。

算命人：对不起，年轻人。没关系，你会在工作上有突出的成绩。

佩德罗：这个够难的……我没工作，失业了。

UNIDAD 21 ¿Cómo lo amueblarás?
你准备放些什么家具？

VOCABULARIO（词汇）

situarse	prnl.	位于；处于，置身
instalar	tr.	安装
calefacción	f.	采暖设备
vestíbulo	m.	门厅
amueblar	tr.	添置家具
cualquiera	adj. -pron.	任何一个
decorar	tr.	装饰
cerámica	f.	陶瓷
colocar	tr.	放置
castellano	adj., m.	卡斯蒂利亚的；卡斯蒂利亚语，西班牙语

encima	adv.	上面
espejo	m.	镜子
despacho	m.	办公室
estantería	f.	架式家具
chimenea	f.	烟囱
delicioso	adj.	令人愉快的
callar	intr.	沉默，不说话
gordo	adj. -m.	头等的；（彩票的）头奖
lotería	f.	彩票，奖券
paro	m.	失业

VOCABULARIO COMPLEMENTARIO（补充词汇）

naturalmente	adv.	自然地；当然地，必然地
partido	m.	（体育）比赛
valer	tr., intr.	值；有价值；
¡Vale!		（表示赞同）可以！行！好！
pico	m.	（禽类的）喙；山峰，山尖
barco	m.	船

vestido	m.	服装
debido a		因为
a causa de		因为
débil	adj.	弱的，虚弱的；软弱的
orilla	f.	边缘；岸，岸边
puente	m.	桥
resultado	m.	结果

关于家居的词汇

zonas verdes		绿地	circuito cerrado de televisión	闭路电视
lugar público		公共场所	vigilancia electrónica	电子监视
fuente luminosa		发光喷泉池	plaza de aparcamiento	停车场
ático dúplex		楼中楼	aislamiento acústico	隔音
residencia privada		私宅	aislamiento térmico	隔热
chalé en la playa		海边别墅	interiorismo m.	室内设计
ascensor	m.	电梯	decoración de interiores	室内装潢

关于家居的词汇

papel pintado		壁纸	purificador de aire	空气洁净器
baldosa	f.	地砖	control remoto	遥控器
azulejo	m.	瓷砖	extractor de humos	抽油烟机
vidrio deslustrado		毛玻璃	bombona	f. 瓦斯筒
alcantarilla	f.	下水道	nevera	f. 冰箱
cables subterráneos		地下缆线	horno	m. 烤箱
artículos de menaje		家用品	horno de microondas	微波炉
mueble antiguo		古董家具	olla a presión	压力锅
bricolaje	m.	自己来（DIY）	lavaplatos	m. 洗碗机
alfombra de pura lana		纯毛地毯	licuadora	f. 果汁机
fusible	m.	保险丝	tabla de picar	砧板
enchufe	m.	插座	film transparente	保鲜膜
aparato electrodoméstico		家电	aspiradora	f. 吸尘器
aire acondicionado		空调	plumero	m. 鸡毛掸子

CONTENIDOS COMUNICATIVOS（会话句型）

1. 如何表达"当然"？

¡Por supuesto!	· 当然！
¡Claro! / ¡Claro que sí! / ¡Claro que no!	· 当然！ / 当然是了！ / 当然不是了！
¡Desde luego!	· 当然了！
¡Naturalmente!	· 当然如此了！

2. 如何客气地对别人提出邀请？

-¿Me invitarás alguna vez? · 你什么时候请我过来吧？

-¡Claro que sí! **Aquí tienes tu casa**. · 当然会了！你就把这里当作自己家吧。

3. 如何接受或拒绝邀请？

A: ¿**Quieres** tomar café? · 你想喝咖啡吗？

B: **No, gracias**. No tomo café. · 不，谢谢。我不喝咖啡。

UNIDAD 21 ¿Cómo lo amueblarás?
你准备放些什么家具？

A: ¿Y un té? · 那茶呢？
B: **Bueno**, un té sí, **gracias**. · 好的，要茶吧，谢谢。

A: ¿**Queréis** venir a casa a ver el partido? · 你们愿意来我家看球赛吗？
B: **Vale, muy bien**. · 好啊。
C: ¡Hombre, **estupendo**! · 嘿，好极了！

A: ¿Salimos esta tarde? · 我们今天下午出发好吗？
B: Bueno, ¿a qué hora quedamos? · 好，几点见面？
A: A las ocho en tu casa, ¿**vale**? · 八点在你家如何？
B: **De acuerdo**. Hasta luego. · 好的。再见。

A: ¿Tomamos algo?, **te invito**. · 我们喝点儿什么？我请你。
B: **Lo siento**, no puedo. · 对不起，我不能喝了。
A: ¿Por qué? · 为什么？
B: Porque tengo que ir a casa de unos amigos. · 我得去几个朋友家。
A: **Venga, hombre**. Sólo son diez minutos. · 没事儿，就十分钟。
B: **No**, **de verdad**, no puedo. Me están esperando. · 真不行。他们正等着我呢。

CONTENIDOS GRAMATICALES 〈语法〉

1. 将来未完成时

将来未完成时的变位是在动词原形后直接加上下列词尾：-é, -ás, -á, -emos, -éis, -án。

人称	-AR	-ER	-IR
yo	comprar-é	ser-é	ir-é
tú	comprar-ás	ser-ás	ir-ás
él, ella, Ud.	comprar-á	ser-á	ir-á
nosotros / as	comprar-emos	ser-emos	ir-emos
vosotros / as	comprar-éis	ser-éis	ir-éis
ello, ellas, Uds.	comprar-án	ser-án	ir-án

将来未完成时表示将来的行动，一般与表示将来的时间副词、短语或时间从句搭配。如：

La semana que viene me **instalarán** la luz y la calefacción.

·下周有人会来装照明和采暖设备。

¿Me **invitarás alguna vez**?

·你什么时候请我过来吧？

Tendrás mucha suerte **el próximo año**.

·你明年会有很好的运气。

Te **tocará** el gordo en la lotería de Navidad.

·你会中圣诞彩票的头奖。

EJERCICIO I

构成将来时。

例：Yo le **escribo** una carta. / **mañana-Mañana** le **escribiré** una carta.

我给你写信。/ 明天明天我会给你写信的。

1）Él va de excursión a los Picos de Europa. / la semana próxima

2）Ellos nos invitan al teatro. / esta noche

3）Comemos en un restaurante chino. / el domingo que viene

4）¿Vais a veranear al mar? / el año próximo

5）Mi madre me manda un paquete. / el mes que viene

6）Te llamo a las 9 por teléfono. / mañana por la mañana

7）Mi amigo estudia Medicina. / el año que viene

8）Nosotros oímos la radio. / esta tarde.

9）Ellos ven la televisión después de cenar. / esta noche

10）¿Cogéis el avión o el barco? / el mes próximo

UNIDAD 21　¿Cómo lo amueblarás?
你准备放些什么家具？

⊙ 某些不规则动词在将来未完成时中的变位

caber — cabr-	
decir — dir-	
haber — habr-	-é
hacer — har-	-ás
poder — podr-	-á
poner — pondr-	
querer — querr-	-emos
saber — sabr-	-éis
tener — tendr-	-án
valer — valdr-	
venir — vendr-	
salir — saldr-	

EJERCICIO II

（1）构成将来时。

例：No **tengo** tiempo.　　　　　　-No **tendré** tiempo.
　　我没时间。　　　　　　　　　　我将不会有时间。

1）No vale la pena ver esta película.
___

2）Ella no dice nada.
___

3）Usted no quiere suspender el examen.
___

4）No podemos ir de excursión.
___

5）Ellos saben el número de teléfono del Sr. Gómez.
___

6）Tú vienes a la fiesta.
___

7）No hay entradas.
___

8）Ella se pone su traje largo.
___

9）Él sale de viaje a las 7.
___

10）En esta sala no cabe tanta gente.
___

（2）构成将来时。

例：¿**Has hecho** ya las maletas?　　　-No, las **haré** mañana.
　　你整理好行装了吗?　　　　　　　没有，我明天再整理。

1）¿Se lo habéis dicho ya?
___

2）¿Ha habido problemas?
___

3）¿Han tenido ustedes dificultades?
___

4）¿Han venido ya tus amigos?
___

5）¿Han podido ustedes hablar con el director?
___

6）¿Ha sabido María la noticia?
___

7）¿Te has puesto ya el vestido nuevo?
___

8）¿Han hecho ustedes los ejercicios?
___

9）¿Ha salido el Sr. Molina ya de viaje?
___

10）¿Ha querido él hablar con su abogado?
___

⊙ **ESTAR** 的将来未完成时 + GERUNDIO（副动词）表示"将在做……"的涵义。

yo	estaré	
tú	estarás	
él, ella, Ud.	estará	descansando leyendo escribiendo
nosotros / as	estaremos	
vosotros / as	estaréis	
ello, ellas, Uds.	estarán	

EJERCICIO III

仿照例句，回答问题。

例：¿Qué **estarás haciendo** mañana a estas horas? / hacer el examen

明天这个时候你会在做什么？ / 考试

-**Estaré haciendo** el examen.

我将在考试。

1）¿Qué estará haciendo ahora Carmen? / llamar por teléfono

2）¿Qué estarán haciendo ellos? / escuchar música

3）¿Qué estará haciendo Luis? / preparar el examen

4）¿Qué estaréis haciendo mañana a esta hora? / llegar a Roma

5）¿Qué estarán haciendo ahora los niños? / jugar en el jardín

6）¿Qué estará usted haciendo el mes próximo? / descansar junto al mar

7）¿Qué estará haciendo ahora Juan? / dormir la siesta

8）¿Qué estará haciendo ahora María? / limpiar la casa

9）¿Qué estarás haciendo mañana a estas horas? / volar a París

10）¿Qué estará haciendo Carmen tanto tiempo en el baño? / lavarse la cabeza

2. 介词 PARA 和 POR

PARA	POR
a) 表示方向（= a, hacia） Hoy salgo **para** Madrid.	a) 表示地点（= a través de 通过） Pasamos **por** Madrid.
b) 表示目的 Este paquete es **para** usted. Estoy aquí **para** aprender español.	b) 表示原因（= debido a, a causa de） Está débil **por** los dolores. Ella está gorda **por** comer tanto.
c) 表示未来的时间 **Para** mañana tenemos dos ejercicios.	c) 表示一段时间 **Por** la mañana voy a la universidad, **por** la tarde me quedo en casa.
d) 表示将要发生的动作 El tiempo está **para** llover.	d) 表示方式 Él habla **por** teléfono.
	e) 表示价格、数量、交换 Compré el coche **por** 5.000 euros. Pagué **por** la habitación 150 euros.
	f) 表被动 El Quijote fue escrito **por** Cervantes.

EJERCICIO IV

用 PARA 或 POR 填空。

1）Todos los días vamos a pasear _____ el parque.

2）Mi madre me ha mandado un paquete _____ correo.

3）¿_____ quién es este regalo? Es _____ mi hermano.

4）_____ la mañana tomo café y _____ comer tomo un vaso de vino.

5）El tiempo está _____ nevar.

6）La ciudad fue destruida _____ las bombas.

7）_____ llegar a la otra orilla hay que pasar _____ un puente.

8）Él está enfadado _____ el resultado del partido.

9）Durante el verano tendré que estudiar mucho _____ aprobar el examen en septiembre.

10）Si pasas _____ Sevilla, ven a verme.

UNIDAD 22

¿Estarás muchos días en París?
你会在巴黎待很多天吗?

学习重点

会话: 如何表达 "……给我某种感觉、印象"
　　　　如何表达 "虽然……，但是……"
语法: 将来完成时
　　　　将来未完成时（Ⅱ）
　　　　副词词尾 "-MENTE"

LENGUAJE COLOQUIAL（对话）

1. ¿Estarás muchos días en París?
你会在巴黎待很多天吗?

(*P:Pedro; C:Carmen*)

P : ¡Hola! Carmen, por favor, prepárame el equipaje. Tengo que salir de viaje para París.

C : ¿Cuándo saldrás?

P : Después de comer me iré a Barcelona y allí cogeré el tren para París.

C : ¿Estarás muchos días en París?

P : No, espero estar tan sólo un par de días. Tengo que discutir algunos asuntos de compra-venta que me llevarán poco tiempo. El acuerdo entre las dos partes es una realidad.

C : Entonces te prepararé el maletín; es más cómodo para viajar. Escucha, ¿por qué no te vas en avión?

P : No, sabes que no me gusta viajar en avión. Me da la impresión de que es un medio poco seguro.

C: Lo que te pasa es que tienes miedo al avión. Entonces irás en coche-cama, ¿no?

P: Por supuesto. Es la manera más cómoda y segura de viajar. Aunque no puedo dormir bien, sin embargo, descanso bastantes horas.

C: Bien, te llevaré el maletín a la oficina mientras tanto. Allí nos veremos. Hasta luego.

P: Hasta luego, y no te entretengas demasiado.

佩德罗：你好！卡门，请帮我收拾一下行李。我得去巴黎旅行一趟。

卡　门：你什么时候走？

佩德罗：午饭后我会去巴塞罗那，从那儿搭乘去巴黎的火车。

卡　门：你会在巴黎待很多天吗？

佩德罗：不会，我想就待几天。我得谈一些买卖上的事情，用不了多少时间。双方之间的协议已经定下来了。

卡　门：那我给你准备一个小提箱；旅行带着方便些。喂，你为什么不坐飞机去呢？

佩德罗：不坐。你知道我不喜欢乘飞机旅行。飞机这种交通工具给我一种不太安全的感觉。

卡　门：你是害怕坐飞机。那你会坐卧铺，对吗？

佩德罗：当然了。这是最舒适、最安全的旅行方式。虽然我不能睡好，可是我能休息好几个小时。

卡　门：好，我这就把手提箱给你拿到办公室去。我们在那儿见。再见。

佩德罗：再见，别太晚了。

2. El sueño de Luis
路易斯的梦想

(J:Julia; L:Luis)

J: ¿Qué vas a hacer este verano, Luis?

L: Voy a comprarme un barco de vela. Quiero cruzar el Atlántico yo solo.

J: Pero, ¿tú sabes navegar?

L: Sí, un poco. He leído un libro sobre navegación.

J: Pero eso no es suficiente. Si quieres aprender tienes que practicar mucho. Además, los barcos son muy caros. Hay que tener mucho dinero y tú no lo tienes.

L: Ah, pero lo tendré, porque voy a trabajar de fotógrafo.

J: ¿Para un periódico?

L: No lo sé todavía. Voy a hacer muchas fotos y luego se las vendo a algún periódico o alguna revista si les gustan.

J : ¡Pues tendrás que hacer muchas fotos para comprarte un barco, amigo!

L: Uy, las haré. Además voy a vender mi coche.

J : ¿Lo vas a vender? ¿Y a quién se lo vas a vender? Se cae de viejo. Si quieres venderlo tienes que repararlo.

L: Bueno, no está muy bien, pero puedo repararlo yo. Entiendo un poco de mecánica y si lo arreglo yo es más barato.

J : ¿Vas a arreglarlo tú? ¡Estás loco!, Luis.

胡利娅：今年夏天你打算干什么，路易斯？

路易斯：我打算买一艘帆船。我想独自横越大西洋。

胡利娅：可是，你懂航海吗？

路易斯：懂一点儿。我曾读过一本关于航海的书。

胡利娅：可这是不够的。如果你想学，你就应该多实践。而且，船很贵的。得有很多钱，而你又没有。

路易斯：哦，不过我会有的，因为我要做摄影师了。

胡利娅：为报社工作吗？

路易斯：我还不知道。我要拍很多照片，然后卖给报社，或者杂志社，如果他们喜欢的话。

胡利娅：可是你得拍很多照片才能买一条船啊，朋友！

路易斯：嗯，我会拍很多的。而且我打算把我的车卖了。

胡利娅：你要把车卖了？你要卖给谁？都已经旧了。要是想卖，你应该修一下。

路易斯：嗯，是不太好了，不过我自己能修。我懂一些机械，如果我自己修，能便宜些。

胡利娅：你要自己修？路易斯，你疯了！

VOCABULARIO（词汇）

par	m.	对，双，副	medio	m.	手段；工具
un par de		一双，一对，一副；几个，两三个	coche-cama		（火车的）卧铺车
			manera	f.	方式，方法，形式
compra	f.	买，买东西	mientras tanto		与此同时
venta	f.	卖，售	entretener	tr.	耽搁
maletín	m.	小手提箱，小手提包	vela	f.	帆
impresión	f.	效果；感受；印象	cruzar	tr.	使交叉；横跨；穿过

navegar	intr.	航海	reparar	tr.	修理
navegación	f.	航海	mecánica	f.	力学，机械学；机械
fotógrafo, fa	m.f.	摄影师	loco	adj.	疯癫的，发疯的

VOCABULARIO COMPLEMENTARIO（补充词汇）

a pesar de		虽然，尽管	cortesía	f.	礼貌，礼仪，礼节
cristal	m.	玻璃	afabilidad	f.	和蔼，亲切
gafas	f. pl.	眼镜	claridad	f.	清楚，明白
madrugar	intr.	早起，起早	torpeza	f.	笨拙，愚蠢
despedir	tr., prnl.	送别，送行；告别，辞行	rapidez	f.	快，迅速
			alegría	f.	快乐，高兴
retrasar	tr., prnl.	搁置，推迟，延缓；迟延；落后，倒退	perfección	f.	完美，完善
			aterrizar	intr.	着陆，降落
discurso	m.	谈话，谈论；演说，演讲	probablemente	adv.	可能地
			dificilmente	adv.	困难地
telefonear	tr.	（给某人）打电话	posiblemente	adv.	可能地
pariente, ta	m.f.	亲戚，亲属	componer	tr.	组成，构成；创作，谱写（乐曲），写作（诗文）
seguramente	adv.	肯定地			
sueldo	m.	工资，月薪，年俸			
crucero	m.	巡洋舰	aplaudir	tr.	鼓掌，拍手
huelga	f.	罢工	entusiasmo	m.	热情，热心；激动，兴奋
listo	adj.	聪明的，伶俐的，敏捷的；准备就绪的，做好准备的	director, ra	m.f.	领导者；（乐队）指挥；导演
póquer	m.	扑克牌	pizarra	f.	黑板
probable	adj.	可能的	bodega	f.	地下储藏室；酒窖
cariño	m.	爱；喜爱；亲热，亲昵	terraza	f.	屋顶平台；晒台；露台
seguridad	f.	安全，保险；牢固；保障	cuidado	m.	小心，注意，仔细
			lágrima	f.	眼泪
con seguridad		确实地，肯定地			

UNIDAD 22 ¿Estarás muchos días en París?
你会在巴黎待很多天吗？

CONTENIDOS COMUNICATIVOS 《会话句型》

1. 如何表达"……给我某种感觉、印象"？

Me da la impresión de que es un medio poco seguro.
· 飞机这种交通工具给我一种不太安全的感觉。

Me causó mucha impresión la visita.
· 那次参观给我留下深刻印象。

Me da miedo ese perro.
· 那条狗让我害怕。

Me da igual.
· 我无所谓。

2. 如何表达"虽然……，但是……"？

Aunque no puedo dormir bien, descanso bastantes horas.
· 虽然我不能睡好，可是我能休息好几个小时。

Te lo diré **aunque** no te guste.
· 尽管你不高兴，我还是要对你说。

Fue a su trabajo **aunque** estaba enfermo.
· 虽然他病了，但还是去上班了。

Saldremos **a pesar de** la lluvia.
· 尽管下雨，我们还是要出去。

CONTENIDOS GRAMATICALES 《语法》

1. 将来完成时

⊙ 构成

HABER 的将来未完成时+ P.P.（过去分词）				
人称	变位	-AR — ADO	-ER — IDO	-IR — IDO
yo	habré	comprado	perdido	cumplido
tú	habrás			

— 209 —

HABER 的将来未完成时+ P.P.（过去分词）				
人称	变位	-AR — ADO	-ER — IDO	-IR — IDO
él, ella, Ud.	habrá	comprado	perdido	cumplido
nosotros / as	habremos			
vosotros / as	habréis			
ello, ellas, Uds.	habrán			

（1）将来完成时表示在将来某一时间之前完成的动作，如：

Habremos terminado el trabajo a las cinco.

·到五点钟我们将已完成工作。

Habremos terminado el trabajo cuando vuelvas.

·等你回来我们将已完成工作。

EJERCICIO I

构成将来完成时。

例：Ellos ya _____ (resolver) el problema.

-Ellos ya habrán resuelto el problema.

他们将会把问题解决的。

1）El tren ya _____ (llegar) a Valencia.

2）Mañana nosotros ya _____ (hacer) todo.

3）La policía ya _____ (descubrir) al ladrón.

4）Ustedes ya _____ (ver) el Museo del Prado.

5）Mañana yo ya _____ (escribir) la carta.

6）¿Quién _____ (romper) el cristal?

7）¿Qué le _____ (decir) Carmen al jefe?

8）¿Quién _____ (abrir) este paquete?

9）¿Dónde _____ (poner) mi madre mis gafas?

10）¿Por qué _____ (hacer) esto Juan?

（2）表示对刚刚过去行动的猜测，如：

Se habrá marchado a la biblioteca.

·他大概到图书馆去了。

Habrá madrugado hoy más.

·今天他好像起得更早。

— 210 —

UNIDAD 22　¿Estarás muchos días en París?
你会在巴黎待很多天吗？

EJERCICIO II

仿照例句，回答问题。

例：¿Han venido tus amigos?　　　　　　你的朋友来了吗？
　　-Sí, ya **habrán venido**.　　　　　　是的，可能来了。
　　-No, no **habrán venido**.　　　　　　不，可能还没来。

1）¿Ha salido Juan de casa?　　　　　_____
2）¿Han ido de compras?　　　　　　_____
3）¿Se han despedido de los tíos?　　　_____
4）¿Se ha retrasado el tren?　　　　　_____
5）¿Han cantado los niños?　　　　　_____
6）¿Ha comprendido él el discurso?　　_____
7）¿Han terminado ellos el ejercicio?　_____
8）¿Ha escuchado ella la conferencia?　_____
9）¿Han telefoneado ellos a sus parientes?　_____
10）¿Ha colgado María el cuadro?　　_____

2. 将来未完成时（II）

（1）将来未完成时可以表示对现在行为的猜测，时值相当于陈述式现在时。如：

Seguramente **estará** ahora en casa.

·他现在肯定在家。（含有一定的猜测性）

Seguramente **está** ahora en casa.

·他现在肯定在家。（肯定的成分更大）

Serán las diez.　　　　　　　　　　·现在大概是10点钟。

Ahora **estará** tu padre en la oficina.　·现在你父亲也许在办公室里。

EJERCICIO III

将括号中的动词原形变为将来未完成时。

1）No sé qué _____ (estar) haciendo Juan ahora.

2）¿_____ (saber) ellos ya la noticia?

3）Estás muy cansado. Seguramente _____ (querer) descansar un poco.

4）Ella tiene un buen trabajo. Seguramente _____ (ganar) un buen sueldo.

5）Usted seguramente _____ (pensar) que no hay solución.

6）¿Qué edad _____ (tener) esta señora?

7）¿Qué hora es? _____ (ser) ya las 3.

8）¿Cuánto _____ (costar) un crucero por el Mediterráneo?

9）¿Cuántas personas _____ (haber) ahora en esta sala?

10）¿Cuánto _____ (medir) esta habitación?

（2）现在时可以表示一个将来的动作，此时说话人对这一动作有着更大的兴趣和更大的参与性。请对比：

Mañana **salimos** de viaje.

· 明天我们要出去旅行。（说话人对这一动作有着更大的兴趣和更大的参与性）

Mañana **saldremos** de viaje.

· 明天我们要出去旅行。（只是简单地陈述一件将要发生的事）

EJERCICIO IV

（1）使用将来时。

例： Mañana **vamos** al teatro.　　　　-Mañana **iremos** al teatro.

　　 明天我们要去剧院。　　　　　　　 明天我们要去剧院。

1）Esta tarde nos quedamos en casa.
_____

2）Ellos vienen mañana.
_____

3）El próximo sábado hacemos una excursión.
_____

4）Hoy por la noche salgo a cenar con mis amigos.
_____

5）Este fin de semana hay huelga de taxis.
_____

6）Mañana por la tarde no estamos en casa.
_____

7）El próximo viernes te puedo dar una contestación.
_____

8）Mañana podemos ir juntos al cine.
_____

9）La semana próxima te devuelvo el dinero.
_____

10）El jueves próximo tengo tres horas libres.
_____

（2）按照例句变换时态。

例：Este fin de semana **queremos ir** al teatro.　　这个周末我们想去剧院。
　　-Este fin de semana **iremos** al teatro.　　　　这个周末我们要去剧院。

1）Él quiere jugar mañana al tenis. _____
2）Ella quiere ir de compras. _____
3）Nosotros queremos hacer una excursión. _____
4）Vosotros queréis salir temprano. _____
5）Ellas quieren venir a visitarnos. _____
6）Nosotros queremos conocer París. _____
7）Usted quiere tener todo listo. _____
8）Quiero saber alemán. _____
9）Ellas quieren poner el televisor en el comedor. _____
10）Ustedes no quieren decir nada. _____

（3）仿照例句，回答问题。

例：¿**Vas a ir** al teatro esta noche?　　　　你今晚要去剧院吗？
　　-Sí, **iré** al teatro esta noche.　　　　　是的，我今晚要去剧院。
　　-No, no **iré** al teatro eta noche.　　　不，我今晚不去剧院。

1）¿Vais a quedaros hoy en casa? _____
2）¿Va a salir usted con nosotros? _____
3）¿Vas a ir a la ciudad? _____
4）¿Van a hacer ustedes un viaje? _____
5）¿Va él a venir esta noche? _____
6）¿Vais a estudiar español? _____
7）¿Vas a ver el partido? _____
8）¿Van a cenar ellos en un restaurante? _____
9）¿Vas a quedarte más tiempo? _____
10）¿Vais a jugar al póquer? _____

3. 副词词尾 "-MENTE"

许多形容词加上词尾 "-MENTE" 后就变为了副词。具体规则为：以 "-O" 结尾的形容

词将 "-O" 变为 "-A"，加上词尾 "-MENTE"；以其他元音或辅音结尾的形容词直接加上词尾 "-MENTE"。如：

形容词	副词
segur**o**	segur**amente**
ciert**o**	ciert**amente**
probable	probable**mente**
feliz	feliz**mente**
difícil	difícil**mente**

EJERCICIO V

（1）将名词转换为副词。

例：Él nos saludará con *cariño*.　　　　-Él nos saludará **cariñosamente**.
　　他会亲切地跟我们打招呼。　　　　　他会亲切地跟我们打招呼。

1）Ellos vendrán con *seguridad* mañana.

2）Vosotros no habláis con *cortesía*.

3）Ella responde con *afabilidad*.

4）¡Por favor, habla con *claridad*!

5）Tú actúas con *torpeza*.

6）Nosotros trabajamos con *rapidez*.

7）Ella nos miró con *alegría*.

8）¡Esperad con *paciencia*!

9）Ellos salieron con *urgencia* hacia Madrid.

10）Ustedes han resuelto todo a la *perfección*.

（2）填空。

例：¿Ha llegado ya Luis?　　　　-Sí, *seguramente* habrá llegado ya.
　　路易斯来了吗？　　　　　　　是的，他肯定已经来了。

1）Ha salido ya el tren.　　　　　　　Sí, seguramente _____

2）¿Ha aterrizado ya el avión?　　　　Sí, probablemente _____

3）¿Ha contestado ya la carta?　　　　Sí, probablemente _____

4）¿Han tenido problemas?　　　　　Sí, probablemente _____

5）¿Han hecho los ejercicios?　　　　No, seguramente _____

6）¿Han resuelto el problema?　　　　Difícilmente _____

7）¿Han escrito el poema?　　　　　Sí, posiblemente _____

8）¿Han vuelto tarde?　　　　　Sí, seguramente _____

9）¿Han compuesto la canción?　Difícilmente _____

EJERCICIO VI

用最恰当的介词填空。

1）¿ _____ qué día estamos hoy? Hoy es 23 _____ marzo.

2）¿ _____ cuándo estás estudiando español? _____ hace dos años.

3）¿Qué harán ustedes _____ las vacaciones? Haremos un viaje _____ toda Europa.

4）_____ el concierto no se oyó ni respirar. Cuando terminó, todo el mundo se puso _____ pie y aplaudió _____ gran estusiasmo al director.

5）El profesor escribió las palabras difíciles _____ la pizarra.

6）Ellos entraron _____ la puerta _____ la cocina.

7）Tengo que bajar _____ la bodega _____ buscar una botella _____ vino.

8）Estuve tomando el sol _____ la terraza _____ la hora _____ comer.

9）¡Cuidado _____ el perro!

10）María se marchó _____ lágrimas _____ los ojos.

UNIDAD 23

Espero que todos estéis bien de salud.
我希望你们每个人都身体健康

学习重点

会话： 西班牙语的信函书写格式
　　　　如何表达"某人希望……"
　　　　如何表达"尽量，尽可能……"
　　　　如何表达"但愿……"
语法： 虚拟式现在时

LENGUAJE COLOQUIAL（对话）

Ojalá no sea nada grave.
但愿不严重

(A:Andrés; S.L.:Sra. López; D:Doctor)

A: ¿Sra. López? La llamo para decirle que no podré ir a trabajar esta mañana. Se ha puesto mala mi hija y voy a llevarla al médico ahora mismo.

S. L.: ¿Qué le pasa?

A: No sé, tiene mucha fiebre. Se habrá enfriado por la noche.

S. L.: ¿No será varicela?, ahora hay mucha.

A: No, la varicela ya la pasó el año pasado y está vacunada contra todo. No sé qué le pasará, pero estoy preocupado.

S. L.: Pues nada, llévela al hospital cuanto antes. Ojalá no sea nada grave.

A: Gracias. Quizá vaya a la oficina esta tarde si se encuentra mejor la niña.

...

UNIDAD 23　Espero que todos estéis bien de salud.
我希望你们每个人都身体健康

D: A ver, ¿qué le pasa a esta niña?

A: Pues no sé, doctor. Ha estado llorando toda la noche. Tiene mucha fiebre y está tosiendo mucho. Quizá sea bronquitis.

D: Bueno, quítele la camiseta... mmm... ojalá me equivoque, Sr. Casas, pero creo que tiene pulmonía. Vamos a hacerle unas pruebas. Tendrá que quedarse ingresada dos o tres días.

>>>

安 德 列 斯：洛佩斯夫人吗？我打电话给您是想告诉您，今天上午我可能不能去上班了。我女儿病了，我现在要带她去看医生。

洛佩斯夫人：她怎么了？

安 德 列 斯：我不知道，她在发高烧。也许是晚上着凉了。

洛佩斯夫人：是水痘吗？现在这种病很流行。

安 德 列 斯：不是，她去年得过水痘了，而且已经种了疫苗，不会再得了。我不知道这次她可能得了什么病，不过我很担心。

洛佩斯夫人：好了，尽快送她去医院吧。但愿不严重。

安 德 列 斯：谢谢。如果孩子好些了，我可能下午去办公室。

……

医　　生：我来看看，这孩子怎么了？

安 德 列 斯：我不知道，医生。她哭了一整夜。现在在发高烧，而且咳嗽得很厉害。可能是支气管炎。

医　　生：嗯，把她的汗衫脱掉……嗯……但愿是我弄错了，卡萨斯先生，可是我认为她得的是肺炎。我们要给她做检查。她得住院两到三天。

<<<

📖 TEXTO《课文》

Espero que todos estéis bien de salud.
我希望你们每个人都身体健康

Madrid, 17 de diciembre de 2014

Querido Ricardo:

¿Qué tal estás? Espero que todos estéis bien de salud y os deseo que el Nuevo Año os traiga toda clase de bienes y veáis todos vuestros deseos cumplidos.

Te ruego que perdones mi largo silencio, pero no he tenido prácticamente tiempo de escribirte.

El motivo de dirigirme a ti es para que me reserves, a partir del primero de enero, una habitación en un hotel que esté cerca del centro de la ciudad y bien comunicado. No importa que sea caro.

Lo más seguro es que tenga que pasar unos cuantos meses en tu país, pues mi empresa quiere que estudie sobre el terreno las posibilidades que existen para abrir una filial.

Si quieres que te diga la verdad, al principio no me agradó la idea de tener que estar durante un largo tiempo fuera de casa, pero ahora me alegro de que sea así, ya que es una buena ocasión para que nos volvamos a ver, y quizá sea una experiencia positiva para mi futuro profesional.

Un fuerte abrazo de tu amigo,

Juan

马德里，2014 年 12 月 17 日

亲爱的里卡多：

你怎么样？我希望你们每个人身体健康，祝愿你们在新的一年里，万事如意，心想事成。

请你原谅我这么久没有来信，不过我几乎一直都没时间给你写信。

我找你的原因是想让你从一月一日起帮我找一个离市中心近、交通方便的酒店，预订一个房间。贵点儿没关系。

最终确定下来的一件事情是，我得在你们国家待上几个月，因为我的公司希望我在这里考察一下，看有没有可能开设分公司。

跟你说心里话，开始的时候，知道必须要离家很长一段时间，我并不高兴。可现在我觉得这样挺好，因为这是个不错的机会，我们又可以见面了，而且对于我的职业前途来说，这也是一次有用的经历。

请接受你的朋友的一个紧紧的拥抱。

胡安

VOCABULARIO（词汇）

enfriarse	prnl.	着凉，伤风，感冒	toser	intr.	咳嗽
varicela	f.	水痘	bronquitis	f.	支气管炎
vacunar	tr.	预防接种，种痘	camiseta	f.	汗衫
cuanto antes		尽早	pulmonía	f.	肺炎
encontrarse	prnl.	处于（某种境遇或状况）	prueba	f.	证明；证据；试验；考验

UNIDAD 23　Espero que todos estéis bien de salud.
我希望你们每个人都身体健康

bien	m.	好事；利益，福利，幸福；善良；财产
deseo	m.	希望，愿望
rogar	tr.	请求，恳求，祈求
silencio	m.	安静，寂静；沉默
prácticamente	adv.	实际上；(口) 近乎，几乎，简直
a partir de		从……起，自……始
comunicado	adj.	交通方便的
cuanto	adj.	若干，一些
terreno	m.	地面；土地
posibilidad	f.	可能性
existir	intr.	存在
filial	f.	分支，分公司
agradar	tr.	使感到愉快，使高兴
fuera	adv.	外面，在外面
alegrarse	prnl.	快乐，高兴；满意
ocasión	f.	机会
quizá	adv.	也许，或许
experiencia	f.	经验，经历
positivo	adj.	积极的，正面的；实际的
futuro	m.	未来
profesional	adj.	职业的
abrazo	m.	拥抱

VOCABULARIO COMPLEMENTARIO（补充词汇）

apreciado	adj.	珍贵的；尊敬的，尊贵的
atentamente	adv.	专心地；恭敬地，有礼貌地
procurar	tr.	努力，尽力，力图，力求
salvar	tr.	救，挽救，拯救
premio	m.	奖赏，奖励；奖品，奖金
atrapar	tr.	抓住，捉住
curar	tr.	医治，治疗；治愈
telecomunicación	f.	电信，电信学
eficazmente	adv.	有效地
defender	tr.	保护；保卫；为……辩护
solicitar	tr.	申请
beca	f.	奖学金
recomendar	tr.	推荐
jersey	m.	运动衫
dispuesto	adj.	准备好的
continuamente	adv.	连续地，不断地；经常地
jugador, ra	m.f.	运动员，球员
clínica	f.	诊所
privado	adj.	私人的
sordo	adj.	耳聋的，耳背的
sordomudo	adj.	聋哑的
nacimiento	m.	出生
travieso	adj.	顽皮的，淘气的
trastada	f.	蠢事，傻事；淘气
atleta	m.f.	田径运动员
soler	tr.	习惯于；经常
atento	adj.	全神贯注的；有礼貌的

CONTENIDOS COMUNICATIVOS（会话句型）

1. 西班牙语的信函书写格式

```
                                          写信地点，写信日期
                                          (domicilio)(fecha)

收信人姓名（destinatario）
收信人地址（dirección）


称呼语（encabezamiento）
开头语（introducción）


                     正文（cuerpo de la carta）


结束语（despedida）



                                              署名（firma）
                                              职称（título）


再启（posdata 缩写为：P.D.）
```

例如：

                                          Beijing, 3 de abril de 2004

Señor don Pedro León Rodríguez

Gran Capitán, 20.

Córdoba

España.

Apreciado señor:

     Hace mucho tiempo que no recibo noticias suyas ...
       (cuerpo de la carta)

Atentamente le saluda,

                                                  Manuel Sánchez
                                                  Director del IMCEA

P.D. ...

2. 如何表达"某人希望……"?

Os deseo que el Nuevo Año os traiga toda clase de bienes y veáis todos vuestros deseos cumplidos.
· 我祝愿你们在新的一年里，万事如意，心想事成。
Espero que todos estéis bien de salud.
· 我希望你们每个人身体健康。
Mi empresa **quiere que** estudie sobre el terreno las posibilidades que existen para abrir una filial.
· 我的公司希望我在这里考察一下，看有没有可能开设分公司。
Si **quieres que** te diga la verdad ...
· 如果你希望我跟你说实话……

3. 如何表达"尽量，尽可能……"?

Pues nada, llévela al hospital **cuanto antes**.	· 好了，尽快送她去医院吧。
Ven **cuanto antes**.	· 你尽可能早点来。
Procura avisarle **cuanto más de prisa**.	· 你想法尽快通知他。

4. 如何表达"但愿……"?

Ojalá no sea nada grave.	· 但愿不严重。
Ojalá me equivoque, pero...	· 但愿是我弄错了，可是……
¡**Ojalá** venga pronto!	· 但愿他马上来!

CONTENIDOS GRAMATICALES 《语法》

虚拟式现在时（I）

先来看规则动词在这一时态下的变位：

人称	-AR	-ER	-IR
	ESTUDIAR	BEBER	ABRIR
yo	estudi-e	beb-a	abr-a
tú	estudi-es	beb-as	abr-as
él, ella, Ud.	estudi-e	beb-a	abr-a
nosotros / as	estudi-emos	beb-amos	abr-amos
vosotros / as	estudi-éis	beb-áis	abr-áis
ello, ellas, Uds.	estudi-en	beb-an	abr-an

⊙ 虚拟式的意义

陈述式用来陈述事实，即表示已经存在的、可知的、现实的动作；而虚拟式则表示可能的、主观的、虚拟的动作。

⊙ 虚拟式在独立句中的使用

(1) 表示怀疑，用在 quizá, tal vez, acaso 之后。如：

Quizá llueva mañana.	·也许明天会下雨。
Tal vez lo **sepa**.	·他或许知道此事。
Acaso esté enfermo.	·他大概病了。

(2) 表示愿望、请求，用在 ojalá, así, que 之后。如：

Ojalá vuelva pronto.	·但愿他马上回来。
¡Así pierdan el partido!	·但愿他们在比赛中输了。
Que llegue a tiempo.	·但愿他准时到达。
Que pase usted.	·请进。

EJERCICIO I

(1) 使用虚拟式。

例：**¿Beberán** ustedes un poco de vino?　　-Quizá **bebamos** un poco de vino.
　　诸位喝点儿葡萄酒吗？　　　　　　　　　我们也许会喝点儿葡萄酒。

1) ¿Compraréis el cuadro?
2) ¿Alquilará usted un apartamento?
3) ¿Comerán ustedes hoy en un restaurante?
4) ¿Os quedaréis hoy en casa?
5) ¿Nos llamará él por teléfono?
6) ¿Abrirán hoy las tiendas?
7) ¿Esperarán ustedes a Pedro?
8) ¿Pasaréis por Sevilla?
9) ¿Le escribirás una carta?
10) ¿Se salvará el enfermo?

(2) 使用虚拟式。

例：**¿Comprarás** la casa?　　　-Ojalá la compre.
　　你要买那所房子吗？　　　　但愿我会买下它。

1) ¿Os darán el premio?

2) ¿Lloverá mañana? _____
3) ¿Tocará el piano? _____
4) ¿Alcanzaremos la meta? _____
5) ¿Solucionará él el problema? _____
6) ¿Llegarán ellos a tiempo? _____
7) ¿Me escribirás pronto? _____
8) ¿Atrapará la policía al ladrón? _____
9) ¿Nos invitarán ellos a la fiesta? _____
10) ¿Se curará pronto el herido? _____

⊙ 形容词从句中，关系代词 que + 虚拟式

关系代词 que + 陈述式，表示的是对一个事实的描述，que 的先行词一般是一个确定、已知的事物。如：

Tengo **una habitación que tiene** mucho sol. ·我有一间采光很好的房间。

（先行词为已确定事物）（陈述式）

关系代词 que + 虚拟式，是为了表达一种愿望或条件，que 的先行词一般是还未确定的、泛指的事物。如：

Quiero
Busco una habitación **que tenga** mucho sol. ·我想找一间采光好的房间。
Deseo （先行词为泛指事物，因此使用虚拟式）

本课课文中也有这样的用法：

El motivo de dirigirme a ti es para que me reserves, a partir del primero de enero, una habitación en **un hotel que esté** cerca del centro de la ciudad y bien comunicado.

我找你的原因是想让你从一月一日起帮我找一个离市中心近、交通方便的酒店，预订一个房间。

EJERCICIO II

使用关系代词，改写句子。

例：Buscamos una casa. La casa debe estar cerca del centro.

我们在找一栋房子。这栋房子应该靠近市中心。

Buscamos una casa **que esté** cerca del centro.

我们在找一栋靠近市中心的房子。

1) Se busca ingeniero de telecomunicaciones. Debe saber hablar inglés.

_____

2) Quiere vivir en una gran ciudad. La ciudad debe tener un buen aeropuerto.

3) Necesitamos una secretaria. Debe trabajar eficazmente.

4) Aconséjeme un perfume. El perfume no debe ser muy fuerte.

5) Ellos buscan un abogdo. El abogado debe defender bien a sus clientes.

6) Solicitaré una beca. La beca debe permitirme vivir sin problemas.

7) Deseamos un coche. El coche no debe gastar mucha gasolina.

8) Recomiéndame unas revistas. Las revistas deben ser interesantes.

9) Quiero un jersey. El jersey debe ir con esta falda.

10) Esta empresa necesita empleados. Estos empleados deben estar dispuestos a viajar continuamente.

EJERCICIO III

用 **SER** 或 **ESTAR** 填空。

1) Espere un momento, que pronto _____ con usted.
2) La segunda parte del partido _____ muy aburrida porque los jugadores ya _____ bastante cansados.
3) Mi hermana _____ enfermera de una clínica privada.
4) ¿Qué te pasa? ¿Por qué _____ tan triste?
5) Oye, no grites tanto, que no _____ sordo.
6) Él _____ sordomudo de nacimiento.
7) El hijo de los vecinos _____ muy travieso. Siempre _____ haciendo alguna trastada.
8) Los mejores atletas suelen _____ negros.
9) Los alumnos _____ muy atentos en clase.
10) María _____ una persona muy atenta.

UNIDAD 24

Espero que disfruten de su visita.
我希望大家游览愉快

学习重点

会话： 如何表达"以……的名义"
　　　　如何表达"有必要……"
语法： 虚拟式现在时（Ⅱ）

LENGUAJE COLOQUIAL（对话）

1. Espero que disfruten de su visita.
我希望大家游览愉快

(G:Gabriel; T:Turistas)

G : Buenas tardes y bienvenidos a Cuzco en nombre de Inca Tours. Me llamo Gabriel y seré su guía en las visitas a las ruinas incas del Machu Pichu. Eeeh... ¿me oyen bien al fondo?

T : ¡Síííí!

G : Estupendo, muchas gracias. Bien, dentro de unos momentos llegaremos a Cuzco, capital del departamento del mismo nombre. Nos hospedaremos en el hotel Libertador, que está muy cerca de la Plaza de Armas, en el mismo centro de la ciudad. Espero que disfruten de su visita a la ciudad. Muchas gracias.

T1 : Oiga, Gabriel, ¿puede darnos un plano de la ciudad?

G : ¡Cómo no!, cuando lleguemos al hotel les daré a todos un plano y les diré dónde pueden ir a cenar o comprar artesanía y todo eso.

T1 : Ah, muy bien, gracias.

G : No hay de qué.

T1: Espero que este hotel sea bueno de verdad, no como el de anoche. Cuando fui a ducharme me quedé con el grifo en la mano.

T2: Uy, eso no es nada. Yo cuando fui a acostarme me di cuenta de que no había sábanas en la cama. Eso sí, cuando llamé a recepción y les dije lo que pasaba, subieron inmediatamente y me pusieron las sábanas.

T3: Cuando volvamos a Barcelona tenemos que enseñar las diapositivas a nuestros amigos.

T4: Pues yo, cuando invite a cenar a alguien la próxima vez, voy a preparar la "carapulcra limeña". Cuando cenamos en aquel restaurante tan bueno en Lima le pregunté al camarero cómo se hacía, y resulta que es muy fácil.

卡布列尔：大家下午好，欢迎跟随印加旅行社来到库斯科。我叫卡布列尔，是大家的导游，我将带领大家游览印加古城马丘·比丘遗迹。嗯……最后面的游客能听清楚吗？

游　客：能——！

卡布列尔：好极了，非常感谢。好，再过一会儿我们将到达库斯科，它是库斯科省的首府。我们将下榻解放者酒店，那里离市中心的阿尔玛广场很近。希望大家在这个城市游览愉快。谢谢。

游 客 甲：嗨，卡布列尔，能给我们一张这个城市的地图吗？

卡布列尔：当然可以！到酒店以后，我会给大家每人一张地图，并告诉大家可以去哪里吃晚餐，去哪里购买工艺品和其他所有相关的事情。

游 客 甲：好的，谢谢。

卡布列尔：不客气。

游 客 甲：我希望这家酒店能够真的不错，可别像昨晚那一家。我想淋浴的时候，却把阀门拧下来了。

游 客 乙：咳，这都不算什么。我去睡觉的时候才发现床上没有床单。真的是这样。我给前台打电话，把这件事告诉了他们以后，他们马上就上来给我铺了床单。

游 客 丙：等我们回巴塞罗那以后，应该给我们的朋友们看看那些幻灯片。

游 客 丁：我呢，等我下次请别人吃晚餐的时候，我要做一道"利马土豆辣椒烧肉"。我在利马那家特别不错的餐厅吃晚餐的时候，曾问服务生这道菜怎么做，其实特别容易做。

2. No hace falta que vayas.
你不用去了

(A:Amparo; J:Juan)

A : Juan, ¿vas a salir a la calle?

J : Sí, voy a comprar algunas cosas: fruta, queso...

A : No hace falta que compres fruta, tenemos bastante. Pero mira, hazme un favor: compra sellos y echa estas cartas.

J : Vale, ¿algo más?

A : Si te coge de camino, ¿me puedes hacer un par de cosas más?

J : Claro, no tengo nada que hacer.

A : ¡Estupendo! Trae el periódico y no te olvides de sacar dinero del banco. Yo no puedo, tengo trabajo.

J : ¿Tienes que ir a la oficina hoy sábado?

A : Sí, un rato. Hay que terminar un informe. Me voy.

J : ¿Te recojo a las dos?

A : No, no hace falta que vayas. Vuelvo con Nuria en el metro, ya no me esperes para comer, tardaré un poco.

安帕罗：胡安，你要上街吗？

胡　安：是啊，我要买点儿东西：水果，奶酪……

安帕罗：没必要买水果了，我们的水果足够。对了，帮我个忙：买一些邮票，把这些信寄了。

胡　安：好的，还有其他事吗？

安帕罗：如果你顺路的话，还能再帮我做几件事吗？

胡　安：当然可以，我没事儿。

安帕罗：好极了！你把报纸取了，还有，别忘了去银行取钱。我去不了，我得上班。

胡　安：今天星期六你还得去办公室吗？

安帕罗：是啊，得去一会儿。得弄完一个报告。我走了。

胡　安：我两点去接你？

安帕罗：不用，你不用去了。我和努丽娅坐地铁回来，不要等我吃饭了，我会耽误一会儿。

VOCABULARIO（词汇）

en nombre de		以……的名义；为了……；看在……的份上	sábana	f.	床单，被单
			recepción	f.	（旅馆的）前台，接待处
ruina	f.	废墟，遗迹	diapositiva	f.	幻灯片
inca	adj.-s.	印加的；印加人	carapulcra	f.	（秘鲁）土豆辣椒烧肉
al fondo		底部，尾部			
departamento	m.	区域，区划，省份	limeño	adj.-s.	（秘鲁）利马的；利马人
hospedarse	prnl.	住宿，寄宿			
plano	adj., m.	平的，平坦的；平面；平面图，地图	queso	m.	奶酪
			sello	m.	邮票
artesanía	f.	手工艺品	informe	m.	消息，情报，资料；报告，汇报
grifo	m.	水龙头，阀门			
darse cuenta de		发现	recoger	tr.	拾起，捡起

VOCABULARIO COMPLEMENTARIO（补充词汇）

sincero	adj.	真挚的，诚恳的，坦率的	permitir	tr.	允许，准许
			urgentemente	adv.	紧急地，急迫地
agradecimiento	m.	感谢	conveniente	adj.	合适的，适宜的
gobierno	m.	政府	hervir	intr., tr.	沸腾；煮，煮沸
extremado	adj.	极端的；极好的；非常细心的	negar	tr.	否定，否认；拒绝
			contar con		拥有
minuciosidad	f.	详细，仔细	apoyo	m.	支持
temporada	f.	时期，期间；季节，时节	discriminar	tr.	区别；歧视
			acertar	tr.	打中，命中；猜中
suplicar	tr.	请求，恳求，哀求	quiniela	f.	赌券；体育赌博
ordenar	tr.	命令	tesis	f.	论点；论文；学位论文
factura	f.	制作；帐单，货单；发票			
			incierto	adj.	不确定的
exigir	tr.	要求；命令；需要	artículo	m.	文章

UNIDAD 24　Espero que disfruten de su visita.

我希望大家游览愉快

CONTENIDOS COMUNICATIVOS 《会话句型》

1. 如何表达"以……的名义"？

Buenas tardes y bienvenidos a Cuzco **en nombre de** Inca Tours.

· 大家下午好，欢迎跟随印加旅行社来到库斯科。

Le agradezco **en nombre de** todos mis compañeros.

· 我代表我的同伴们向您表示感谢。

Quiero expresar nuestro sincero agradecimiento **en nombre de** nuestro gobierno.

· 我代表我国政府表示衷心的感谢。

2. 如何表达"有必要……"？

No **hace falta** que compres fruta.

· 没必要买水果了。

No **hace falta** que vayas.

· 你不用去了。

Me **hace falta** tu ayuda.

· 我需要你的帮助。

Para este trabajo **hace falta** una extremada minuciosidad.

· 这项工作需要特别细心。

Es necesaria para él una temporada de descanso.

· 他有必要休息一段时间。

CONTENIDOS GRAMATICALES 《语法》

虚拟式现在时（II）

来看一下不规则动词在这一时态下的变位：

（1）在陈述式现在时下第一人称单数不规则的动词，其虚拟式现在时的变位以这一不规则形式的词根为词根：

人称	HACER —HAGO	TENER — TENGO	SALIR — SALGO	VENIŔ — VENGO
yo	haga	tenga	salga	venga
tú	hagas	tengas	salgas	vengas
él, ella, Ud.	haga	tenga	salga	venga
nosotros / as	hagamos	tengamos	salgamos	vengamos
vosotros / as	hagáis	tengáis	salgáis	vengáis
ello, ellas, Uds.	hagan	tengan	salgan	vengan

(2) 在陈述式现在时下需要变换词根元音的动词，其虚拟式现在时的变位同样要变换词根元音：

人称	PENSAR	QUERER	SENTIR
yo	piense	quiera	sienta
tú	pienses	quieras	sientas
él, ella, Ud.	pienses	quiera	sienta
nosotros / as	pensemos	queramos	sintamos
vosotros / as	penséis	queráis	sintáis
ello, ellas, Uds.	piensen	quieran	sientan
人称	CONTAR	VOLVER	SERVIR
yo	cuente	vuelva	sirva
tú	cuentes	vuelvas	sirvas
él, ella, Ud.	cuente	vuelva	sirva
nosotros / as	contemos	volvamos	sirvamos
vosotros / as	contéis	volváis	sirváis
ello, ellas, Uds.	cuenten	vuelvan	sirvan

（请特别注意 SENTIR 和 SERVIR 的第一、第二人称复数变位）

⊙ 需要跟虚拟式的表示愿望、命令等含义的动词有：

aconsejar（建议）
desear（希望）
esperar（盼望）
decir（说，要求）
exigir（要求）
impedir（阻止）
dejar / permitir（让，允许）   que + subjuntivo（虚拟式）
pedir / suplicar / rogar（请求）
prohibir（禁止）
querer（希望）
mandar / ordenar / obligar（命令）
recomendar（推荐）

Espero que **disfruten** de su visita a la ciudad.

· 我希望大家在这个城市游览愉快。

Espero que este hotel **sea** bueno de verdad, no como el de anoche.

· 我希望这家酒店能够真的不错，可别像昨晚那一家。

EJERCICIO I

(1) 仿照例句造句。

例：Dame dinero. / Te lo suplico.　　　-Te suplico que me **des** dinero.

　　给我钱。/ 我求你。　　　　　　　我求你给我钱。

1）Lea este libro. / Se lo aconsejo. _____

2）No vengas esta tarde. / Te lo mando. _____

3）Salga inmediatamente de la habitación. /

　　Se lo ordeno. _____

4）Hazme un favor. / Te lo pido. _____

5）Pague la factura. / Se lo exijo. _____

6）No os pongáis nerviosos. / Os lo ruego. _____

7）Levántate. / Te lo ordeno. _____

8）Tened paciencia. / Os lo suplico. _____

9）Lean este libro. / Se lo recomiendo. _____

(2) 用虚拟式填空。

1）El profesor nos dice que _____ (hacer) los ejercicios.

2）Te deseo que _____ (tener) buen viaje.

3）Te ruego que _____ (borrar) la pizarra.

4）Le recomiendo que _____ (ver) la película.

5）Te ordeno que _____ (venir) inmediatamente.

6）La madre le prohíbe al niño que _____ (salir).

7）¿Me permite que le _____ (hacer) una pregunta?

8）El jefe le manda a la secretaria que _____ (echar) la carta urgentemente.

9）Te pido que me _____ (ayudar) a llevar las maletas.

10）El mal tiempo nos impide que _____ (salir) de excursión.

(3) 在包含主语从句的复合句中，如果主句谓语是由 ser 或 estar 与表达事物性质的形容词或副词组成的（表达肯定语气的谓语除外，如 es verdad que...），那么主语从句中应使用虚拟式。

es conveniente（适宜的）
es importante（重要的）
es incierto（不确定的）
es interesante（有趣的） que + subjuntivo（虚拟式）
es necesario（有必要的）
es probable / posible（可能的）
hace falta（有必要的）

No **hace falta** que **compres** fruta, tenemos bastante.
· 没必要买水果了，我们的水果足够。

No **hace falta** que **vayas**.
· 你不用去了。

EJERCICIO II

(1) 仿照例句造句。

例：¿No pides el libro?　　　　　　　　　　-**Es conveniente** que lo **pidas**.
　　你不借这本书吗？　　　　　　　　　　　你应该借这本书。

1）¿Se acuesta usted pronto?　　　　　　　＿＿＿＿＿＿＿＿＿＿＿＿＿＿

2）¿No defienden ustedes el proyecto?　　　＿＿＿＿＿＿＿＿＿＿＿＿＿＿

3）¿No resuelves el problema?　　　　　　＿＿＿＿＿＿＿＿＿＿＿＿＿＿

4）¿No duerme bien el niño?　　　　　　　＿＿＿＿＿＿＿＿＿＿＿＿＿＿

5）¿No recuerda usted todo?　　　　　　　＿＿＿＿＿＿＿＿＿＿＿＿＿＿

6）¿No calentáis la casa?　　　　　　　　　＿＿＿＿＿＿＿＿＿＿＿＿＿＿

7）¿No hierves el agua?　　　　　　　　　＿＿＿＿＿＿＿＿＿＿＿＿＿＿

8）¿No se vuelve a discutir el tema?　　　　＿＿＿＿＿＿＿＿＿＿＿＿＿＿

9）¿No niega usted nada?　　　　　　　　　＿＿＿＿＿＿＿＿＿＿＿＿＿＿

10）¿No contáis con el apoyo del director?　＿＿＿＿＿＿＿＿＿＿＿＿＿＿

(2) 仿照例句造句。

例：¿Se siente él discriminado en la sociedad? / Es posible.
　　他觉得自己在社会上受歧视吗？ / 有可能。
　　-**Es posible** que él **se sienta** discriminado.

— 232 —

可能他觉得自己在社会上受歧视。

1）¿Hará mañana buen tiempo? _____
2）¿Acertaremos las quinielas? _____
3）¿Viajará usted el mes próximo? _____
4）¿Terminará Carlos el año que viene la tesis? _____
5）¿Os casaréis pronto? _____
6）¿Podrás venir mañana? _____
7）¿Resolverás pronto el problema? _____
8）¿Nos volveremos a ver? _____
9）¿Encontrará Pedro el camino? _____
10）¿Se divertirán ellos en la fiesta? _____

（3）用虚拟式填空。

1）Es importante que _____ (ir, tú) a la facultad.
2）Es necesario que _____ (venir, tú) a casa.
3）Es probable que él _____ (hacer) el trabajo.
4）Es incierto que él _____ (salir) de viaje.
5）Es conveniente que _____ (aprender, tú) a conducir.
6）Es imposible que _____ (salir, él) adelante el proyecto.
7）Es importante que él _____ (jugar) el domingo.
8）Es imposible que _____ (ir, él) al cine.
9）Es necesario que _____ (saber, tú) nadar.
10）Es interesante que _____ (leer, tú) el artículo.

UNIDAD 25

¿Quieres que vayamos esta tarde al cine?
今天下午我们去看电影怎么样?

学习重点

会话： 如何表达观点和想法
　　　　如何表达"我希望……"
语法： 虚拟式现在时（III）

LENGUAJE COLOQUIAL（对话）

1. ¿Quieres que vayamos esta tarde al cine?
今天下午我们去看电影怎么样?

(P:Pedro; M:María)

P : ¿Quieres que vayamos esta tarde al cine?

M: Quizá sea mejor que vayamos al teatro, ¿no?

P : No me agrada la idea. Me temo que no haya mucho donde elegir. Casi todas las obras que están ahora en cartelera son experimentales y bastante malas.

M: Entonces vamos al cine, me da igual. ¿Dónde ponen una buena película?

P : Aquí tienes la cartelera. Elige tú misma. Yo me conformo con que la película que elijas no sea muy desagradable. Lo importante es que pasemos el rato de la mejor manera posible.

M: Creo que en el cine《Príncipe》proyectan una película americana de un director muy famoso.

P : No te fíes de la fama del director. Puede que sea un director muy bueno, pero la película quizá no lo sea.

M: Bueno, hombre. Si la película no nos gusta, nos salimos del cine y nos vamos a dar una vuelta hasta la hora de cenar.

佩德罗：今天下午我们去看电影怎么样？

玛丽娅：不如我们去看戏吧，你觉得呢？

佩德罗：我觉得不好。我怕没什么地方可选。现在广告上可见的几乎所有的作品都是实验性的，很差。

玛丽娅：那就去看电影吧，我无所谓。哪儿演好电影啊？

佩德罗：这儿有广告。你自己选吧。我觉得你选的电影错不了。重要的是我们能尽可能以最好的方式来度过这段时间。

玛丽娅：我觉得"王子"电影院演的一部美国片子的导演挺有名的。

佩德罗：别相信导演的名气。导演也许很不错，但片子也许不怎么样。

玛丽娅：好吧。如果不喜欢看电影，我们就不去看了，我们出去逛逛，一直逛到吃晚饭。

2. En la taquilla
在售票处

(P:Pedro; T:Taquillera; M:María)

P : Por favor, dos entradas para la sesión de tarde.

T : ¿De patio o de entresuelo?

P : De patio, por favor. ¿A qué hora empieza la película?

T : La película empieza a las siete y media. Antes hay un cortometraje que dura media hora.

P : Aún falta más de un cuarto de hora para que empiece la función. ¿Te apetece que vayamos a tomar un café en aquel bar de la esquina?

M: Muy bien. Aquí en la calle hace bastante frío y si nos quedamos aquí hasta que empiece la película, nos podemos coger un buen resfriado.

佩德罗：劳驾，两张夜场的票。

售票员：一层还是二层？

佩德罗：一层，谢谢。电影几点开始？

售票员：七点半开始。之前有一部半小时的短片。

佩德罗：离电影开始还有一刻多钟呢。咱们去街角的那个酒吧喝杯咖啡怎么样？

玛丽娅：好啊。街上太冷了，我们要是在这儿一直等到电影开始，会得重感冒的。

VOCABULARIO（词汇）

cartelera	f.	广告牌，广告栏	fiarse de		信任，相信
experimental	adj.	实验的，试验的	fama	f.	名望
conformarse con		同意；忍受	dar una vuelta		散步
desagradable	adj.	令人不愉快的；难看的	taquilla	f.	售票处，票房
			sesión	f.	（演出、电影的）场
príncipe	m.	王子	entresuelo	m.	夹层，半楼
proyectar	tr.	投射；放映；计划；设计	cortometraje	m.	短片
			esquina	f.	街角

VOCABULARIO COMPLEMENTARIO（补充词汇）

facilidad	f.	容易；便利	confirmar	tr.	确认
andaluz, za	adj. -s.	（西班牙）安达卢西亚的，安达卢西亚人	zoo	m.	动物园
			esquiar	intr.	滑雪，滑水
			nata	f.	乳脂，甜奶酪

CONTENIDOS COMUNICATIVOS（会话句型）

1. 如何表达观点和想法？

Quizá sea mejor que vayamos al teatro, ¿no? ·不如我们去看戏吧，你觉得呢？
No me agrada la idea. ·我觉得这个主意不好。
No te fíes de la fama del director. ·你别相信导演的名气。

2. 如何表达"我希望……"？

Espero que disfruten de su visita a la ciudad. ·我希望大家在这个城市游览愉快。
Deseo que vayamos juntos al cineesta tarde. ·我希望今天下午我们一起去看电影。

CONTENIDOS GRAMATICALES 《语法》

虚拟式现在时（III）

我们已经学习了一些动词在虚拟式现在时中的不规则形式，下面我们来看另外一些动词的不规则变位：

人称	DAR	ESTAR	HABER	SABER	SER	IR
yo	dé	esté	haya	sepa	sea	vaya
tú	des	estés	hayas	sepas	seas	vayas
él, ella, Ud.	dé	esté	haya	sepa	sea	vaya
nosotros / as	demos	estemos	hayamos	sepamos	seamos	vayamos
vosotros / as	deis	estéis	hayáis	sepáis	seáis	vayáis
ello, ellas, Uds.	den	entén	hayan	sepan	sean	vayan

（1）在直接宾语从句中，如果主句动词表示思维、认知、想像、判断等含义（如creer, pensar, saber, imaginar），则其肯定形式所引导的宾语从句中用陈述式，而其否定形式所引导的宾语从句中用虚拟式。如：

Creo que él **ha** encontrado ya trabajo.　　·我认为他已经找到了工作。

No creo que él **haya** encontrado ya trabajo.　　·我不认为他已经找到了工作。

EJERCICIO I

（1）仿照例句造句。

例：**Creo** que Luis **trabaja** demasiado.　　-**No creo** que Luis **trabaje** demasiado.
　　我认为路易斯工作太劳累了。　　　　　我不认为路易斯工作太劳累。

1) Creo que ellos saben algo del asunto.

_____

2) Creo que él va hoy por la mañana a la playa.

_____

3) Creo que el trabajo ya está terminado.

_____

4) Creo que en ese hotel hay aún habitaciones libres.

_____

5）Creo que este problema es bastante difícil de solucionar.

6）Creo que esta empresa da muchas facilidades a sus clientes.

7）Creo que Pilar es andaluza.

8）Creo que ellos dicen la verdad.

9）Creo que en Italia hace mal tiempo en invierno.

10）Creo que ellos van mañana de excursión.

（2）在由 para que 或 a que 引导的目的从句中，主句和从句的主语不一致，从句中用虚拟式。如：

Te lo digo **para que** lo **sepas**.

· 我告诉你这个是为了让你知道。

Venimos **para que** ustedes nos **confirmen** la noticia.

· 我们来的目的是让你们为我们确认这条消息。

EJERCICIO II

使用目的从句，改写句子。

例：Te he comprado un reloj / saber la hora.

　　我给你买了一只表 / 知道几点了

　　Te he comprado un reloj **para que sepas** la hora.

　　我给你买了一只表是为了让你知道几点了。

1）Me ha sacado una entrada / ir con él al teatro.

2）El padre le ha mandado dinero / pagar el alquiler.

3）Les cuento un cuento a los niños / estar quietos.

4）Hemos abierto la ventana / entrar el aire.

5) Él le ha regalado a María una foto suya / pensar en él.
___

6) Os he alquilado un coche / ir de excursión.
___

7) Le he llamado a usted / decirme la verdad.
___

8) Les hemos escrito / venir a vernos.
___

9) Han llevado a los niños al zoo / ver los animales.
___

10) Mi padre me ha comprado una máquina de escribir / aprender a escribir a máquina.
___

(3) 虚拟式在时间从句中表示将来。此时，从句中使用虚拟式现在时，主句中使用陈述式将来未完成时。试比较下面例句：

CUANDO
- Cuando **salgo** de la oficina, me **voy** a casa.
  · 当我下班后，我回家。（讲述通常的一般行为）
- Cuando **salga** de la oficina, me **iré** a casa.
  · 当我下班后，我将会回家。（讲述将来发生的行为）

EJERCICIO III

使用虚拟式，改写句子。

例： Cuando **nieva**, **voy** a esquiar.　　　-Cuando **nieve**, **iré** a esquiar.
　　　下雪的时候我去滑雪。　　　　　　　　下雪的时候我将会去滑雪。

1) Cuando tengo tiempo, voy al cine.
___

2) Cuando llego a casa, me pongo a trabajar.
___

3) Cuando hace bueno, vamos a la playa.
___

4) Cuando le pregunto su opinión, no dice nada.
___

5) Cuando estoy en Barcelona, doy un paseo por las Ramblas.
___

6) Cuando es primavera, los campos se cubren de flores.
   _____

7) Cuando él se levanta de la siesta, tiene un humor de perros.
   _____

8) Cuando vamos a Madrid, visitamos el Museo del Prado.
   _____

9) Cuando ella sabe algo más del asunto, me lo comunica.
   _____

10) Cuando hay fresas, mi madre me hace una tarta de fresas y nata.
    _____

UNIDAD 26

Me alegro de que hayáis venido a recogerme.
我真高兴你们来接我

学习重点

会话：如何表达"我真高兴……"或"我真遗憾……"
语法：虚拟式现在完成时
　　　　虚拟式现在时（IV）

LENGUAJE COLOQUIAL （对话）

1. Me alegro de que hayáis venido a recogerme.
我真高兴你们来接我

(L:Luis; F:Felipe; A:Altavoz; J:Juan)

L : ¡Oye, qué exraño que no haya llegado todavía el tren!

F : Es verdad. Quizá haya tenido algún problema debido al mal tiempo y llegue con retraso.

L : Puede ser, pues Juan me decía en su carta que el tren llegaba a Madrid a las ocho de la tarde y ya son las nueve menos cuarto.

F : Espero que no le haya ocurrido nada. ¿Por qué no le vamos a preguntar al jefe de estación el motivo del retraso?

L : No seas tan nervioso. Ya lo comunicarán por los altavoces. Desgraciadamente, los retrasos en RENFE son demasiado frecuentes.

A: El tren procedente de París está efectuando su entrada en la estación.

F : ¡Mira, allí está Juan! ¡Menos mal que por fin ha llegado!

J : ¡Hola! ¿Cómo estáis? Siento mucho que me hayáis tenido que esperar tanto tiempo. El tren ha venido muy despacio, debido a la intensa niebla que había y de ahí que hayamos llegado con tanto retraso.

L : No te preocupes. Lo importante es que hayas llegado sano y salvo.

F : Lo más seguro es que no hayas dormido nada en todo el viaje y que estés cansado. Así que vamos primero a casa para que puedas tomar un baño y descansar. Después charlaremos y planearemos lo que vamos a hacer durante tu estancia en nuestro país.

J : Me alegro de que hayáis venido a recogerme, pues traigo mucho equipaje.

L : No importa. El coche está aparcado justo delante de la estación.

F : ¡En marcha!

路易斯：真奇怪，火车还没到！

费利佩：就是啊。可能因为天气不好出什么问题了，会晚点。

路易斯：有可能，因为胡安在信里跟我说火车晚上八点到马德里，现在已经九点差一刻了。

费利佩：我希望他别出什么事。我们为什么不去问问站长晚点的原因呢？

路易斯：别这么紧张。广播会通知的。见鬼，RENFE（西班牙铁路公司）的车总是晚点。

广　　播：由巴黎方向开来的列车就要进站了。

费利佩：看，胡安在那儿！还好，他终于到了！

胡　　安：你们好！一切都好吗？真不好意思，让你们等了我这么长时间。火车开得非常慢，因为雾很大，所以这么晚才到。

路易斯：没关系。你安然无恙地到了才是最重要的。

费利佩：你肯定一路上都没有合眼，很累了。所以我们先回家，让你能洗个澡，休息一下。然后我们再聊，计划一下你在我们国家的这段日子里我们都干些什么。

胡　　安：我真高兴你们来接我，我的行李特别多。

路易斯：没关系。汽车就停在车站前面。

费利佩：走吧！

2. Espero que no nos olvide.
我希望他别忘了咱们

(J:Juan; F:Felipe)

J : ¿Sabes que a Antonio le van a enviar al extranjero? Saldrá este sábado.

F: ¡No me digas! ¿Cuántos años estará allí? Espero que no nos olvide.

J: Me temo que olvidará todo tan pronto como llegue al destino, ya que quedará muy ocupado.

F: Aunque ocurra esto, seremos amigos para siempre. Lamento que no podamos ir a despedirlo el sábado.

J: Sí, es una lástima. Pero estoy alegre de que tenga una buena oportunidad para trabajar en el extranjero, ya que la experiencia es muy importante para un diplomático.

F: Tienes razón. Cuando vuelva dentro de pocos años, será un experto de su campo.

J: Lo esperamos. Es mejor que le llamemos antes de que se vaya.

胡　安：你知道安东尼奥要被派到国外了吗？他这周六就走。

费利佩：不会吧？！他会在国外待几年呢？我希望他别忘了咱们。

胡　安：恐怕他一到那儿就把什么都忘了，因为他会很忙的。

费利佩：就算那样我们也永远是朋友。我很遗憾咱们周六不能去送他了。

胡　安：确实很遗憾。不过我很高兴他有一个好机会能到国外工作，因为对于一个外交官来说经验非常重要。

费利佩：你说的有道理。等他几年后回来，将成为这个领域的专家。

胡　安：拭目以待。我们最好在他走之前给他打个电话。

VOCABULARIO（词汇）

altavoz		m.	扬声器，喇叭	marcha		f.	行进
desgraciadamente		adv.	不幸地，倒霉地	olvidar		tr.	忘记
procedente		adj.	来自……的	temer		tr.	害怕
sano		adj.	健康的	destino		m.	目的地
salvo		adj.	平安的，安然无恙的	lamentar		tr.	对……遗憾
				despedir		tr.	送别
sano y salvo			平安的，安然无恙的	lástima		f.	遗憾
				experiencia		f.	经验
planear		tr.	计划进行，打算做，筹备，安排	diplomático, a		m.f.	外交官
				experto, a		m.f.	专家
justo		adv.	恰恰，刚巧				

VOCABULARIO COMPLEMENTARIO（补充词汇）

capturar	tr. 抓住，逮捕	cáncer	m. 癌症
superar	tr. 超过；克服	premiar	tr. 奖赏，奖励
crisis	f. 危机	explicación	f. 解释
dudar	tr. 怀疑	portarse	prnl. 表现
extrañarse	prnl. 奇怪	vídeo	adj.-m. 电视的，视频的，影像的；摄像机
lamentar	tr. 遗憾		
medicamento	m. 药品，药物	millonario	m. 百万富翁

CONTENIDOS COMUNICATIVOS（会话句型）

如何表达"我真高兴……"或"我真遗憾……"？

Me alegro de que hayáis venido a recogerme. · 我真高兴你们来接我。

Estoy contento de que hayas conseguido buen éxito. · 我真高兴你取得了好成绩。

Estoy triste de que nos separemos pronto. · 我们就要分别了，我真难过。

Lamento que no puedas asistir a la conferencia. · 你不能参加讲座了，我很遗憾。

CONTENIDOS GRAMATICALES（语法）

1. 虚拟式现在完成时

我们已经学习了陈述式现在完成时的用法（请参看第 18 课语法内容）。陈述式现在完成时的构成是由助动词 haber 的陈述式现在时加上变位动词的过去分词构成。在需要使用虚拟式的情况下，助动词 haber 变为其虚拟式现在时形式，再加上过去分词便构成了虚拟式现在完成时。具体构成如下：

人称	haber 的变位	过去分词（P.P.）		
		-ar — -ado	-er — -ido	-ir — -ido
yo	haya			
tú	hayas	cant-ado	perd-ido	sal-ido
él, ella, Ud.	haya			

— 244 —

UNIDAD 26　Me alegro de que hayáis venido a recogerme.
我真高兴你们来接我

续表

人称	haber的变位	过去分词（P.P.）		
		-ar — -ado	-er — -ido	-ir — -ido
nosotros / as	**hayamos**			
vosotros / as	**hayáis**	**cant-ado**	**perd-ido**	**sal-ido**
ello, ellas, Uds.	**hayan**			

EJERCICIO I

(1) 使用虚拟式，改写句子。

例：¿Han alquilado ellos el piso?　　　　　—**No creo** que lo **hayan** alquilado.
　　他们租了那套房子了吗？　　　　　　　我认为他们没有租。

1）¿Ha comprado papá el pan?　　　　　_____
2）¿Habéis aprobado el examen?　　　　_____
3）¿Han perdido el tren?　　　　　　　　_____
4）¿Ha ganado su novela el primer premio?　_____
5）¿Ha venido ya Luis?　　　　　　　　_____
6）¿Han encontrado una habitación?　　　_____
7）¿Ha nevado en las montañas?　　　　_____
8）¿Han salido ellos hoy de viaje?　　　　_____
9）¿Han podido coger el avión?　　　　　_____

(2) 仿照例句造句。

例：¿Habrá llegado Antonio a tiempo?　　　—¡**Ojalá haya** llegado Antonio a tiempo!
　　安东尼奥应该会准时到了么？　　　　　但愿安东尼奥准时到了！

1）¿Habrá salido bien la operación?　　　_____
2）¿Habrá capturado la policía al ladrón?　_____
3）¿Habrán cumplido lo prometido?　　　_____
4）¿Habrá llegado ya el tren?　　　　　　_____
5）¿Habrá ganado nuestro equipo de fútbol?　_____
6）¿Les habrá gustado la función de teatro?　_____
7）¿Lo habrán pasado bien en la fiesta?　　_____
8）¿Habrá dicho Pilar toda la verdad?　　_____
9）¿Se habrán divertido los niños en el cine?　_____
10）¿Habrá superado Paco la crisis?　　　_____

— 245 —

⊙ 在直接宾语从句中，主句动词表示主观情绪时，从句中需要使用虚拟式。

agradecer（感谢）
alegrarse de（高兴）
dudar（怀疑）
extrañarse de（奇怪）   } que + subjuntivo（虚拟式）
lamentar（遗憾）
sentir（遗憾）
perdonar（原谅）
tener miedo de / temer（害怕）

Siento mucho que me **hayáis** tenido que esperar tanto tiempo.
· 真不好意思，让你们等了我这么长时间。

Me alegro de que **hayáis** venido a recogerme, pues traigo mucho equipaje.
· 我真高兴你们来接我，我的行李特别多。

EJERCICIO II

使用虚拟式，改写句子。

例：Él no me ha invitado a su fiesta. No se lo perdono.
他没有邀请我去参加他的晚会。我不能原谅他。
No le **perdono** que él no me **haya** invitado a su fiesta.
我不能原谅他没有邀请我去参加他的晚会。

1）Usted me ha ayudado a resolver el problema. Se lo agradezco.
_____

2）Han descubierto un medicamento contra el cáncer. Me alegro de ello.
_____

3）No hemos podido asistir a la conferencia. Lo lamento.
_____

4）Ella ha estado en la cama con gripe. Lo sentimos.
_____

5）El tren todavía no ha llegado. Me extraña.
_____

6）Ella se ha molestado por mis palabras. Me lo temo.
_____

7）No has venido a visitarnos. No te lo perdonamos.
_____

8）La policía no ha encontrado aún las joyas robadas. Lo lamento.
_____

9）El niño se ha perdido. Tengo miedo de ello.
_____

10）Su novela ha sido premiada. No lo creo.
_____

2. 虚拟式现在时（IV）

我们已经学习了虚拟式在时间从句中表示将来。此时，从句中使用虚拟式现在时，主句中使用陈述式将来未完成时。时间从句的连词除了 cuando，还有以下一些词：

连词	例句
antes (de) que 在……之前	Nos levantaremos **antes (de) que salga** el sol. · 太阳升起前我们就起床。
después de que 在……之后	**Después de que escriba** la carta, la echaré al correo. · 我写完信后，就将把它投入邮筒。
hasta que 直到	Esperamos **hasta que venga** Pedro. · 我们要一直等到佩德罗来。
mientras (que) 当……的时候	**Mientras haya** nieve, podremos ir a esquiar. · 当下雪的时候，我们就能去滑雪了。
tan pronto como 一……就……	**Tan pronto como lo sepa**, te lo diré. · 我一知道这件事，就会告诉你。

注意：由这些连词（除了 antes (de) que）引导的时间从句中，都可以使用陈述式和虚拟式。使用陈述式时，表达的是正在发生或者已经发生的行为；使用虚拟式时，表达的是即将发生或者猜测的行为。

（1）在由 aunque, a pesar de que 引导的让步从句中，如果动词表达的行为是既成事实，则使用陈述式；如果表达的是对未来行为的猜测或者假设，则使用虚拟式。试比较下列例句，并注意连词的不同译法：

连词	例句
aunque 尽管；哪怕，就算	**Aunque llueve, vamos** de excursión. · 尽管下着雨，我们还是要去郊游。（说话时正在下雨。） **Aunque llueva, iremos** de excursión. · 就算会下雨，我们也要去郊游。（说话时还没有下雨。）

(2) 在 sin que 引导的方式从句中，动词表达的是一种未曾或者不会发生的行为，所以也使用虚拟式：

连词	例句
sin que 没有，不会	Yo no me marcho **sin que** usted me **dé** una explicación. ·您如果不给我一个解释，我就不走。
	Ya verás cómo entraré **sin que** nadie se **dé** cuenta. ·你会看到我是怎样在任何人都不觉察的情况下进去的。

EJERCICIO III

（1）仿照例句造句。

例：Si te **vas**, apaga la radio / cuando.　　**Cuando** te **vayas**, apaga la radio.

　　如果你离开，就关掉收音机。　　　　　你离开的时候，就关掉收音机。

1) Si habéis terminado el trabajo, venid a verme / cuando.

2) Si no apruebas el examen, no iremos de vacaciones / hasta que.

3) Si no viene Pepe, no podremos comenzar el trabajo / mientras.

4) Si me toca la lotería, daré la vuelta al mundo / cuando.

5) Si puedes, llámame por teléfono / tan pronto como.

6) Si llama alguien, no abras la puerta / aunque.

7) Si me entero de algo más, te lo comunicaré / tan pronto como.

8) Si no te portas bien, no compraremos el vídeo / hasta que.

（2）根据需要使用虚拟式或者陈述式。

例：Tan pronto como _____ (llegar) a Granada, buscaremos hotel.

　　Tan pronto como lleguemos a Granada, buscaremos hotel.

　　我们一到格拉纳达，就将去找旅馆。

UNIDAD 26　Me alegro de que hayáis venido a recogerme.

我真高兴你们来接我

1) Cuando _____ (llegar) a Madrid, se fue directamente al hotel.

2) Cuando _____ (venir) a Madrid, ven a visitarme.

3) Mientras ella _____ (hacer) la comida, él pone la mesa.

4) No saldremos a pasear, mientras _____ (seguir) lloviendo.

5) Aunque él _____ (ser) millonario, no es feliz.

6) Aunque vosotros _____ (insistir), no aceptaremos vuestro plan.

7) Después de que él _____ (aprobar) su examen, se tomó unas vacaciones.

8) Hasta que te _____ (comer) todo, no te levantes de la mesa.

UNIDAD 27

¡Si esto fuera posible!
要是真有可能这样就好了!

学习重点

会话: 如何表达"要是……就好了"
如何表达"我肯定……"
语法: 虚拟式过去未完成时
简单条件式
虚拟式过去未完成时和简单条件式在条件句中的配合使用

LENGUAJE COLOQUIAL 《对话》

¡Si esto fuera posible!
要是真有可能这样就好了!

(C:Carmen; M:María)

C : ¡Hola, María! ¿Cómo están tus niños? Hace algunos días que no los veo.

M: Están en la cama con dolor de garganta. Con esta contaminación que tenemos no hay quien respire. ¡Si al menos lloviera y se limpiara el aire!

C : ¡Oye! ¿No podrías mandarlos unos cuantos días al pueblo de tus padres? Estoy segura de que el aire puro les sentaría muy bien.

M: Si mi marido estuviera de acuerdo, por supuesto que lo haría. Pero él siempre me dice que si se fueran al campo, perderían muchas clases y luego tendrían muchos problemas para ponerse otra vez al día.

C : Sí, en cierto modo tienes razón, pero ¡chica! ante todo está la salud.

UNIDAD 27 ¡Si esto fuera posible!
要是真有可能这样就好了！

M: Por supuesto, desde luego el vivir en una gran ciudad como Madrid con tanta contaminación, hoy en día, es una gran desgracia.

C: Yo, en tu lugar, y con los niños pequeños, me iría a vivir a una ciudad más pequeña, donde se pudiera vivir más sanamente, sin tantas prisas y tanta contaminación.

M: ¡Ah, si esto fuera posible! Pero mi marido tiene un puesto bastante bueno en una empresa de construcción y sería una verdadera locura, con tanto paro como hay, el que dejara esta colocación tan estupenda y tuviera que buscar otra vez trabajo.

C: Desde luego. Lo ideal sería que las autoridades competentes tomaran las medidas oportunas, que prohibieran el tráfico por el centro de la ciudad y castigaran a las empresas que no cumplieran con las medidas anticontaminantes.

M: ¡Ojalá lo hicieran! Pero ahora la única solución sería que nos tocara la lotería y así nos iríamos a vivir al campo.

C: ¿Juegas todas las semanas a la lotería?

M: ¡Qué va! Es hablar por hablar.

C: Entonces, ¿cómo quieres que te toque?

卡　门：你好，玛丽娅！你的孩子们怎么样？好几天没见他们了。

玛丽娅：他们嗓子疼，在卧床休息。污染这么严重，没有人能喘得过气来。哪怕下点儿雨，净化一下空气也好啊！

卡　门：我说你呀！就不能把他们送到你父母住的农村待几天吗？我敢肯定，清新的空气对他们很有好处。

玛丽娅：如果我丈夫同意的话，我当然会这么做。可是他总是对我说，要是他们去了农村，会误很多课，以后再想补起来就会很麻烦了。

卡　门：是啊，从某种意义上讲，你说得有道理。可是健康第一啊！

玛丽娅：当然了，现在住在一个像马德里这样的污染如此严重的大城市里真是很不幸啊。

卡　门：如果我是你，带着这么小的孩子，我会去一个小一些的城市居住，这样能够更加健康，生活不会这么紧张，也没有这么严重的污染。

玛丽娅：唉，要是真有可能这样就好了！可是我丈夫在一家建筑公司里有一个相当好的职位，现在失业这么严重，如果放弃这么好的工作而去重新找工作，那真是疯了。

卡　门：那当然。最好是现任政府能采取适当的措施，限制市中心的交通，惩罚那些不采取控制污染措施的企业。

玛丽娅：但愿如此吧！不过现在唯一的解决办法就是我们中了彩票，这样我们就能去农村住了。

卡　门：你每个星期都买彩票吗？

玛丽娅：什么呀！我就是随便说说。

卡　门：那你还怎么想中奖啊？

VOCABULARIO（词汇）

atmósfera	f.	大气；空气；环境；气氛
sentar	intr.	合适，合宜
desde luego		当然
sanamente	adv.	健康地
puesto	m.	位置；职位，岗位
locura	f.	疯狂
colocación	f.	工作，职务，职业
ideal	adj. -m.	理想的；理想
autoridad	f.	权力；权威；威信；当局，官方
competente	adj.	合适的；有资格的；有能力的
medida	f.	措施，办法
castigar	tr.	惩罚
anticontaminante	adj.	控制污染的

VOCABULARIO COMPLEMENTARIO（补充词汇）

distribuir	tr.	分配，分发；安排，部署
dedicarse	prnl.	致力，从事，献身
puntualidad	f.	守时性，准时性
quieto	adj.	安静的
tabaco	m.	烟草；烟叶
apetito	m.	欲望；胃口，食欲
bañador	m.	游泳衣
fotografía	f.	照片
acatarrado	adj.	患感冒的

CONTENIDOS COMUNICATIVOS（会话句型）

1. 如何表达"要是……就好了"?

¡**Si lloviera** y **se limpiara** la atmósfera!　·要是下点儿雨能净化一下空气就好了！

¡Ah, **si esto fuera** posible!　·唉，要是真有可能这样就好了！

2. 如何表达"我肯定……"?

Estoy segura de que el aire puro les sentaría muy bien.

·我肯定清新的空气对他们很有好处。

Estoy seguro de que nos escribirá tan pronto como llegue a Madrid.
· 我肯定，他一到马德里就会给我们写信。

CONTENIDOS GRAMATICALES（语法）

1. 虚拟式过去未完成时

我们先来看这一时态的变位：规则动词的虚拟式过去未完成时的变位是在动词词根上加下列词尾构成的：（每个人称都有等值的两种形式）

人称	-ar	-er	-ir
yo	cant-ara / ase	tem-iera / iese	part-iera / iese
tú	cant-aras / ases	tem-ieras / ieses	part-ieras / ieses
él, ella, Ud.	cant-ara / ase	tem-iera / iese	part-iera / iese
nosotros / as	cant-áramos / ásemos	tem-iéramos / iésemos	part-iéramos / iésemos
vosotros / as	cant-arais / aseis	tem-ierais / ieseis	part-ierais / ieseis
ello, ellas, Uds.	cant-aran / asen	tem-ieran / iesen	part-ieran / iesen

不规则动词的虚拟式过去未完成时变位是在其简单过去时第三人称的词根上加第二、第三变位动词的虚拟式过去未完成时的词尾：

简单过去时	虚拟式过去未完成时
dijer(on)	dijera / dijese
hicier(on)	hiciera / hiciese
pidier(on)	pidiera / pidiese
vinier(on)	viniera / viniese
durmier(on)	durmiera / durmiese
estuvier(on)	estuviera / estuviese
fuer(on)	fuera / fuese
supier(on)	supiera / supiese
tuvier(on)	tuviera / tuviese
leyer(on)	leyera / leyese
creyer(on)	creyera / creyese

⊙ 虚拟式过去未完成时的用法

虚拟式过去未完成时的用法和虚拟式现在时相同，用来表示主观的愿望、祈使、怀疑、可能、猜测、担心、恐惧、命令、建议、要求等含义，只是它的时值不是现在，而是过去。

Esperaban que **cumpliésemos** todos nuestros deseos.

· 他们希望我们实现所有的愿望。

Temían que no nos **divirtiéramos** en la fiesta.

· 他们怕我们在晚会上玩得不好。

El jefe **ordenó** a los soldados que **distribuyeran** la comida entre la población.

· 长官命令士兵在人群中分发食物。

Era posible que él se **dedicara** a estudiar historia de América desde joven.

· 他有可能从青年时代就致力于拉美历史的研究。

课文中的很多动词虽然发生在现在的时间背景下，但却使用了虚拟式过去未完成时的变位。这是为了表达一种只是主观希望、但不太可能发生的行为：

¡Si al menos **lloviera** y se **limpiara** la atmósfera!

· 哪怕下点儿雨，净化一下空气也好啊！

¡Ah, si esto **fuera** posible!

· 唉，要是真有可能这样就好了！

Lo ideal sería que las autoridades competentes **tomaran** las medidas oportunas, que **prohibieran** el tráfico por el centro de la ciudad y **castigaran** a las empresas que no **cumplieran** con las medidas anticontaminantes.

· 最好是现任政府能采取适当的措施，限制市中心的交通，惩罚那些不采取控制污染措施的企业。

¡Ojalá lo **hicieran**! Pero ahora la única solución sería que nos **tocara** la lotería y así nos iríamos a vivir al campo.

· 但愿如此吧！不过现在唯一的解决办法就是我们中了彩票，这样我们就能去农村住了。

EJERCICIO I

（1）仿照例句造句。

例：Ellos le contaron todo a Jaime.

　　他们把一切都告诉了哈伊梅。

　　-**No creía** que ellos le **contaran** todo a Jaime.

　　-**No creía** que ellos le **contasen** todo a Jaime.

　　我当时不相信他们把一切都告诉了哈伊梅。

UNIDAD 27 ¡Si esto fuera posible!
要是真有可能这样就好了！

1) Él supo la verdad. _____
2) Ustedes pudieron hacer la excursión. _____
3) Vosotros recibisteis el dinero. _____
4) Tú estuviste en París. _____
5) Ellos leyeron la noticia. _____
6) Ella tuvo mucho éxito. _____
7) Usted compró el coche. _____
8) Ellas dijeron toda la verdad. _____
9) Vosotras fuisteis al cine. _____
10) Él hizo el examen. _____

(2) 仿照例句造句。

例：Te digo que pidas otro café.

　　我让你再点一杯咖啡。

　　　-Te **dije** que **pidieras** otro café.

　　　-Te **dije** que **pidieses** otro café.

　　我当时让你再点一杯咖啡。

1) Celebro que tengas éxito. _____
2) Siento que María esté enferma. _____
3) Mi hermano me aconseja que lea el libro. _____
4) Temo que él esté enfermo. _____
5) El jefe me ordena que venga con puntualidad. _____
6) Es justo que le den el premio. _____
7) Inés me dice que te pregunte por el diccionario. _____
8) Lamento que no se quede más tiempo. _____
9) Mi madre desea que vaya a casa pronto. _____
10) María me ordena que traiga el café. _____

(3) 仿照例句造句。

例：Pedro no viene.

　　佩德罗不来。

　　　-**¡Ojalá viniera!**

　　　-**¡Ojalá viniese!**

　　但愿他能来！

1) No tenemos tiempo para ir al cine. _____
2) Yo no sé nada de él. _____
3) Hace mal tiempo. _____
4) Los niños no se están quietos. _____
5) Nunca nos toca la lotería. _____
6) Ellos no dicen la verdad. _____
7) No podemos ir a España. _____
8) Sólo piensa en sí misma. _____
9) No quiere ayudarnos. _____
10) Esto no es fácil. _____

2. 简单条件式

我们先来看一下简单条件式的变位：

人称	-ar	-er	-ir
yo	comprar-ía	ser-ía	ir-ía
tú	comprar-ías	ser-ías	ir-ías
él, ella, Ud.	comprar-ía	ser-ía	ir-ía
nosotros / as	comprar-íamos	ser-íamos	ir-íamos
vosotros / as	comprar-íais	ser-íais	ir-íais
ello, ellas, Uds.	comprar-ían	ser-ían	ir-ían

不规则动词的简单条件式变位是在其陈述式将来时的词根上加上词尾构成的：

caber —— cabr-
decir —— dir-
hacer —— har-   ía
haber —— habr-   ías
poder —— podr-   ía
poner —— pondr-
querer —— querr-   íamos
tener —— tendr-   íais
valer —— valdr-   ían
venir —— vendr-

⊙ 简单条件式的用法

（1）简单条件式可以表示过去的将来，即相对于过去某一动作或时间来说将要发生的事情。如：

Ayer ellos dijeron que **vendrían** a visitarnos.

·昨天他们说要来看我们。

Creía que me lo **dirías**.

·我当时以为你会把那件事告诉我。

(2) 简单条件式可以表达一种非常委婉的语气。如：

¿**Podría** usted hacerme un favor?

·您能帮我个忙吗？

¿No **podrías** mandarlos unos cuantos días al pueblo de tus padres?

·你就不能把他们送到你父母住的农村待几天吗？

(3) 简单条件式可以表示猜测、假设，时值可以是过去、现在或将来。如：

Yo, en tu lugar, y con los niños pequeños, me **iría** a vivir a una ciudad más pequeña, donde se pudiera vivir más sanamente, sin tantas prisas y tanta contaminación.

·如果我是你，带着这么小的孩子，我会去一个小一些的城市居住，这样能够更加健康，生活不会这么紧张，也没有这么严重的污染。

EJERCICIO II

仿照例句，回答问题。

例：¿**Podrías** llamar a Juan?　　　　　　-Sí, puedo llamarlo.

你能叫一下胡安吗？　　　　　　　　可以，我可以叫他。

1）¿Podría usted darme un cigarrillo?

2）¿Podrían ellos llevarme a casa?

3）¿Podríamos entrar un momento?

4）¿Podría él arreglarme el coche?

5）¿Podríais ayudarme un poco?

6）¿Podrías acompañar al niño?

7）¿Podrían tus padres cuidar mis plantas?

8）¿Podríais explicarnos el problema?

9）¿Podrías hablar más claro?

10）¿Podríamos pedirte ayuda?

(2) 使用简单条件式，改写句子。

例：¿Cuándo vendréis a casa?　　　　　　　-¿Cuándo **vendríais** a casa?
　　你们什么时候将到家？　　　　　　　　你们什么时候可能到家？

1）¿Cómo se lo diréis?

2）¿Dónde vivirán?

3）¿Cómo lo traerán?

4）¿Cuándo hablaréis?

5）¿Dónde comeremos?

6）¿Me lo permitirán?

7）¿Qué deberás hacer?

8）¿Cuál será la solución?

9）¿Cuándo me dará usted una contestación?

10）¿Me podrás ayudar?

3. 虚拟式过去未完成时和简单条件式在条件句中的配合使用

条件句表示现实或可能的条件和结果时，主句和从句中均用陈述式。但是在表示现在或将来不现实或极少可能实现的条件和结果时，主句用简单条件式，从句用虚拟式过去未完成时。如：

Si mi marido **estuviera** de acuerdo, por supuesto que lo **haría**.

·如果我丈夫同意的话，我当然会这么做。

Si se **fueran** al campo, **perderían** muchas clases y luego **tendrían** muchos problemas para ponerse otra vez al día.

·要是他们去了农村，会误很多课，以后再想补起来就会很麻烦了。

Yo, en tu lugar, y con los niños pequeños, me **iría** a vivir a una ciudad más pequeña.

·如果我是你，带着这么小的孩子，我会去一个小一些的城市居住。

Sería una verdadera locura, con tanto paro como hay, **el que dejara** esta colocación tan estupenda y **tuviera** que buscar otra vez trabajo.

·现在失业这么严重，如果放弃这么好的工作而去重新找工作，那真是疯了。

请注意最后两个例句：用虚拟式过去未完成时的从句有时可以换成其他表示假设的结构。

EJERCICIO III

(1) 仿照例句造句。

例： No tengo tiempo. No puedo ir a verte.　　-Si **tuviera** tiempo, **iría** a verte.
　　我没有时间。我不能去看你。　　如果我有时间就会去看你。

1）No tengo dinero. No puedo comprarlo.

2）No tengo tabaco. No puedo fumar.

3）No tengo equipo. No puedo jugar.

4）No tengo coche. No puedo viajar.

5）No tengo entrada. No puedo ir al teatro.

6）No tengo su teléfono. No le puedo llamar.

7）No tiene interés. No puede aprender nada.

8）No tengo apetito. No puedo comer.

9）No tengo bañador. No puedo bañarme.

10）No tengo el pasaporte. No puedo salir al extranjero.

(2) 仿照例句造句。

例： Viene Carmen y se lo pregunto.　　-Si **viniera** Carmen, se lo **preguntaría**.
　　卡门来了，我问她。　　如果卡门来，我就会问她。

1）Voy a París y cojo el avión.

2）Hay modelos nuevos y los compro.

3) Termino pronto y me voy a casa.
___

4) Nieva y voy a esquiar.
___

5) Tengo una cámara y hago fotografías.
___

6) Sé inglés y me voy a Inglaterra.
___

7) Hace calor y podemos ir a la playa.
___

8) Estoy acatarrado y no puedo salir.
___

9) No conozco su dirección y no le puedo escribir.
___

10) Acabo la carrera y busco trabajo.
___

UNIDAD 28

Lo habríamos pasado mejor.
我们本来会玩得更好的

学习重点

会话： 如何表达"我本来……"
如何表达"要不是……"
如何表达"幸亏……"

语法： 虚拟式过去完成时
复合条件式
虚拟式过去完成时和复合条件式在条件句中的配合使用

LENGUAJE COLOQUIAL（对话）

Lo habríamos pasado mejor.
我们本来会玩得更好的

(P:Pepe;　J:Javier)

P: ¡Hola, Javier! ¿Por qué no has venido con nosotros a los Picos de Europa? Te habrías divertido mucho y habrías olvidado los exámenes y todas las demás preocupaciones.

J: Me hubiera gustado ir, pero no ha podido ser. Si no hubiera tenido la gripe, seguramente habría ido. En fin, ¡mala suerte! ¿Qué tal lo habéis pasado?

P: Muy bien, aunque lo habríamos pasado mejor, si no hubiera nevado tanto.

J: ¿No pudisteis salir para nada del refugio?

P: Sí, pudimos dar un paseo por los alrededores. Si no hubiera habido tanta nieve, habríamos subido a la cima de la montaña. Pero no nos atrevimos a alejarnos mucho porque algunos montañeros que conocían bien el lugar nos aconsejaron que nos quedáramos cerca del refugio, pues el tiempo en la montaña cambia muy rápidamente y nos podríamos encontrar, cuando menos lo pensáramos, con alguna sorpresa desagradable.

J: ¿Ibais bien preparados contra el frío?

P: Sí, menos mal que íbamos bien equipados. Si no hubiéramos llevado nuestros sacos de dormir y no hubiéramos tenido buenas botas, nos habríamos muerto de frío.

J: ¿No pasasteis miedo ante la posibilidad de veros bloqueados por la nieve?

P: ¡Qué va! Al revés. Habríamos deseado que hubiera nevado muchísimo y que no hubiéramos tenido más remedio que quedarnos unos días descansando apartados de la vida moderna.

J: ¿Sabes una cosa? ¡Me alegro de no haber ido! Esa clase de emociones son muy fuertes para mí.

佩　佩：你好，哈维尔！你为什么没有和我们一起去欧洲登山呢？那样的话你会玩得很高兴，会忘掉考试和其他一切烦恼。

哈维尔：我本来想去的，但是不能去。要不是我感冒了，我很可能就去了。总之，真倒霉！你们玩得怎么样？

佩　佩：很不错，要是雪下得不那么大，我们会玩得更好。

哈维尔：你们不能离开营地出去转转吗？

佩　佩：可以，我们能够在周围转转。要不是下那么大的雪，我们就登到山顶了。但是我们不敢走得太远，因为一些很熟悉当地的登山爱好者劝我们待在营地附近，因为山上的天气变化很快，考虑不周的话，我们就有可能遇到意外。

哈维尔：你们做好充分的准备来抵御寒冷吧？

佩　佩：是的，幸亏我们装备得很好。如果我们没有带睡袋，没有好的酒袋，就会冻死的。

哈维尔：你们在发现可能会被雪困住的时候没有害怕吗？

佩　佩：怎么会呢！正相反。我们还希望雪下得非常大，这样我们就没有别的办法，只能在那里待几天，远离现代生活，好好休息一下了。

哈维尔：你知道吗？我真高兴我没去！这种激情对于我过于强烈了。

VOCABULARIO（词汇）

refugio	m.	庇护；庇护所，藏身处；收容所	cima	f.	山顶，山尖
			atreverse	prnl.	敢，敢于
alrededor	adv.	周围；大约	montañero, ra	m. f.	登山运动员，登山爱好者
	m. pl.	周围，附近；郊区			

equipado	adj.	装备好的	al revés		相反的
saco	m.	袋子	remedio	m.	挽救措施，解决办法
saco de dormir		睡袋	apartado	adj.	偏僻的，远离的
bota	f.	靴子；酒囊	emoción	f.	激动，激情；感动，感情
bloqueado	adj.	被包围的；被封锁的			

VOCABULARIO COMPLEMENTARIO（补充词汇）

consejo	m.	劝告，忠告，建议	cámara	f.	照相机
enfadarse	prnl.	生气	regar	tr.	浇，灌溉
propuesta	f.	建议	multa	f.	罚款

CONTENIDOS COMUNICATIVOS《会话句型》

1. 如何表达"我本来……"？

Me **hubiera gustado** ir, pero no ha podido ser.

·我本来想去的，但是不能去。

Podía haberle dicho la verdad, pero finalmente decidí permanecer callado.

·我本来可以告诉他真相，但最终我还是决定保持沉默。

2. 如何表达"要不是……"？

Si no hubiera habido tanta nieve, habríamos subido a la cima de la montaña.

·要不是下那么大的雪，我们就登到山顶了。

Si no hubiera tenido la gripe, seguramente habría ido.

·要不是我感冒了，我很可能就去了。

3. 如何表达"幸亏……"？

Sí, **menos mal que** íbamos bien equipados.

·是的，幸亏我们装备得很好。

Menos mal que tenía un amigo en esa ciudad y pude alojarme enseguida.

·幸亏我在那座城市有个朋友，很快就找到了住宿的地方。

CONTENIDOS GRAMATICALES（语法）

1. 虚拟式过去完成时

我们先来看这一时态的变位：虚拟式过去完成时的变位是助动词 haber 的虚拟式过去未完成时变位加上动词的过去分词构成的。

人称	haber的变位	-ar	-er	-ir
yo	**hubiera / hubiese**			
tú	**hubieras / hubieses**			
él, ella, Ud.	**hubiera / hubiese**	solucionado	leído	salido
nosotros / as	**hubiéramos / hubiésemos**			
vosotros / as	**hubierais / hubieseis**			
ello, ellas, Uds.	**hubieran / hubiesen**			

⊙ 虚拟式过去完成时的用法

（1）陈述式过去完成时在需要使用虚拟式的语境下就变为虚拟式过去完成时，如：

Habían terminado todo el trabajo cuando volvimos.

· 当我们回去的时候，他们已经做完了所有的工作。

No era posible que hubieran terminado todo el trabajo cuando volvimos.

· 当我们回去的时候，他们不可能已经做完了所有的工作。

（2）虚拟式过去完成时还经常对已经发生的事情做不符合事实的设想，如课文中的例句：

Me **hubiera gustado** ir, pero no ha podido ser.

· 我本来想去的，但是不能去。

EJERCICIO I

（1）仿照例句造句。

例：Antonio no ha venido.　　　　　　　-¡**Ojalá hubiera venido**!

安东尼奥没有来。　　　　　　　　　他要是来了就好了！

1）Él no ha vendido ningún cuadro.

UNIDAD 28 Lo habríamos pasado mejor.
我们本来会玩得更好的

2) Yo no he seguido sus consejos.
___

3) Tú no has dicho la verdad.
___

4) Nosotros no hemos conseguido el premio.
___

5) Ella se ha puesto enferma.
___

6) Nosotros no lo hemos visto.
___

7) Usted no ha conseguido una beca para el extranjero.
___

8) Nos ha hecho muy mal tiempo.
___

9) No me ha tocado la lotería.
___

10) Vosotros habéis llegado tarde.
___

(2) 仿照例句造句。

例: Él no ha hecho el viaje.　　　　　-Nosotros, **en su lugar**, sí lo **hubiéramos hecho**.
　　他没有去旅行。　　　　　　　　如果我们是他的话，就去旅行了。

1) Tú no has reservado habitación. / yo
___

2) Usted no ha hablado con el director. / nosotros
___

3) Vosotros os habéis comportado muy mal con él. / yo
___

4) Ellos se han quedado en casa. / nosotras
___

5) Ella ha conducido demasiado deprisa. / yo
___

6) Ustedes se han puesto nerviosos. / él
___

7）Ella se ha enfadado con su amiga. / yo

_____

8）Vosotros os acostasteis muy tarde. / nosotros

_____

9）Ellos no fueron de excursión. / yo

_____

10）Usted aparcó el coche en sitio prohibido. / yo

_____

2. 复合条件式

我们先来看一下复合条件式的变位：复合条件式的变位是由助动词 haber 的简单条件式变位加上动词的过去分词构成的：

人称	haber的变位	-ar	-er	-ir
yo	habría			
tú	habrías			
él, ella, Ud.	habría	solucionado	leído	salido
nosotros / as	habríamos			
vosotros / as	habríais			
ello, ellas, Uds.	habrían			

⊙ 复合条件式的用法

复合条件式可以对已经发生的事情进行猜测和假设，如课文中的例句：

¿Por qué no has venido con nosotros a los Picos de Europa? Te **habrías divertido** mucho y **habrías olvidado** los exámenes y todas las demás preocupaciones.

·你为什么没有和我们一起去欧洲登山呢？那样的话你会玩得很高兴，会忘掉考试和其他一切烦恼。

EJERCICIO II

仿照例句造句。

例：Él no ha aceptado la propuesta. / ¿tú?   -¿La **habrías aceptado** tú?
　　他没有接受建议。/ 你呢？　　　　　　　你可能会接受建议吗？

1）Ella ha rechazado la invitación. / ¿vosotros?

_____

— 266 —

2）Yo no he podido hacer el ejercicio. / ¿usted?
_____

3）Ellos no han ayudado al herido. / ¿vosotros?
_____

4）Ella se puso muy nerviosa. / ¿tú?
_____

5）Nosotros no hemos hecho nada. / ¿ustedes?
_____

6）Él ha dejado solos a los niños. / ¿tú?
_____

7）Ellos han resuelto el problema. / ¿usted?
_____

8）Yo no me atrevía a llevarle la contraria. / ¿vosotros?
_____

9）Él no tuvo miedo al ladrón. / ¿tú?
_____

10）Nosotros no hemos sabido la pregunta. / ¿ustedes?
_____

3. 虚拟式过去完成时和复合条件式在条件句中的配合使用

条件句在表示现在或将来不现实或极少可能实现的条件和结果时，主句用简单条件式，从句用虚拟式过去未完成时。那么，在对已经发生的事情进行不符合事实的设想或假设时，主句用复合条件式，从句用虚拟式过去完成时。试比较下面例句：

现实或可能的情况：

Si ha llegado, ⎰ lo habrán visto. 应该有人看到他了。
如果他已经到了， ⎨ estará en casa. 他可能在家里。
　　　　　　　　⎱ tengo que llamarle. 我应该给他打电话。

不现实或不可能的情况：

Si **hubiera tenido** dinero, **habría ido** de excursión.

如果他曾经有钱，他就会去郊游了。（事实上他不曾有过钱，也没有去郊游。）

课文中有很多这样的例句：

Si no **hubiera tenido** la gripe, seguramente **habría ido**.

·如果我没有感冒，我肯定去了。

Lo **habríamos pasado** mejor, si no **hubiera nevado** tanto.

·要是雪下得不那么大，我们会玩得更好。

Si no **hubiera habido** tanta nieve, **habríamos subido** a la cima de la montaña.

·要不是下那么大的雪，我们就登到山顶了。

Si no **hubiéramos llevado** nuestros sacos de dormir y no **hubiéramos tenido** buenas botas, **nos habríamos muerto** de frío.

·如果我们没有带睡袋，没有好的酒袋，就会冻死的。

EJERCICIO III

（1）仿照例句造句。

例：No he tenido dinero. No he hecho el viaje.

　　我不曾有过钱。我不曾去旅行。

　　-Si **hubiera tenido** dinero, **habría hecho** el viaje.

　　如果我曾有过钱，我就会去旅行了。

1）No he visto a Carmen. No he podido decírselo.

2）No hemos tenido tiempo. No hemos podido visitaros.

3）Ha llovido mucho. No he ido a pasear.

4）Antonio no ha estudiado. No ha aprobado el examen.

5）No me han arreglado el coche. He tenido que coger el autobús.

6）No he traído la cámara. No he sacado fotografías.

7）Han llegado tarde. Han perdido el avión.

8）No he ido a Madrid. No he visto a Consuelo.

9）He perdido su número de teléfono. No le he podido llamar.

10）Ha conducido muy deprisa. Ha tenido un accidente.

UNIDAD 28　Lo habríamos pasado mejor.

我们本来会玩得更好的

(2) 仿照例句造句。

例：Como no has leído hoy el periódico no te has enterado de la noticia.

因为你今天没有读报纸，所以不知道这条消息。

-Si **hubieras leído** el periódico, **te habrías enterado** de la noticia.

如果你读报纸了，就会知道这条消息。

1) Como ha estado lloviendo toda la tarde, no hemos salido de casa.
___

2) Como bebía y fumaba mucho, cayó enfermo.
___

3) Como no riegas las flores, se te han secado.
___

4) Como se acostó tarde, no llegó puntual al trabajo.
___

5) Como hizo tanto frío, se estropeó la cosecha.
___

6) Como usted se había ido, no le pudimos dar el recado.
___

7) Como no cerró bien la puerta, le robaron.
___

8) Como has aparcado en sitio prohibido, te han puesto una multa.
___

9) Como faltaba continuamente al trabajo, le despidieron.
___

10) Como no me hiciste caso y no te pusiste el abrigo, ahora estás resfriado.
___

UNIDAD 29

Me dijo que tenía una niña.
她跟我说她有一个女儿

学习重点

会话：如何表达"和某人约好做……"
语法：直接引语和间接引语

LENGUAJE COLOQUIAL（对话）

Me dijo que tenía una niña.
她跟我说她有一个女儿

(C:Carmen; A:Alberto)

C: ¿Sabes a quién me encontré ayer en la calle?

A: No. ¿A quién?

C: A Celia, mi antigua compañera de colegio.

A: ¡Qué casualidad!, ¿no?, y ¿qué te contó?

C: Me contó que, después de terminar sus estudios, se había casado con un alemán y que estuvo viviendo una temporada en Alemania; que desde hace dos años viven otra vez en España, pero que, como había perdido mi dirección, no había podido localizarme.

A: ¿Qué más te comentó?

C: Me dijo que tenían una niña de dos años y que ahora estaba otra vez embarazada. También me preguntó cómo nos iba y cuántos hijos teníamos.

A: ¿Habéis quedado en volver a veros?

C: Me insistió mucho en que nos teníamos que volver a ver otra vez más despacio. Quedó en llamarme por teléfono, para ver si podíamos salir juntos el próximo fin de semana.

— 270 —

UNIDAD 29　**Me dijo que tenía una niña.**

她跟我说她有一个女儿

A: ¿Iba el marido con ella?

C: No. Le pregunté por él y me contestó que ahora estaba en Alemania en viaje de negocios, pero que regresaría la semana próxima y que estarían encantados de que los cuatro fuéramos juntos a cenar.

A: ¿Te contó cómo se habían conocido?

C: Sí. Me dijo que, después de terminar la carrera, se había ido a Alemania en viaje de estudios y que le había conocido en una fiesta.

A: ¡Qué pequeño es el mundo! Bueno, por mí no hay ningún inconveniente en que quedes con Celia y su marido para el próximo fin de semana. Podemos ir a cenar a un restaurante que acaban de inaugurar y en donde me han dicho que se come muy bien y que está bastante bien de precio.

卡　　门：你知道我昨天在街上遇到谁了？

阿尔贝多：不知道。你遇到谁了？

卡　　门：我遇到了塞利娅，我的老同学。

阿尔贝多：这么巧啊？她跟你说了些什么？

卡　　门：她跟我说，她毕业以后就和一个德国人结婚了，并在德国住了一段时间；两年前又重新回西班牙居住，但是因为她把我的地址弄丢了，所以一直没能联系到我。

阿尔贝多：她还跟你说了什么？

卡　　门：她跟我说他们有一个两岁的女儿，现在她又怀孕了。她还问我们过得怎么样，有几个孩子。

阿尔贝多：你们约好再见面了吗？

卡　　门：她一再坚持对我说我们应该再约见，好好聊聊。她说会给我打电话，看看下周末我们能不能一起出去。

阿尔贝多：她丈夫当时和她在一起吗？

卡　　门：没有。我问起她丈夫，她回答说他现在在德国出差，但是下周会回来，他们会很高兴我们四个人一起去吃晚饭。

阿尔贝多：她跟你讲了他们是怎么认识的吗？

卡　　门：讲了。她说她毕业以后就去了德国留学，在一个晚会上认识了他。

阿尔贝多：这世界真小！好，你和塞利娅和她的丈夫约好下周末，我这里没有任何问题。我们可以去一家新开张的餐馆吃晚饭，据说味道很好，还相当便宜。

VOCABULARIO（词汇）

casualidad	f.	偶然，凑巧，巧合
localizar	tr.	找到
embarazada	adj.-f.	怀孕的；孕妇
quedar	intr.	说好，约好，约定

insistir	intr.	坚持
inconveniente	adj.-m.	不合适的；不便，困难；不利，弊端

VOCABULARIO COMPLEMENTARIO（补充词汇）

televisión	f.	电视
vender	tr.	卖
comprender	tr.	理解
dirección	f.	方向；地址
poner	tr.	放，摆放
poner la mesa		摆桌子（准备吃饭）
ejercicio	m.	练习
cartero, ra	m.f.	邮差
telegrama	m.	电报
excursión	f.	郊游，远足
chocolate	m.	巧克力
dictar	tr.	口述，口授
frase	f.	句子；习语

regalo	m.	礼物
regalar	tr.	赠送
caramelo	m.	糖果
contestación	f.	回答，回复
disco	m.	圆盘；唱片
devolver	tr.	归还
prestar	tr.	出借
pluma	f.	钢笔
dejar	tr.	放下，留下
restaurante	m.	饭店，餐厅
encender	tr.	点燃
enseñar	tr.	教授，教导；指出，指示

CONTENIDOS COMUNICATIVOS《会话句型》

如何表达"和某人约好做……"？（请注意在搭配动词和名词时使用的不同介词）

¿Habéis **quedado en** volver a veros?

· 你们约好再见面了吗？

Quedó en llamarme por teléfono...

· 她说好会给我打电话……

Bueno, por mí no hay ningún inconveniente en que **quedes con** Celia y su marido para el próximo fin de semana.

· 好，你和塞利娅和她的丈夫约好下周末，我这里没有任何问题。

CONTENIDOS GRAMATICALES 《语法》

直接引语和间接引语

对某人的话语进行原封不动的直接引用，叫做直接引语。而在宾语从句中对引用的话语进行人称、时态、语气等的必要改动，叫做间接引语。

首先我们来看人称上的变化：

直接引语	间接引语
	DICE / HA DICHO / DIRÁ
《Soy español.》	que él es español.
《Llegué ayer por la noche.》	que **llegó** ayer por la noche.
《Me he levantado muy tarde.》	que **se ha levantado** muy tarde.
《Nosotros habíamos salido al cine.》	que **ellos habían salido** al cine.
《Voy a comer ahora.》	que **va** a comer ahora.
《Os ayudaré.》	que **nos ayudará**.

EJERCICIO I

仿照例句造句。

例：《**Estoy** muy contento con mi trabajo.》

"我对我的工作非常满意。"

-Dice que **está** muy contento con su trabajo.

他说他对他的工作非常满意。

1）《Saldré de viaje mañana.》

_____

2）《Hemos alquilado un apartamento junto al mar.》

_____

3）《Aquí en España hace mucho calor y me baño todos los días.》

_____

4）《No estábamos en casa cuando nos robaron.》

_____

5)《Cuando fui a verle, él ya se había ido.》

_____

6)《Esta semana ha llovido mucho.》

_____

7)《Si mañana hace buen tiempo, iremos de excursión.》

_____

8)《Vosotros habéis sido muy amables conmigo.》

_____

9)《Usted no debe fumar tanto.》

_____

10)《Tú eres para mí mi mejor amigo.》

_____

如果引用语是特殊疑问句，那么在间接引语中由疑问词充当主句与宾语从句的连词；如果引用语是一般疑问句，则由 si（是否）充当连词。

直接引语	间接引语
《¿A qué hora empieza el concierto?》	Él pregunta **a qué** hora empieza el concierto.
《¿Está muy lejos la estación?》	Él pregunta **si** está muy lejos la estación.

EJERCICIO II

仿照例句造句。

例：Antonio me pregunta:《¿Cuándo empieza la película?》

安东尼奥问我："电影什么时候开始？"

-Antonio me pregunta **cuándo** empieza la película.

安东尼奥问我电影什么时候开始。

1)《¿Dónde está la parada del autobús?》

_____

2)《¿Ha llegado ya el tren?》

_____

3)《¿A qué hora saldréis mañana de excursión?》

_____

4)《¿Ha comprendido usted todo?》

_____

5)《¿Estáis contentos con vuestro profesor?》
___

6)《¿Cuánto cuesta un billete para Barcelona?》
___

7)《¿Me ha llamado alguien por teléfono?》
___

8)《¿Cuál es el camino más corto?》
___

9)《¿Habéis oído las noticias?》
___

10)《¿De quién es este abrigo azul?》
___

⊙ 时态的变化

在间接引语中，如果主句动词是陈述式现在时、现在完成时、陈述式将来时，那么引用语中动词的时态不变化；如果主句动词是简单过去时、过去未完成时、过去完成时等过去时态，那么引用语中的动词要变成相应的过去时态。

直接引语	间接引语
	DIJO / DECÍA / HABÍA DICHO
《Soy español.》	que **era** español.
《Llegué ayer por la noche.》	que **había llegado** ayer por la noche.
《Me he levantado muy tarde.》	que **se había levantado** muy tarde.
《Nosotros habíamos salido al cine.》	que **ellos habían salido** al cine.
《Voy a comer ahora.》	que **iba** a comer ahora.
《Os ayudaré.》	que **nos ayudaría**.

EJERCICIO III

仿照例句造句。

例：《No **me apetece** la comida.》
"我不想吃这种食品。"
-**Dijo** que no **le apetecía** la comida.
他说他不想吃这种食品。

1)《Nos casaremos el año que viene.》
___

2)《Ayer fui a ver a mis abuelos.》

3)《Cuando era joven, hacía mucho deporte.》

4)《Hay mucha gente en la cola.》

5)《No he podido llamaros por teléfono.》

6)《La semana próxima nos iremos de vacaciones.》

7)《Yo no sabía nada del asunto.》

8)《Yo ya me lo había imaginado.》

9)《Hemos visto una película muy interesante.》

10)《Os escribiré pronto.》

如果引用语是命令句，那么在间接引语中要将命令式变为虚拟式。

直接引语	间接引语
《**Sed** puntuales.》 《**No corras** tanto.》	**Dice** que **seamos** puntuales. **Dice** que **no corra** tanto.
《**Trabaje** usted más.》 《**No vengáis** tarde.》	**Dijo** que **trabajara** yo más. **Djio** que **no viniéramos** tarde.

EJERCICIO IV

仿照例句造句。

例：《Sal inmediatamente de la habitación.》

"你马上离开这个房间。"

-Me **dijo** que **saliera** inmediatamente de la habitación.

他对我说让我马上离开这个房间。

1)《Tened paciencia.》/ nos dice

UNIDAD 29　Me dijo que tenía una niña.
她跟我说她有一个女儿

2)《Despiértame a las cinco.》/ me dijo

___

3)《Cómprate los zapatos.》/ me ha dicho

___

4)《Ponte el abrigo.》/ la madre le dice al niño

___

5)《Aprended las palabras.》/ el profesor nos decía

___

6)《Riega las flores.》/ mi padre me dice

___

7)《No aparque usted aquí.》/ el policía me dijo

___

8)《Sé más aplicado.》/ el profesor me ha dicho

___

9)《Cerrad bien la puerta.》/ nos había dicho

___

10)《Deje usted de fumar.》/ el médico me ha dicho

___

UNIDAD 30

Las excavaciones se iniciaron en 1978.
挖掘工作开始于 1978 年

学习重点

会话：如何表达"被……"
语法：被动语态
　　　　自复被动句
　　　　无人称句

LENGUAJE COLOQUIAL（对话）

Las excavaciones se iniciaron en 1978.
挖掘工作开始于 1978 年

(*G:Guía; M:Manolo; A:Antonio*)

G : Ahora, señoras y señores, vamos a ver varias salas que han sido inauguradas recientemente por el Ministerio de Culturas y que contienen obras muy importantes de la época romana. Esta primera sala, en donde nos encontramos ahora, está dedicada a todos los objetos, joyas y demás utensilios, que han sido descubiertos en estos últimos años en la acrópolis romana de Mérida. Las excavaciones se iniciaron en 1978 y aún se sigue excavando y encontrando valiosas piezas de aquella época.

M: ¿Para qué servían estas vasijas?

G : Estas vasijas que ven ustedes en esta vitrina se utilizaban para guardar el incienso y otros perfumes, a los que eran muy aficionados los romanos. Y en aquellas vasijas grandes era transportado el vino desde nuestra Península al Imperio Romano.

A : Y ese mosaico policromado, ¿qué representa?

G : En la época romana se solía decorar las casas con grandes mosaicos policromados, donde se representaba a los dioses protectores y a los familiares muertos.

M : ¿Es éste un sepulcro romano auténtico o una reproducción?

G : Cuando fue hallado este sepulcro, estaba en bastante mal estado, pero se han podido reunir las piezas que faltaban y ha sido completamente restaurado. Ahora constituye una de las piezas más valiosas de esta colección. Como pueden ver, se describe con gran detalle y realismo la vida de un gran personaje romano. Se cree que pertenece a la época cristiana, ya que varios símbolos, como el pez que ven ustedes aquí a la izquierda, eran utilizados sólo por los cristianos.

A : ¡Qué interesante! Creo que volveré otra vez al museo para poder contemplar más despacio todas estas obras de arte. ¡Merece la pena repetir la visita!

导　　游：女士们先生们，现在我们要参观文化部最近开设的几个展厅，在那里陈设着罗马时期非常重要的作品。现在我们来到的第一个展厅专门用来陈设最近几年在罗马卫城梅里达发现的所有器物、珠宝和其他用具。挖掘工作开始于1978年，并一直持续，不断发现那个时期的珍贵物品。

马诺罗：这些罐子是做什么用的？

导　　游：诸位在这个玻璃橱中所看到的这些罐子是用来保存熏香和其他香料的，这些东西都是罗马人非常喜欢的。而那些大的罐子是用来从我们的半岛向罗马帝国运送葡萄酒的。

安东尼奥：那幅彩色的镶嵌画代表什么？

导　　游：在罗马时期，人们习惯用大的彩色镶嵌画来装饰房子，用来表现保护神和死去的亲人。

马诺罗：这是一座真正的罗马圣物龛还是一件复制品？

导　　游：这座圣物龛被发现的时候，破败不堪，不过后来得以找齐了缺失的部分，并被完全修复。现在它是这些藏品中最珍贵的物品之一。正如大家所看到的，它极其细致而真实地描绘了罗马一位大人物的生活。一般认为它属于基督教时期，因为诸多象征物，比如诸位在左边看到的鱼，只被基督教徒所使用。

安东尼奥：真有意思！我想我会再次来到这座博物馆，以便能够慢慢地观赏所有这些艺术品。值得再来参观！

VOCABULARIO（词汇）

recientemente	adv.	最近
época	f.	时代，时期
romano	adj. -s.	罗马的；古罗马帝国的；罗马人；古罗马人
utensilio	m.	用具
acrópolis	f.	（古希腊城市的）卫城
excavación	f.	挖掘；坑，穴
iniciar	tr.	开始
excavar	tr.	挖，掘，开
valioso	adj.	有价值的，宝贵的，贵重的
pieza	f.	块，件，个；物品；零件
vasija	f.	瓮，罐
vitrina	f.	玻璃橱，玻璃柜
utilizar	tr.	使用
incienso	m.	香，熏香
perfume	m.	香气，香味；香料，香水
aficionado	adj. -s.	爱好……的；业余的；爱好者
transportar	tr.	运输，输送，传送
península	f.	半岛
imperio	m.	帝国
mosaico	m.	马赛克，镶嵌画
policromado	adj.	彩色的
protector	adj. -s.	保护的；保护人
familiar	adj. -s.	家庭的；熟悉的；亲人；熟人
muerto	adj. -s.	死的；死人
sepulcro	m.	坟墓；（祭坛上的）圣物龛
auténtico	adj.	真正的；确实的
reproducción	f.	复制品，仿造物
hallar	tr.	发现
faltar	intr.	没有，缺少；不足
completamente	adv.	完全地
restaurar	tr.	使恢复；使复辟；修复
constituir	tr.	组成，构成
colección	f.	收藏品
describir	tr.	勾画，描绘，描写
detalle	m.	细部，细节，详情
realismo	m.	现实主义
personaje	m.	要人，显贵；人物，角色
pertenecer	intr.	属于
cristiano	adj. -s.	信基督教的；基督教的；基督徒
símbolo	m.	象征
contemplar	tr.	观察；考虑

VOCABULARIO COMPLEMENTARIO（补充词汇）

cueva	f. 地洞，山洞	empresario, ria	m.f. 企业家
multitud	f. 群；堆；大量，很多；群众	maquinaria	f. 机器，机械，设备
vitorear	tr.（为某人）欢呼，喝彩	agotar	tr. 使干涸，使枯竭；耗尽，用光
		provisión	f. 储备
campeón	m. 冠军，第一名	ministerio	m.（政府的）部
investigador	adj.-s. 研究的，调查的；研究者，调查者	conceder	tr. 给予，让给
		autopista	f. 高速公路
operar	tr.（给某人）施行手术	embalar	tr. 包装，打包
paciente	m.f. 病人	antelación	f. 提前，提早
energético	adj. 能量的	micrófono	m. 麦克风
aclamar	tr.（为某人）欢呼，喝彩；拥戴	grabación	f. 录音，录制
		archivo	m. 档案，档案馆
rey	m. 国王	contrato	m. 合同
diputado, da	m.f. 众议员	decreto	m. 法令，政令
ley	f. 法律	comunicación	f. 联系；通讯；交通
mayoritariamente	adv. 多数地	interrumpir	tr. 中断，打断
rector, ra	m.f. 负责人；（大学的）校长	promulgar	tr. 宣布；散布
		escena	f. 舞台；布景；场面
representante	m.f. 代表	criticar	tr. 批评
sanitario	adj. 保健的，卫生的，医疗的	partido	m. 党，政党，党派
		satélite	m. 卫星
acordar	tr. 一致同意，商定	espacio	m. 太空，宇宙；空间
invertir	tr. 投资	liberar	tr. 解放；释放；解除
cantidad	f. 量；数量，分量；金额	rehén	m. 人质
taquillero, ra	m.f.（火车站，影剧院的）售票员		

CONTENIDOS COMUNICATIVOS 《会话句型》

如何表达"被……"？

...han **sido descubiertos** en estos últimos años...

· 最近几年被发现……

Cuando **fue hallado** este sepulcro, estaba en bastante mal estado...

· 这座圣物龛被发现的时候，破败不堪……

Las excavaciones **se iniciaron** en 1978...

· 挖掘工作开始于1978年……

Se vendió la casa ayer.

· 昨天房子出售了。

CONTENIDOS GRAMATICALES 《语法》

1. 被动语态

被动语态由系动词 ser 加上及物动词的过去分词构成，表示被动关系。过去分词与主语保持性数一致。主语为受事一方，而施事一方一般由介词 por 引出。如：

Vamos a ver <u>varias salas</u> que <u>han sido inauguradas</u> <u>por el Ministerio de Culturas</u>.
　　　　　　受事主语　　　　　　ser + P.P.　　　　　　　　施事

· 我们要参观由文化部开设的几个展厅。

En aquellas vasijas grandes **era transportado** el vino desde nuestra Península al Imperio Romano.

· 那些大的罐子是用来从我们的半岛向罗马帝国运送葡萄酒的。

Cuando **fue hallado** este sepulcro, estaba en bastante mal estado, pero se han podido reunir las piezas que faltaban y ha **sido** completamente **restaurado**.

· 这座圣物龛被发现的时候，破败不堪，不过后来得以找齐了缺失的部分，并被完全修复。

Varios símbolos, como el pez que ven ustedes aquí a la izquierda, **eran utilizados** sólo por los cristianos.

· 诸多象征物，比如诸位在左边看到的鱼，只被基督教徒所使用。

— 282 —

EJERCICIO I

将主动语态变为被动语态。

例：El profesor explica la lección.　　-La lección **es explicada por** el profesor.
　　老师解释课文。　　　　　　　　　　课文被老师解释。

1) Marcelino Sanz de Sautuola descubrió las cuevas de Altamira.
___

2) La multitud vitoreaba al campeón.
___

3) Los investigadores han descubierto una medicina contra el cáncer.
___

4) El médico había operado al paciente.
___

5) Los ministros solucionarán el grave problema energético.
___

6) El pueblo aclamaba a sus reyes.
___

7) Los diputados aprobaron la ley mayoritariamente.
___

8) El Rector ha inaugurado el curso.
___

9) Los trabajadores eligieron a 10 representantes.
___

10) Las bombas destruyeron la ciuda
___

2. 自复被动句

自复被动句由代词 se 加上及物动词的第三人称构成，表示被动关系。动词与主语保持数的一致。主语为受事一方。与被动语态相比，自复被动句在西班牙语中使用得更加频繁。

Las excavaciones **se iniciaron** en 1978.

·挖掘工作开始于 1978 年。

Estas vasijas que ven ustedes en esta vitrina **se utilizaban** para guardar el incienso y otros perfumes.

· 诸位在这个玻璃橱中所看到的这些罐子是用来保存熏香和其他香料的。

Cuando fue hallado este sepulcro, estaba en bastante mal estado, pero **se han podido reunir** las piezas que faltaban y ha sido completamente restaurado.

· 这座圣物龛被发现的时候，破败不堪，不过后来得以找齐了缺失的部分，并被完全修复。

EJERCICIO II

（1）将下列句子变为自复被动句。

例： Ella alquila habitaciones.　　　　　**-Se alquilan** habitaciones.
　　　她租房子。　　　　　　　　　　　　房子被租。

1）Esta tienda vende libros importados.

2）Los médicos tomarán medidas sanitarias.

3）El colegio necesita dos profesores.

4）Los gobiernos han acordado la paz.

5）Él invertía grandes cantidades dc dinero.

6）La taquillera había vendido todas las entradas.

7）Los empresarios compraron maquinaria nueva.

8）Ellos habían agotado todas las provisiones.

9）El ministerio ha concedido dos becas de investigación.

10）Él vende coches de segunda mano.

（2）将被动语态变为自复被动句。

例： Los proyectos **han sido aprobados**.　　**-Se han aprobado** los proyectos.
　　　计划已经被通过了。　　　　　　　　　　计划已经被通过了。

1）La autopista es construida con capital extranjero.
___

2）Las botellas son embaladas cuidadosamente.
___

3）Todas las entradas han sido vendidas con antelación.
___

4）Por toda la sala fueron instalados micrófonos.
___

5）Todas las grabaciones serán conservadas en el archivo.
___

6）Los contratos han sido revisados.
___

7）El decreto fue aprobado.
___

8）Las comunicaciones eran interrumpidas continuamente.
___

9）Estas leyes han sido ya promulgadas.
___

10）Varias escenas fueron criticadas.
___

3. 无人称句

没有施事主语的句子叫做无人称句。常见的无人称句有以下几种形式：

（1）表示天气现象时，用动词 hacer 的第三人称单数加上表示天气的名词构成：

Hace mucho **frío**.	·天气很冷。
Hacía buen **tiempo** ayer.	·昨天天气很好。

（2）表示"存在"时，用动词 haber 的第三人称单数加上宾语构成：

Hay un **libro** en la mesa.	·桌子上有一本书。
Había muchos **estudiantes** en la sala.	·当时大厅里有很多学生。

（3）由动词的第三人称复数或者代词 se 加上动词的第三人称单数构成的无人称句，表示说话人不能确定施事主语、不愿指明施事主语、施事主语对听话人是无关紧要的、或

者施事主语是泛指的：

Las excavaciones se iniciaron en 1978 y aún **se sigue** excavando y encontrando valiosas piezas de aquella época.

·挖掘工作开始于1978年，并一直持续，不断发现那个时期的珍贵物品。

En la época romana **se solía** decorar las casas con grandes mosaicos policromados, donde **se representaba** a los dioses protectores y a los familiares muertos.

·在罗马时期，人们习惯用大的彩色镶嵌画来装饰房子，用来表现保护神和死去的亲人。

Se cree que pertenece a la época cristiana.

·一般认为它属于基督教时期。

Dicen que los dos partidos han llegado a un acuerdo.

·据说这两个党派已经达成了一致。

值得说明的是：这种无人称句与自复被动句很多时候在形式上非常相似。比如下面这一句，如果把 la vida 理解为宾语，那么这就是无人称句；如果把它理解为主语，这就是自复被动句：

Como pueden ver, **se describe** con gran detalle y realismo **la vida** de un gran personaje romano.

·正如大家所看到的，它极其细致而真实地描绘了罗马一位大人物的生活。

EJERCICIO III

将括号中的动词变为适当的时态和人称。

1）Se _____ (alquilar) pisos junto al mar.

2）Antes, se _____ (vivir) mejor que ahora.

3）En el futuro se _____ (mandar) nuevos satélites al espacio.

4）Se _____ (comentar) que pronto habrá una nueva crisis de gobierno.

5）Este año se _____ (vender) menos coches que el año pasado.

6）Se _____ (decir) que pronto serán liberados los rehenes.

7）Aquí _____ (nevar) mucho en invierno.

8）Se _____ (prohibir) fumar aquí.

9）A partir de las 9 de la noche no se _____ (permitir) visitas.

CLAVE DE LOS EJERCICIOS
参考答案

UNIDAD 1

EJERCICIOS I
(1) amiga, médica, secretaria, arquitecta, ingeniera, peluquera
(2) amigos, médicos, secretarios, estudiantes, profesores, diseñadores

EJERCICIOS II
1) soy 2) es 3) somos 4) sois 5) es 6) es 7) son 8) es 9) son

EJERCICIOS III
(1) 1) -Antonio *es* profesor.　　　　　　2) -Luisa *es* azafata.
　　3) -Pedro *es* arquitecto.　　　　　　4) -Carlos *es* ingeniero.
　　5) -Carmen *es* enfermera.　　　　　6) -José *es* estudiante.
　　7) -Petra *es* secretaria.　　　　　　8) -Susana *es* peluquera.
　　9) -Felipe y Manuel *son* abogados.　10) -Pilar y Mercedes *son* camareras.
(2) 1) -Carmen es enfermera.　　　　　2) -Miguel es piloto.
　　3) -Petra es secretaria.　　　　　　4) -Antonio es profesor.
　　5) -Susana es peluquera.　　　　　6) -Carlos es ingeniero.
　　7) -José es estudiante.　　　　　　8) -Luisa es azafata.
　　9) -Felipe y Manuel son abogados.　10) -Pilar y Mercedes son camareras.

UNIDAD 2

EJERCICIO I
(1) 1) -Miguel es inglés.　　　　　　2) -Ellas son morenas.
　　3) -Tú eres español.　　　　　　4) -Ustedes son muy amables.
　　5) -Jean es francesa.　　　　　　6) -París es grande.
　　7) -Vosotros sois simpáticos.　　8) -Nosotros somos ingleses.
　　9) -Yo soy alemán.　　　　　　　10) -Usted es italiano.
(2) 1) -Vosotros sois italianos.　　　　2) -Ellas son japonesas.
　　3) -Ellos son alemanes.　　　　　4) -Yo soy inglés.
　　5) -Tú eres holandés.　　　　　　6) -Él es suizo.
　　7) -Ella es polaca.　　　　　　　8) -Usted es americano.

— 287 —

9）-Tú eres francesa.　　　　　　　　　10）-Yo soy española.

EJERCICIO II

（1）1）-Sí, soy estudiante.　　　　　　　2）-No, no es camarera.
　　　3）-No, no es peluquera.　　　　　　4）-Sí, es ingeniero.
　　　5）-No, no es azafata.　　　　　　　6）-No, no son enfermeras.
　　　7）-Sí, son estudiantes.　　　　　　　8）-No, no somos médicos.
　　　9）-Sí, soy arquitecto.　　　　　　　10）-Sí, somos enfermeras.
（2）1）-No, no soy Carlos, soy Antonio.　　2）-No, no somos azafatas, somos camareras.
　　　3）-No, no somos estudiantes, somos médicos.　4）-No, no es peluquera, es enfermera.
　　　5）-No, no soy estudiante, soy profesor.　6）-No, no es ingeniero, es arquitecto.
　　　7）-No, no son abogados, son estudiantes.　8）-No, no soy secretaria, soy azafata.
　　　9）-No, no son médicos, son abogados.　10）-No, no son azafatas, son camareras.

UNIDAD 3

EJERCICIO I

（1）1）-la ciudad / una ciudad　　　　　　2）-el edificio / un edificio
　　　3）-la iglesia / una iglesia　　　　　　4）-el siglo / un siglo
　　　5）-el museo / un museo　　　　　　　6）-el cine / un cine
　　　7）-la fábrica / una fábrica　　　　　　8）-la casa / una casa
　　　9）-el dormitorio / un dormitorio　　　10）-la cocina / una cocina
　　　11）-el problema / un problema　　　　12）-el vecino / un vecino
（2）1）-los señores /unos señores　　　　　2）-los sudamericanos / unos sudamericanos
　　　3）-las vacaciones / unas vacaciones　　4）-las chicas / unas chicas
　　　5）-las oficinas / unas oficinas　　　　6）-los días / unos días
　　　7）-los amigos / unos amigos　　　　　8）-las estudiantes / unas estudiantes
　　　9）-los médicos / unos médicos　　　　10）-las enfermeras / unas enfermeras
　　　11）-los profesores / unos profesores　　12）-las azafatas / unas azafatas

EJERCICIO II

（1）1）-Esta / Esa / Aquella iglesia es románica.　这／那／那座教堂是罗马式的。
　　　2）-Esta / Esa / Aquella familia es simpática.　这／那／那家人和蔼可亲。
　　　3）-Estos / Esos / Aquellos estudiantes son franceses.　这些／那些／那些学生是法国人。
　　　4）-Este / Ese / Aquel edificio es moderno.　这／那／那座楼很现代。
　　　5）-Estas / Esas / Aquellas torres son góticas.　这些／那些／那些塔是哥特式的。
　　　6）-Estos / Esos / Aquellos señores son turistas.　这些／那些／那些先生是旅游者。
　　　7）-Esta / Esa / Aquella plaza es la Plaza Mayor.　这／那／那座广场是马约尔广场。
　　　8）-Este / Ese / Aquel señor es ingeniero.　这／那／那位先生是工程师。
　　　9）-Esta / Esa / Aquella ciudad es rica.　这／那／那座城市很富有。
　　　10）-Esta / Esa / Aquella fábrica es grande.　这／那／那座工厂很大。
（2）1）-Este hotel es caro.　这家旅馆很贵。
　　　2）-Ese edificio es el Ayuntamiento.　那座楼是市政府大楼。

3）-Aquella fábrica es grande. 那家工厂很大。
4）-Aquel señor es el profesor. 那位先生是教师。
5）-Estos señores son ingleses. 那些先生是英国人。
6）-Esta plaza es la Plaza Mayor. 这座广场是马约尔广场。
7）-Esa señorita es mi secretaria. 那位小姐是我的秘书。
8）-Esa iglesia es del siglo XII. 那座教堂是12世纪的。
9）-Aquellos turistas son americanos. 那些旅游者是美洲人。
10）-Aquellas torres son góticas. 那些塔是哥特式的。

EJERCICIO III

1）-¡Qué bueno es este postre!　　　　2）-¡Qué fuerte es esta cuerda!
3）-¡Qué fría es el agua!　　　　　　4）-¡Qué dura es la carne!
5）-¡Qué verde es este paisaje!　　　　6）-¡Qué caro es el pescado!
7）-¡Qué alto es ese edificio!　　　　8）-¡Qué hermoso es el cuadro!
9）-¡Qué robusto es este pilar!

EJERCICIO IV

1）-tienen una casa.　　　　　　　　2）-tiene un hijo.
3）-tenemos un diccionario.　　　　　4）-tienen coche.
5）-tiene hijas.　　　　　　　　　　　6）-no tengo bolígrafo.
7）-no tengo apartamento.　　　　　　8）-no tengo hermana.
9）-no tienen perro.　　　　　　　　10）-no tenemos habitación.

UNIDAD 4

EJERCICIO I

（1）1）-Los servicios están al final del pasillo.　2）-La piscina está a la izquierda de la casa.
3）-La botella está encima de la mesa.　4）-Las clases están en la segunda planta.
5）-La bicicleta está dentro del garaje.　6）-El gato está debajo de la silla.
7）-El jardín está detrás de la casa.
（2）1）-Estoy en el jardín.　　　　　　2）-Correos está al lado de la estación.
3）-El museo está en la Plaza Mayor.　4）-La parada del autobús está delante del hospital.
5）-Los zapatos están debajo de la cama.　6）-El vino está sobre la mesa.
7）-El gato está encima de la silla.　8）-El garaje está a la derecha.
9）-La habitación de José está a la izquierda.　10）-Pedro está en el cine.

EJERCICIO II

（1）1）-Vosotros estáis cansados.　　　2）-Las ventanas están cerradas.
3）-Nosotros estamos resfriados.　　4）-Los bancos están todavía abiertos.
5）-Vosotras estáis enfermas.　　　　6）-Ustedes están cansadas.
（2）1）-Susana está cansada.　　　　　2）-Estoy cansado.
3）-Estamos bien.　　　　　　　　　4）-Pilar y Carmen están resfriadas.
5）-Estamos enfermas.　　　　　　　6）-Estoy en forma.
7）-La habitación está desordenada.　8）-La ventana está cerrada.

9) -Los niños están resfriados.   10) -Estamos cómodos.

EJERCICIO III

1) es	3) son	3) Está	4) están	5) están
6) es	7) está	8) son	9) es, está	10) es, está
11) es, está	12) es, están	13) está, es	14) es, está	15) son, están
16) están, es	17) Están, es	18) es, está	19) es, está	20) es, está
21) es, está	22) es	23) está		

UNIDAD 5

EJERCICIO I

1) ésta / aquélla 2) ésos / aquéllos 3) éste / ése 4) ése / aquél
5) éstos / ésos 6) ésa / aquélla 7) ésa / aquélla 8) éstas / ésas
9) ése / aquél

EJERCICIO II

(1) 1) -Sí, en esa biblioteca hay muchos libros.   2) -Sí, en aquella sala hay dos sillas libres.
3) -Sí, en este barrio hay muchos teatros.   4) -Sí, en ese cajón hay mucho dinero.
5) -Sí, en esta plaza hay muchos bancos.   6) -Sí, en aquel parque hay muchas flores.
7) -Sí, en esta ciudad hay muchos museos.   8) -Sí, en esta clase hay muchos alumnos.
9) -Sí, en aquella fiesta hay muchos turistas.   10) -Sí, en esas oficinas hay muchas personas.

(2) 1) está en la playa.   2) está debajo de mi casa.
3) están sobre la mesa.   4) está a la derecha.
5) están a la izquierda.   6) están dentro del cajón.
7) está fuera de la casa.   8) está delante del museo.
9) está detrás del hotel.

EJERCICIO III

(1) 1) muy   2) muy   3) muy   4) mucho   5) muy
6) muy   7) muy   8) mucho   9) mucho   10) muy

(2) 1) -El tiempo es muy desagradable.   2) -En primavera hace mal tiempo.
3) -El clima es muy frío.   4) -Es muy temprano.
5) -Hoy hace malo.   6) -Las noches son calurosas.

UNIDAD 6

EJERCICIO I

1) Es la una.   2) Son las dos y cuarto.
3) Son las tres y media.   4) Son las cinco menos cuarto.
5) Son las cinco y cuarenta.   6) Son las ocho menos diez.
7) Son las doce y cinco.   8) Son las nueve y veinte.
9) Son las doce menos cinco.   10) Son las diez y veinticinco.

EJERCICIO II

1) -Mi padre tiene 72 años.
2) -Nuestro hijo tiene 12 años.
3) -El niño tiene 8 meses.
4) -Tenemos 17 y 20 años.
5) -Esta niña tiene 5 semanas.
6) -Mi madre tiene 45 años.
7) -Sus abuelos tienen 78 y 81 años.
8) -Tengo 36 años.
9) -Este niño tiene 8 días.
10) -Nuestra hermana tiene 15 años.

EJERCICIO III

1) -Dos kilos de peras cuestan 165 ptas.
2) -Medio kilo de pasteles cuesta 5 euros.
3) -Un cuarto (de) kilo de fresas cuesta 70 ptas.
4) -Un litro de vino cuesta 140 ptas.
5) -Medio litro de leche cuesta 45 ptas.
6) -El bocadillo de jamón cuesta 2 euros.
7) -Una bolsa de patatas cuesta 40 ptas.
8) -Una ración de aceitunas cuesta 75 ptas.
9) -Un café con leche cuesta 60 ptas.

UNIDAD 7

EJERCICIO I

1) esperamos   2) fuma   3) practican   4) contesta   5) estudiáis
6) escucho   7) explica   8) preguntas   9) hablan   10) compra

EJERCICIO II

(1) 1) -Compramos vino.
2) -Susana y Pedro estudian inglés.
3) -Tomo un café.
4) -Fumamos un cigarrillo.
5) -Hablo italiano y francés.
6) -Escucho la radio.
7) -Esperamos el autobús.
8) -El profesor explica la gramática.
9) -Los alumnos practican los verbos.
10) -Escuchamos las noticias.

(2) 1) -Espero al Sr. García.
2) -Los alumnos escuchan a la profesora.
3) -Saludamos a los amigos.
4) -Visito a la abuela los domingos.
5) -El alumno contesta al profesor.
6) -Esperamos a los hermanos.
7) -Llevo a Susana esta tarde a la fiesta.
8) -Hoy esperamos a Juan y Pedro.
9) -Carmen ayuda a su madre.
10) -El profesor examina a los alumnos.

EJERCICIO III

(1) 1) -Yo la compro.
2) -Nosotros lo saludamos.
3) -Vosotros la estudiáis.
4) -Carmen la calienta.
5) -Juan lo cuelga en la pared.
6) -Nosotros lo escuchamos.
7) -Él la pinta.
8) -Ellos las cierran.
9) -Ustedes la repasan.
10) -Él lo cuenta.

(2) 1) -Sí, lo visitamos hoy. / No, no lo visitamos hoy.
2) -Sí, te lo invitamos hoy. / No, no te lo invitamos hoy.
3) -Sí, os ayudo esta tarde. / No, no os ayudo esta tarde.
4) -Sí, la alquilo. / No, no la alquilo.
5) -Sí, las explica el profesor. / No, no las explica el profesor.
6) -Sí, la ayuda Carmen. / No, no la ayuda Carmen.

7）-Sí, la escucho todos los días. / No, no la escucho todos los días.

8）-Sí, os acompañamos a casa. / No, no os acompañamos a casa.

9）-Sí, lo toca Juan. / No, no lo toca Juan.

10）-Sí, me lo invita Luis. / No, no me lo invita Luis.

UNIDAD 8

EJERCICIO I

1）bebe	2）comes	3）venden	4）comprenden
5）aprendéis	6）tienen	7）sé	8）pone
9）hacéis	10）trae	11）leo	12）hacemos
13）aprende	14）bebe	15）venden	16）tenemos
17）sé	18）corren	19）comprenden	20）vemos

EJERCICIO II

(1) 1) -Yo les recomiendo esta película.   -Se la recomiendo.

2) -El camarero le trae una cerveza.   -El camarero se la trae.

3) -El profesor les dicta una frase.   -El profesor se la dicta.

4) -Nosotros les hacemos un regalo.   -Nosotros se lo hacemos.

5) -Les regalamos caramelos.   -Se los regalamos.

6) -Yo les doy esta tarde la contestación.   -Yo se la doy esta tarde.

7) -María le regala un disco.   -María se lo regala.

8) -Esta tarde le traigo el libro.   -Esta tarde se lo traigo.

9) -La profesora les explica el ejercicio.   -La profesora se lo explica.

10) -Le devuelvo el dinero.   -Se lo devuelvo.

(2) 1) -Sí, os lo dejo hoy.   -No, no os lo dejo hoy.

2) -Sí, te lo recomiendo.   -No, no te lo recomiendo.

3) -Sí, os lo vendemos.   -No, no os lo vendemos.

4) -Sí, te lo enciendo.   -No, no te lo enciendo.

5) -Sí, os lo doy.   -No, no os lo doy.

6) -Sí, te la enseñamos.   -No, no te la enseñamos.

7) -Sí, te lo traigo.   -No, no te lo traigo.

8) -Sí, os la damos mañana.   -No, no os la damos mañana.

9) -Sí, se la dicta el Sr. García.   -No, no se la dicta el Sr. García.

10) -Sí, nos la explica el profesor.   -No, no nos la explica el profesor.

UNIDAD 9

EJERCICIO I

(1) 1) recibe   2) abren   3) viene   4) vive   5) vamos

6) dicen   7) oigo   8) parte   9) salís   10) cubren

(2) 1) -Vamos al cine esta tarde.   2) -Voy a la oficina a las 7.

3) -Venimos de la playa.
4) -Salgo de clase a las 12.
5) -Voy a los Correos ahora.
6) -Venimos de la escuela.
7) -Salimos del teatro a las 10.
8) -El tren para Santander sale de la Estación del Norte.
9) -Vamos a casa después de clase.
10) -Este paquete viene de París.

EJERCICIO II

(1) 1) -Sí, (a mí) me gusta el fútbol. -No, (a mí) no me gusta el fútbol.
2) -Sí, (a nosotros) nos gusta el verano. -No, (a nosotros) no nos gusta el verano.
3) -Sí, (a nosotros) nos gustan los gatos. -No, (a nosotros) no nos gustan los gatos.
4) -Sí, (a mí) me gustan las flores. -No, (a mí) no me gustan las flores.
5) -Sí, (a ella) le gusta bailar. -No, (a ella) no le gusta bailar.
6) -Sí, (a mí) me gustan los pasteles. -No, (a mí) no me gustan los pasteles.
7) -Sí, (a nosotros) nos gusta ir al campo. -No, (a nosotros) no nos gusta ir al campo.
8) -Sí, (a los niños) les gusta el chocolate. -No, (a los niños) no les gusta el chocolate.
9) -Sí, (a nosotros) nos gusta ver la televisión. -No, (a nosotros) no nos gusta ver la televisión.
10) -Sí, (a nosotros) nos gustan los perros. -No, (a nosotros) no nos gustan los perros.

(2) 1) -Nos gusta nadar en el mar.
2) -Nos gusta escalar las montañas.
3) -Le gusta el chocolate.
4) -Nos gusta el campo.
5) -Me gusta ir a pasear.
6) -A Juan y Pedro les gustan las chicas guapas.
7) -A mis padres les gustan los conciertos.
8) -A nuestra hermana le gustan las rosas.
9) -Me gusta tomar el sol.

UNIDAD 10

EJERCICIO I

(1) 1) -Los niños están durmiendo.
2) -El tren está llegando a la estación.
3) -Vosotros estáis jugando al tenis.
4) -Ella está saliendo de la habitación.
5) -Tú estás escribiendo a máquina.
6) -Nosotros estamos nadando en la piscina.
7) -Manuel está tomando un café.
8) -Yo estoy paseando por el parque.
9) -Pepe está yendo a la oficina.
10) -Ella está trabajando mucho.

(2) 1) -Pilar está preparándola. / Pilar la está preparando.
2) -Nosotros estamos viéndola. / Nosotros la estamos viendo.
3) -Ellos están saludándolos. / Ellos los están saludando.
4) -¿Estáis comprándolos? / ¿Los estáis comprando?
5) -Los alumnos están corrigiéndolas. / Los alumnos las están corrigiendo.
6) -¿Estás escuchándola? / ¿La estás escuchando?
7) -Ella está limpiándola. / Ella la está limpiando.
8) -¿Está usted preparándolo? / ¿Lo está usted preparando?
9) -Antonio está pintándolas. / Antonio las está pintando.
10) -¿Están ustedes arreglándola? / ¿La están ustedes arreglando?

(3) 1) -Él profesor se la está preguntando. / Él profesor está preguntándosela.
2) -Yo me lo estoy poniendo. / Yo estoy poniéndomelo.

— 293 —

3）-Antonio se la está enseñando. / Antonio está enseñándosela.

4）-Nosotros se la estamos escribiendo. / Nosotros estamos escribiéndosela.

5）-Los niños se los están lavando. / Los niños están lavándoselos.

6）-Nosotros se lo estamos pidiendo. / Nosotros estamos pidiéndoselo.

7）-Marta se lo está secando. / Marta está secándoselo.

8）-El camarero nos la está sirviendo. / El camarero está sirviéndonosla.

9）-La abuela se lo está contando. / La abuela está contándoselo.

10）-Ellos nos la están enseñando. / Ellos están enseñándonosla.

EJERCICIO II

1）-Nosotros nos lavamos con agua fría.
2）-Usted se despierta muy temprano.
3）-Vosotros os ducháis con agua caliente.
4）-Nosotros nos bañamos los sábados.
5）-Ustedes se acuestan muy tarde.
6）-Yo me peino.
7）-Ellos se visten deprisa.
8）-Carlos se afeita por las mañanas.
9）-La niña se desnuda sola.
10）-Yo me duermo enseguida.

EJERCICIO III

1）-Él se la afeita.
2）-Ellos se los ponen.
3）-María se lo seca.
4）-Nosotros nos los quitamos.
5）-Usted se los lava.
6）-Carmen se los pinta.
7）-Vosotros os lo cortáis.
8）-Los niños se la lavan.
9）-El niño se las moja.
10）-Usted se la ensucia.

UNIDAD 11

EJERCICIO I

（1）1）-Voy a tomar una ensalada mixta de primero.
2）-Vamos a comprar un deportivo.
3）-Vamos a ver una obra de teatro.
4）-Vamos a ir a la playa mañana.
5）-Voy a llamar a mi padre por teléfono.
6）-Vamos a tomar vino de la casa de bebida.
7）-Voy a la costa a veranear.
8）-Vamos a ver a Antonio esta tarde.
9）-Voy a comer en casa hoy.
10）-Vamos a dormir en un hotel esta noche.

（2）1）-Mañana vamos a visitar la ciudad.
2）-Hoy vamos a quedarnos en casa.
3）-Ahora ellos van a ir de compras.
4）-Después de comer voy a dormir la siesta.
5）-Ahora vamos a corregir los ejercicios.
6）-Mañana Pilar va a ir de excursión.
7）-Después de cenar vamos a ir a bailar.
8）-Hoy por la mañana voy a solucionar unos asuntos.
9）-Después de clase vamos a divertirnos en una discoteca.
10）-Antes de comer él va a ducharse y afeitarse.

EJERCICIO II

（1）1）-Sí, nos gusta ir al teatro. -No, no nos gusta ir al teatro.

2) -Sí, deseo tener mucho dinero. -No, no deseo tener mucho dinero.

3) -Sí, podéis hacer el viaje. -No, no podéis hacer el viaje.

4) -Sí, preferimos tomar una taza de café. -No, no preferimos tomar una taza de café.

5) -Sí, espero aprobar el examen. -No, no espero aprobar el examen.

6) -Sí, pienso ir este verano al extranjero. -No, no pienso ir este verano al extranjero.

7) -Sí, quiero ir a bailar esta tarde. -No, no quiero ir a bailar esta tarde.

8) -Sí, prefiero bañarme en el mar. -No, no prefiero bañarme en el mar.

9) -Sí, deseo hablar con el director. -No, no deseo hablar con el director.

10) -Sí, ellos piensan quedarse esta tarde en casa. -No, no piensan quedarse esta tarde en casa.

(2) 1) -Sí, deseamos comprárnosla. / -Sí, nos la deseamos comprar.

2) -Sí, voy a cortármelo. / -Sí, me lo voy a cortar.

3) -Sí, deseamos probárnoslos. / -Sí, nos los deseamos probar.

4) -Sí, puedo planchártela. / -Sí, te la puedo planchar.

5) -Sí, van a alquilarlo. / -Sí, lo van a alquilar.

6) -Sí, esperamos aprobarlo. / -Sí, lo esperamos aprobar.

7) -Sí, voy a visitarlos esta tarde. / -Sí, los voy a visitar esta tarde.

8) -Sí, quiero probármela. / -Sí, me la quiero probar.

9) -Sí, desea comprárselo. / -Sí, se lo desea comprar.

10) -Sí, podemos reservártela. / -Sí, te la podemos reservar.

EJERCICIO III

1) -No, no quiero comer nada. 2) -No, no podemos hacer nada.

3) -No, no veo a nadie. 4) -No, no hay nadie en el jardín.

5) -No, nadie pregunta por ti. 6) -No, él no hace nada.

7) -No, no conozco a nadie. 8) -No, no quiero decir nada.

9) -No, nadie sabe el número de teléfono de Pedro. 10) -No, no sabemos nada.

EJERCICIO IV

(1) 1) -No, no tenemos ningún problema. / -No, no tenemos ninguno.

2) -No, no hay ninguna cerveza en la nevera. / -No, no hay ninguna en la nevera.

3) -No, no compramos ningún tomate para la ensalada. / -No, no compramos ninguno para la ensalada.

4) -No, no tengo ninguna visita hoy. / -No, no tengo ninguna hoy.

5) -No, no puedo prestarte ninguna corbata. / -No, no puedo prestarte ninguna.

6) -No, no hay ningún hotel barato aquí. / -No, no hay ninguno aquí.

7) -No, no hay ninguna carta para ti. / -No, no hay ninguna para ti.

8) -No, no quiero ver ninguna película francesa. / -No, no quiero ver ninguna.

9) -No, no puedo prestarte ningún bolígrafo rojo. / -No, no puedo prestarte ninguno.

10) -No, no tenemos ningún amigo en esta ciudad. / -No, no tenemos ninguno en esta ciudad.

(2) 1) -Ningún asiento está libre. 2) -Nadie contesta.

3) -A nadie saluda ella. 4) -Vosotros nunca llegáis puntualmente.

5) -Ninguna ventana está abierta. 6) -Nadie se está bañando.

7) -Nada podemos hacer. 8) -Nada le interesa.

9) -Ninguna persona nos quiere ayudar. 10) -Nunca tiene tiempo.

UNIDAD 12

EJERCICIO I

1）-Trabajad mucho.   -No trabajéis mucho.

2）-Beban vino.   -No beban vino.

3）-Pregunta mucho.   -No preguntes mucho.

4）-Leed la carta.   -No leáis la carta.

5）-Escriba las palabras.   -No escriba las palabras.

6）-Alquila un coche.   -No alquiles un coche.

7）-Abra la ventana.   -No abra la ventana.

8）-Continuad trabajando.   -No continuéis trabajando.

9）-Tomen un taxi.   -No tomen un taxi.

10）-Coged el autobús.   -No cojáis el autobús.

EJERCICIO II

1）-Cómpramela.   2）-Quítenselos.   3）-Explíquenosla.   4）-Escribídsela.

5）-Mándamelo por correo.   6）-Enséñenoslo.   7）-Limpiáoslos.   8）-Lávatelo.

9）-Préstanoslo.   10）-Leédnosla.

EJERCICIO III

（1）1）-Dádselo. -No se lo deis.   2）-Ponéoslas. -No os las pongáis.

3）-Apáguenla. -No la apaguen.   4）-Tómatelo. -No te lo tomes.

5）-Comprádnoslo. -No nos lo compréis.   6）-Traígamela. -No me la traiga.

7）-Ciérrenla. -No la cierren.   8）-Dígaselo. -No se lo diga.

9）-Ponedla. -No la pongáis.   10）-Hágasela. -No se la haga.

（2）1）-No os pongáis el abrigo.   2）-No haga ninguna pregunta.

3）-No vayan a clase.   4）-No oigas las noticias.

5）-No venga pronto.   6）-No vayan a bailar.

7）-No tengáis miedo del perro.   8）-No salgas a la calle.

9）-No digan nada.   10）-No vayáis al cine.

UNIDAD 13

EJERCICIO I

（1）1）-Sí, pero ése es peor.   2）-Sí, pero ésa es más pequeña que ésta.

3）-Sí, pero ésos son mejores.   4）-Sí, pero ése es más grande éste.

5）-Sí, pero ése tiene peor carácter.   6）-Sí, pero ésa tiene mejores libros.

7）-Sí, pero ése es más alto que éste.   8）-Sí, pero ésa es mejor.

9）-Sí, pero ésa es peor.   10）-Sí, pero ésos son más pequeños que éstos.

（2）1）-No, no es el mejor, es el peor.

2）-No, no es la más antigua, es la más moderna.

3）-No, no es el mayor, es el menor.

CLAVE DE LOS EJERCICIOS

4) -No, no es la mejor, es la peor.

5) -No, no es la más aplicada, es la más perezosa.

6) -No, no es el más alto, es el más bajo.

7) -No, no son los peores, son los mejores.

8) -No, no es el más difícil, es el más fácil.

9) -No, no son las más baratas, son las más caras.

10) -No, no es la mejor, es la peor.

(3) 1) -Sí, es tan cara como ésta. / -Sí, es igual de cara que ésta.

2) -Sí, es tan grande como éste. / -Sí, es igual de grande que éste.

3) -Sí, son tan antiguas como éstas. / -Sí, son igual de antiguas que éstas.

4) -Sí, son tan aplicados como éstos. / -Sí, son igual de aplicados que éstos.

5) -Sí, es tan cómodo como éste. / -Sí, es igual de cómodo que éste.

6) -Sí, son tan bonitas como éstas. / -Sí, son igual de bonitas que éstas.

7) -Sí, son tan interesantes como éstas. / -Sí, son igual de interesantes que éstas.

8) -Sí, es tan elegante como éste. / -Sí, es igual de elegante que éste.

9) -Sí, son tan altos como éstos. / -Sí, son igual de altos que éstos.

10) -Sí, es tan pequeño como éste. / -Sí, es igual de pequeño que éste.

EJERCICIO II

(1) 1) -Es antiquísimo.　　　　　　　　2) -Son amarguísimos.

3) -Es amabilísima.　　　　　　　　4) -Son blanquísimas.

5) -Es malísimo.　　　　　　　　　6) -Es inteligentísimo.

7) -Son simpatiquísimos.　　　　　　8) -Es nerviosísimo.

9) -Es pequeñísima.　　　　　　　　10) -Son amabilísimos.

(2) 1) -Sí, es grandísima.　-Sí, es la más grande de todas.

2) -Sí, es carísimo.　-Sí, es el más caro de todos.

3) -Sí, son antiquísimas.　-Sí, son las más antiguas de todas.

4) -Sí, es pequeñísima.　-Sí, es la más pequeña de todas.

5) -Sí, es buenísima.　-Sí, es la más buena de todas.

6) -Sí, es riquísima.　-Sí, es la más rica de todas.

7) -Sí, son comodísimos.　-Sí, son los más cómodos de todos.

8) -Sí, es amarguísimo.　-Sí, es el más amargo de todos.

9) -Sí, es divertidísima.　-Sí, es la más divertida de todas.

UNIDAD 14

EJERCICIO

1) -Mercedes se ríe más que Carmen.

 -Lola es la que más se ríe de todas.

2) -Ésas bailan mejor que éstas.

 -Aquéllas son las que mejor bailan de todas.

3）-Felipe conduce más deprisa que él.

　　-Vosotros sois los que más deprisa conducen de todos.

4）-Yo fumo más que tú.

　　-Ellos son los que más fuman de todos.

5）-Ésos me gustan más que éstos.

　　-Aquéllos son los que más me gustan de todos.

6）-Yo tengo menos paciencia que ella.

　　-Tú eres el que menos paciencia tiene de todos.

7）-Pedro trabaja mejor que tú.

　　-Ella es la que mejor trabaja de todos.

8）-Luis conduce peor que Carmen.

　　-Vosotros sois los que peor conducen de todos.

9）-Mi mujer se levanta más tarde que yo.

　　-Mis hijos son los que más tarde se levantan de todos.

10）-Mi mujer se acuesta más pronto que yo.

　　-Mis hijos son los que más pronto se acuestan de todos.

UNIDAD 15

EJERCICIO

（1）1）-Vivía en el pueblo antes.　　　　　2）-Salía de la escuela a las 12.

　　 3）-Tenía cinco años en 1942.　　　　　4）-Ellos trabajaban en la fábrica textil antes.

　　 5）-Íbamos al mar a veranear.　　　　　6）-Mi abuelo era simpático.

　　 7）-Mi tío Felipe nos invitaba los domingos.　8）-Nos bañábamos en el mar en las vacaciones.

　　 9）-Fumaba 2 cajetillas antes.　　　　　10）-Llevábamos una vida tranquila en el pueblo.

（2）1）-Antes él fumaba mucho.　　　　　2）-Antes siempre íbamos al cine.

　　 3）-Antes ella siempre leía.　　　　　　4）-Antes ellos siempre dormían.

　　 5）-Antes vosotros siempre nos visitabais.　6）-Antes usted siempre nos escribía.

　　 7）-Antes nosotros siempre salíamos de casa.　8）-Antes tú siempre hacías deporte.

　　 9）-Antes él siempre nos llamaba por teléfono.　10）-Antes yo siempre iba al teatro.

（3）1）-Estaba leyendo una revista.　　　　2）-Estábamos oyendo música.

　　 3）-Estábamos viendo una película.　　　4）-María estaba pintándose las uñas.

　　 5）-Estaba escribiendo una carta.　　　　6）-Los niños estaban haciendo los deberes.

　　 7）-Estábamos limpiándonos los zapatos.　8）-Antonio estaba afeitándose.

　　 9）-Estaba lavándome los dientes.　　　　10）-Estaba divirtiéndome.

（4）1）-Antes había pocas fábricas.　　　　2）-Antes había poco tráfico.

　　 3）-Antes había pocos hoteles.　　　　　4）-Antes había muchos pájaros.

　　 5）-Antes había poca gente sin trabajo.　　6）-Antes había pocos coches.

　　 7）-Antes había muchas flores.　　　　　8）-Antes había más enfermedades.

　　 9）-Antes había pocos drogadictos.

UNIDAD 16

EJERCICIO

(1) 1) -Fui al cine.　　　　　　　　　　2) -Estuvimos en el teatro.
　　3) -Visité a mis primos.　　　　　　4) -Comí la paella.
　　5) -Cantaron una canción　　　　　6) -Se puso un abrigo azul.
　　7) -Tuvimos cinco invitados.　　　　8) -Me dijo nada.
　　9) -Nos dio el dinero.　　　　　　　10) -No pudimos encontrar ningún taxi libre.

(2) 1) -La semana pasada tuvimos invitados.　　2) -Anoche ellos fueron al teatro.
　　3) -Ayer él se levantó a las nueve.　　　　4) -Ayer por la noche ella escuchó la radio.
　　5) -Ayer por la mañana me puse el traje azul.　6) -El mes pasado ellos estuvieron en Londres.
　　7) -Ayer vosotros no me dijisteis nada.　　8) -Anoche el enfermo no pudo dormir bien.
　　9) -¿Qué cenaron ustedes ayer por la noche?　10) -Ayer la fiesta fue muy divertida.

(3) 1) llamaron　　2) salió　　3) fuimos　　4) puso　　5) estuve
　　6) pudo　　　7) dijo　　　8) pusisteis　　9) vinieron　　10) bebieron

(4) 1) -Estuvimos bailando en la discoteca.　　2) -Estuvimos viendo escaparates.
　　3) -Estuve bañándome en la playa.　　　　4) -Estuve informándome.
　　5) -María estuvo lavándose la cabeza.　　　6) -Ellos estuvieron estudiando para el examen.
　　7) -Estuvimos haciendo un curso de inglés.　8) -Estuve oyendo la radio.
　　9) -Estuve corrigiendo los ejercicios.　　　10) -Juan estuvo echando unas cartas.

(5) 1) -¿De qué material es esta mesa?　　　　2) -¿Qué se puso ella para el concierto?
　　3) -¿Cuántos coches tenéis?　　　　　　　4) -¿Qué prefieres?
　　5) -¿Qué quieres de primer plato?　　　　　6) -¿Cuántas habitaciones tiene tu casa?
　　7) -¿Qué os examinasteis ayer?　　　　　　8) -¿Con quién se casó ella?
　　9) -¿Quiénes son tus hermanos?　　　　　　10) -¿Cuál es tu abrigo?

UNIDAD 17

EJERCICIO I

(1) 1) -Sí, sí la hicimos.　-No, no la hicimos.
　　2) -Sí, sí lo condujo.　-No, no lo condujo.
　　3) -Sí, sí lo traduje.　-No, no lo traduje.
　　4) -Sí, sí la tuvimos.　-No, no la tuvimos.
　　5) -Sí, sí nos la dijo.　-No, no nos la dijo.
　　6) -Sí, sí nos lo trajeron.　-No, no nos lo trajeron.
　　7) -Sí, sí me lo puse.　-No, no me lo puse.
　　8) -Sí, sí la supimos.　-No, no la supimos.
　　9) -Sí, sí la convinieron.　-No, no la convinieron.
　　10) -Sí, sí lo pude resolver.　-No, no lo pude resolver.

(2) 1) -No cupo nadie más en la sala.　　　　2) -Lo hicimos como siempre.

— 299 —

3）-Quise comprar un reloj.
4）-¿A qué hora vinieron ellos?
5）-Nosotros no supimos nada.
6）-Pedro se puso los guantes.
7）-¿Qué tradujo María?
8）-¿Por qué no trajisteis el coche?
9）-Tú dijiste muchas tonterías.
10）-No tuve tiempo para nada.

EJERCICIO II

(1) 1）-Se los corrigió la profesora a los alumnos.
2）-Nos la sirvió una camarera.
3）-Se lo eligieron ellos a mi padre.
4）-Nos repitió su número de teléfono.
5）-Seguí haciendo el ejercicio.
6）-Se vistieron muy elegantes.
7）-Dormí cinco horas.
8）-Mi abuelo murió con 82 años.
9）-Impidieron la entrada a los menores de 18 años.
10）-Dormimos en el hostal.

(2) 1）-Carmen no nos creyó.
2）-Ellos leyeron la Biblia en la iglesia.
3）-Los árabes construyeron este castillo.
4）-Las bombas destruyeron toda la ciudad.
5）-Oímos la 9ª sinfonía de Beethoven ayer en el concierto.
6）-No incluí a los no matriculados en la lista.
7）-Se cayó por las escaleras.
8）-Me excluyeron del equipo por una lesión.
9）-La dirección y los trabajadores constituyeron la asamblea.
10）-Oímos las noticias ayer por la radio.

UNIDAD 18

EJERCICIO I

(1) 1）-Yo también he escuchado las noticias.
2）-Nosotros también hemos solucionado todos los problemas.
3）-Nosotras también hemos venido en metro.
4）-María también ha trabajado mucho.
5）-Yo también he levantado muy temprano.
6）-Nosotros también hemos estado en la playa.
7）-Ella también ha ido hoy a clase.
8）-Nosotras también hemos sido muy puntuales esta mañana.
9）-Yo también he dormido mal esta noche.
10）-Nosotros también ya hemos comido.

(2) 1）ha llegado　　2）hemos reservado　　3）ha tenido　　4）habéis sido
5）ha perdido　　6）han sido　　7）han vivido　　8）has dormido

9) ha salido   10) hemos quedado

EJERCICIO II

(1) 1) ha dormido muy poco.   2) hemos pasado las vacaciones en Italia.
3) ha llovido mucho.   4) ellos han ido a bailar a una discoteca.
5) vosotros habéis trabajado mucho.   6) él ha estado de viaje por Europa.
7) nos hemos quedado en casa descansando.   8) ha nevado mucho en las montañas.
9) hemos cogido un taxi.

(2) 1) -Sí, ya lo he comprado.   -No, todavía / aún no lo he comprado.
2) -Sí, ya me las he lavado.   -No, todavía / aún no me las he lavado.
3) -Sí, ya lo hemos encontrado.   -No, todavía / aún no lo hemos encontrado.
4) -Sí, ya lo hemos vendido.   -No, todavía / aún no lo hemos vendido.
5) -Sí, ya la he tomado.   -No, todavía / aún no la he tomado.
6) -Sí, ya la he arreglado.   -No, todavía / aún no la he arreglado.
7) -Sí, ya las hemos reservado.   -No, todavía / aún no las hemos reservado.
8) -Sí, ya los hemos sacado.   -No, todavía / aún no los hemos sacado.
9) -Sí, ya se las he enseñado.   -No, todavía / aún no se las he enseñado.
10) -Sí, ya se ha levantado de la cama.   -No, todavía / aún no se ha levantado de la cama.
11) -Sí, la hemos visto.   -No, no la hemos visto.
12) -Sí, la he escrito.   -No, no la he escrito.
13) -Sí, lo hemos resuelto.   -No, no lo hemos resuelto.
14) -Sí, me lo ha devuelto.   -No, no me lo ha devuelto.
15) -Sí, la he puesto.   -No, no la he puesto.
16) -Sí, lo he abierto.   -No, no lo he abierto.
17) -Sí, nos la ha dicho Carmen.   -No, no nos la ha dicho Carmen.
18) -Sí, la he hecho.   -No, no la he hecho.
19) -Sí, lo ha roto.   -No, no lo ha roto.
20) -Sí, lo ha descubierto.   -No, no lo ha descubierto.

EJERCICIO III

(1) 1) -Sí, las cartas ya están escritas.   2) -Sí, estos ejercicios ya están corregidos.
3) -Sí, el problema ya está resuelto.   4) -Sí, la camisa ya está planchada.
5) -Sí, la taquilla ya está cerrada.   6) -Sí, el equipaje ya está hecho.
7) -Sí, las maletas ya están facturadas.   8) -Sí, la habitación ya está arreglada.
9) -Sí, las cervezas ya están metidas en la nevera.   10) -Sí, las entradas ya están encargadas.

(2) 1) la pierna rota   2) inaugurada   3) puesta   4) dormida   5) mojada
6) publicada   7) suspendida   8) vendidas   9) abiertas

UNIDAD 19

EJERCICIO I

(1) 1) -Cuando nos levantamos, aún no había amanecido.
2) -Cuando llegamos a París, ya había anochecido.

3）-Cuando conocí a Paco, ya había terminado la carrera.
4）-Caundo llegaron al cine, las entradas se habían agotado.
5）-Caundo llamé por teléfono a Carmen, ella ya se había acostado.
6）-Cuando entramos en el cine, la película no había comenzado.
7）-Cuando puse la radio, ya habían dado las noticias.
8）-Cuando María tuvo su primer hijo, aún no había cumplido 20 años.
9）-Cuando nos decidimos a comprar la casa, ya la habían vendido.
10）-Cuando regresé a casa, mis padres ya habían cenado.
11）-Cuando llegamos a la iglesia, ellos se habían casado.
12）-Cuando llegó a la cita, ella ya se había marchado.
13）-Cuando llegó la ambulancia, el herido se había muerto.
14）-Cuando fuimos por el coche, la grúa se lo había llevado.
15）-Cuando fueron a alquilar el piso, ya lo habían alquilado.
16）-Cuando regresamos a casa, nos habían robado.
17）-Cuando fuimos a visitarle, él aún no se había levantado.
18）-Cuando puse la televisión, el programa ya había acabado.
19）-Cuando mi abuelo murió, aún no había cumplido 80 años.
20）-Cuando salimos de viaje, ya había empezado a nevar.

（2）1）-Había estado preparando la comida.
2）-Habían estado jugando a las cartas.
3）-Había estado pintando la puerta del garaje.
4）-Habíamos estado aprendiendo inglés.
5）-Había estado solucionando unos problemas y sacando dinero.
6）-Había estado arreglando el coche.
7）-Habíamos estado haciendo unas compras en la ciudad.
8）-Habían estado revisando el motor.
9）-Había estado preparando las oposiciones.
10）-Había estado lavándose la cabeza y pintándose las uñas.

EJERCICIO II

1）buena   2）buen   3）mal   4）mal   5）buenas
6）buen   7）tercer   8）buen   9）buen   10）primer, mal

EJERCICIO III

1）En, en   2）en, en   3）a, a   4）En, al   5）a
6）de   7）En, en   8）a, de, de 9）de   10）A, de, en

UNIDAD 20

EJERCICIO I

（1）1）-Anteayer nos quedamos en casa.
     -Este fin de semana nos hemos quedado en casa.

2) -La semana pasada ella estuvo enferma.
   -Esta semana ella ha estado enferma.
3) -El domingo me levanté muy tarde.
   -Hoy me he levantado muy tarde.
4) -El invierno pasado hizo mucho frío.
   -Este invierno ha hecho muy frío.
5) -Anoche él no nos dijo nada.
   -Hasta el momento él no nos ha dicho nada.
6) -El año pasado ellos no pudieron ir de vacaciones al mar.
   -Este año ellos no han podido ir de vacaciones al mar.
7) -El mes pasado ellas tuvieron que trabajar mucho.
   -Este mes ellas han tenido que trabajar mucho.
8) -El lunes pasado él vino en avión.
   -Esta mañana él ha venido en avión.
9) -La película de ayer fue muy interesante.
   -La película de hoy ha sido muy interesante.
10) -¿Ayer a qué hora llegó el tren?
    -¿Hoy a qué hora ha llegado el tren?

(2) 1) nació, murió   2) estuve, vi   3) iba   4) ha sido, ha llovido
5) levanté, tenía   6) tenía, perdió   7) Ha estado, estuve
8) salimos, vimos   9) llegó, habían ido   10) supo, llamó   11) fuimos, habían visto
12) He perdido, regaló   13) llovía, suspendió   14) volvió, encontraba   15) pudieron, había
16) hemos levantado, hemos oído   17) estaba, sabía, hacía
18) llegaron, había quemado   19) hacía, dieron   20) hablaba, pensaba

EJERCICIO II

(1) 1) de, a   2) en, a   3) de, en   4) en, en   5) a
6) en, a   7) de   8) de   9) de, en   10) a, en, a, en

(2) 1) está, es   2) será   3) fue, estaba   4) está, está   5) es, está
6) están, son   7) es, estoy   8) es, está   9) es   10) Está

UNIDAD 21

EJERCICIO I

1) -La semana próxima él irá de excursión a los Picos de Europa.
2) -Esta noche ellos nos invitarán al teatro.
3) -El domingo que viene comeremos en un restaurante chino.
4) -¿El año próximo iréis a veranear al mar?
5) -El mes que viene mi madre me mandará un paquete.
6) -Mañana por la mañana te llamaré a las 9 por teléfono.
7) -El año que viene mi amigo estudiará Medicina.
8) -Esta tarde oiremos la radio.

9) -Esta noche ellos verán la televisión después de cenar.

10) -¿El mes próximo cogeréis el avión o el barco?

EJERCICIO II

(1) 1) -No valdrá la pena ver esta película.

2) -Ella no dirá nada.

3) -Usted no querrá suspender el examen.

4) -No podremos ir de excursión.

5) -Ellos sabrán el número de teléfono del Sr. Gómez.

6) -Tú vendrás a la fiesta.

7) -No habrá entradas.

8) -Ella se pondrá su traje largo.

9) -Él saldrá de viaje a las 7.

10) -En esta sala no cabrá tanta gente.

(2) 1) -No, se lo diremos pasado mañana.

2) -No, los habrá la semana que viene.

3) -No, las tendremos el mes que viene.

4) -No, ellos vendrán por la noche.

5) -No, podremos hablar con él el lunes que viene.

6) -No, la sabrá el jueves que viene.

7) -No, me lo pondré esta tarde.

8) -No, los haremos esta noche.

9) -No, él saldrá de viaje el año que viene.

10) -No, él querrá hablar con él el mes próximo.

EJERCICIO III

1) -Ella estará llamando por teléfono.   2) -Ellos estarán escuchando música.

3) -Él estará preparando el examen.   4) -Estaremos llegando a Roma.

5) -Ellos estarán jugando en el jardín.   6) -Estaré descansando junto al mar.

7) -Él estará durmiendo la siesta.   8) -Ella estará limpiando la casa.

9) -Estaré volando a París.   10) -Ella estará lavándose la cabeza.

EJERCICIO IV

1) por   2) por   3) Para, para   4) Por, para   5) para

6) por   7) Para, por   8) por   9) para   10) por

UNIDAD 22

EJERCICIO I

1) habrá llegado   2) habremos hecho   3) habrá descubierto   4) habrán visto

5) habré escrito   6) habrá roto   7) habrá dicho   8) habrá abierto

9) habrá puesto   10) habrá hecho

EJERCICIO II

1) -Sí, ya habrá salido de casa.   -No, no habrá salido de casa.

2) -Sí, ya habrán ido de compras. -No, no habrán ido de compras.

3) -Sí, ya se habrán despedido de ellos. -No, no se habrán despedido de ellos.

4) -Sí, ya se habrá retrasado el tren. -No, no se habrá retrasado el tren.

5) -Sí, ya habrán cantado. -No, no habrán cantado.

6) -Sí, ya habrá comprendido el discurso. -No, no habrá comprendido el discurso.

7) -Sí, ya habrán terminado el ejercicio. -No, no habrán terminado el ejercicio.

8) -Sí, ya habrá escuchado la conferencia. -No, no habrá escuchado la conferencia.

9) -Sí, ya habrán telefoneado a sus parientes. -No, no habrán telefoneado a sus parientes.

10) -Sí, ya habrá colgado el cuadro. -No, no habrá colgado el cuadro.

EJERCICIO III

1) estará   2) Sabrán   3) querrás   4) ganará   5) pensará
6) tendrá   7) Será   8) costará   9) habrá   10) medirá

EJERCICIO IV

(1) 1) -Esta tarde nos quedaremos en casa.

2) -Ellos vendrán mañana.

3) -El próximo sábado haremos una excursión.

4) -Hoy por la noche saldré a cenar con mis amigos.

5) -Este fin de semana habrá huelga de taxis.

6) -Mañana por la tarde no estaremos en casa.

7) -El próximo viernes te podré dar una contestación.

8) -Mañana podremos ir juntos al cine.

9) -La semana próxima te devolveré el dinero.

10) -El jueves próximo tendré tres horas libres.

(2) 1) -Él jugará mañana al tenis.   2) -Ella irá de compras.

3) -Nosotros haremos una excursión.   4) -Vosotros saldréis temprano.

5) -Ellas vendrán a visitarnos.   6) -Nosotros conoceremos París.

7) -Usted tendrá todo listo.   8) -Sabré alemán.

9) -Ellas pondrán el televisor en el comedor.   10) -Ustedes no dirán nada.

(3) 1) -Sí, nos quedaremos hoy en casa. -No, no nos quedaremos hoy en casa.

2) -Sí, saldré con vosotros. -No, no saldré con vosotros.

3) -Sí, iré a la ciudad. -No, no iré a la ciudad.

4) -Sí, haré un viaje. -No, no haré un viaje.

5) -Sí, vendrá esta noche. -No, no vendrá esta noche.

6) -Sí, estudiaremos español. -No, no estudiaremos español.

7) -Sí, veré el partido. -No, no veré el partido.

8) -Sí, cenarán en un restaurante. -No, no cenarán en un restaurante.

9) -Sí, me quedaré más tiempo. -No, no me quedaré más tiempo.

10) -Sí, jugaremos al póquer. -No, no jugaremos al póquer.

EJERCICIO V

(1) 1) -Ellos vendrán seguramente mañana.   2) -Vosotros no habláis cortésmente.

3) -Ella responde afablemente.   4) -¡Por favor, habla claramente!

5) -Tú actúas torpemente.
6) -Nosotros trabajamos rápidamente.
7) -Ella nos miró alegremente.
8) -¡Esperad pacientemente!
9) -Ellos salieron urgentemente hacia Madrid.
10) -Ustedes han resuelto todo perfectamente.

(2) 1) habrá salido ya.
2) habrá aterrizado ya.
3) habrá contestado ya.
4) los habrán tenido.
5) no los habrán hecho.
6) no lo habrán resuelto.
7) lo habrán escrito.
8) habrán vuelto tarde.
9) no la habrán compuesto.

EJERCICIO VI

1) En, de　　2) Desde, Desde　　3) en, por　　4) En, de / en, con　　5) en
6) por, en　　7) a, para, de　　8) en, a, de　　9) con　　10) con, en

UNIDAD 23

EJERCICIO I

(1) 1) -Quizá compremos el cuadro.
2) -Quizá alquile un apartamento.
3) -Quizá comamos hoy en un restaurante.
4) -Quizá nos quedemos hoy en casa.
5) -Quizá nos llame por teléfono.
6) -Quizá abren hoy las tiendas.
7) -Quizá esperemos a Pedro.
8) -Quizá pasemos por Sevilla.
9) -Quizá le escriba una carta.
10) -Quizá se salve el enfermo.

(2) 1) -Ojalá nos lo den.
2) -Ojalá llueva mañana.
3) -Ojalá lo toque.
4) -Ojalá la alcancemos.
5) -Ojalá lo solucione.
6) -Ojalá lleguen a tiempo.
7) -Ojalá te escriba pronto.
8) -Ojalá lo atrape.
9) -Ojalá nos inviten a la fiesta.
10) -Ojalá se lo cure pronto.

EJERCICIO II

1) Se busca ingeniero de telecomunicaciones que sepa hablar inglés.
2) Quiere vivir en una gran ciudad que tenga un buen aeropuerto.
3) Necesitamos una secretaria que trabaje eficazmente.
4) Aconséjeme un perfume que no sea muy fuerte.
5) Ellos buscan un abogdo que defienda bien a sus clientes.
6) Solicitaré una beca que me permita vivir sin problemas.
7) Deseamos un coche que no gaste mucha gasolina.
8) Recomiéndame unas revistas que sean interesantes.
9) Quiero un jersey que vaya con esta falda.
10) Esta empresa necesita empleados que estén dispuestos a viajar continuamente.

EJERCICIO III

1) estaré　　2) es, están　　3) es　　4) estás　　5) soy
6) es　　7) es, está　　8) ser　　9) están　　10) es

UNIDAD 24

EJERCICIO I

(1) 1) -Le aconsejo que lea este libro.

2) -Te mando que no vengas esta tarde.

3) -Le ordeno que salga inmediatamente de la habitación.

4) -Te pido que me hagas un favor.

5) -Le exijo que pague la factura.

6) -Os ruego que no os pongáis nerviosos.

7) -Te ordeno que te levantes.

8) -Os suplico que tengáis paciencia.

9) -Les recomiendo que lean este libro.

(2) 1) hagamos   2) tengas   3) borres   4) vea   5) vengas

6) salga   7) haga   8) eche   9) ayudes   10) salgamos

EJERCICIO II

(1) 1) -Es conveniente que se acueste usted pronto.

2) -Es necesario que defiendan ustedes el proyecto.

3) -Es importante que resuelvas el problema.

4) -Hace falta que el niño duerma bien.

5) -Es necesario que recuerde usted todo.

6) -Es conveniente que calentéis la casa.

7) -Es necesario que hiervas el agua.

8) -Es probable que se vuelva a discutir el tema.

9) -Es necesario que usted niegue algo.

10) -Es seguro que contéis con el apoyo del director.

(2) 1) -Es posible que haga buen tiempo mañana.

2) -Es probable que las acertemos.

3) -Es posible que viaje el mes próximo.

4) -Es posible que la termine Carlos el año que viene.

5) -Es probable que nos casemos pronto.

6) -Es posible que venga mañana.

7) -Es posible que lo resuelva pronto.

8) -Es probable que nos volvamos a ver.

9) -Es posible que lo encuentre.

10) -Es probable que se diviertan en la fiesta.

(3) 1) vayas   2) vengas   3) haga   4) salga   5) aprendas

6) salga   7) juegue   8) vaya   9) sepas   10) leas

UNIDAD 25

EJERCICIO I

1) -No creo que ellos sepan algo del asunto.
2) -No creo que él vaya hoy por la mañana a la playa.
3) -No creo que el trabajo ya esté terminado.
4) -No creo que en ese hotel haya aún habitaciones libres.
5) -No creo que este problema sea bastante difícil de solucionar.
6) -No creo que esta empresa dé muchas facilidades a sus clientes.
7) -No creo que pilar sea andaluza.
8) -No creo que ellos digan la verdad.
9) -No creo que en Italia haga mal tiempo en invierno.
10) -No creo que ellos vayan mañana de excursión.

EJERCICIO II

1) -Me ha sacado una entrada para que vaya con él al teatro.
2) -El padre le ha mandado dinero para que pague el alquiler.
3) -Les cuento un cuento a los niños para que estén quietos.
4) -Hemos abierto la ventana para que entre el aire.
5) -Él le ha regalado a María una foto suya para que piense en él.
6) -Os he alquilado un coche para que vayáis de excursión.
7) -Le he llamado a usted para que me diga la verdad.
8) -Les hemos escrito para que vengan a vernos.
9) -Han llevado a los niños al zoo para que vean los animales.
10) -Mi padre me ha comprado una máquina de escribir para que aprenda a escribir a máquina.

EJERCICIO III

1) -Cuando tenga tiempo, iré al cine.
2) -Cuando llegue a casa, me pondré a trabajar.
3) -Cuando haga bueno, iremos a la playa.
4) -Cuando le pregunte su opinión, no diré nada.
5) -Cuando esté en Barcelona, daré un paseo por las Ramblas.
6) -Cuando sea primavera, los campos se cubrirán de flores.
7) -Cuando él se levante de la siesta, tendrá un humor de perros.
8) -Cuando vayamos a Madrid, visitaremos el Museo del Prado.
9) -Cuando ella sepa algo más del asunto, me lo comunicará.
10) -Cuando haya fresas, mi madre me hará una tarta de fresas y nata.

UNIDAD 26

EJERCICIO I

(1) 1) -No creo que lo haya comprado.　　2) -No creo que lo hayáis aprobado.

3) -No creo que lo hayan perdido.
4) -No creo que lo haya ganado.
5) -No creo que haya venido.
6) -No creo que la hayan encontrado.
7) -No creo que haya nevado en las montañas.
8) -No creo que hayan salido hoy de viaje.
9) -No creo que hayan podido cogerlo.

(2) 1) -¡Ojalá haya salido bien la operación!
2) -¡Ojalá haya capturado la policía al ladrón!
3) -¡Ojalá hayan cumplido lo prometido!
4) -¡Ojalá haya llegado ya el tren!
5) -¡Ojalá haya ganado nuestro equipo de fútbol!
6) -¡Ojalá les haya gustado la función de teatro!
7) -¡Ojalá lo hayan pasado bien en la fiesta!
8) -¡Ojalá haya dicho Pilar toda la verdad!
9) -¡Ojalá se hayan divertido los niños en el cine!
10) -¡Ojalá haya superado Paco la crisis!

EJERCICIO II

1) -Le agradezco que Usted me haya ayudado a resolver el problema.
2) -Me alegro de que hayan descubierto un medicamento contra el cáncer.
3) -Lamento que no hayamos podido asistir a la conferencia.
4) -Sentimos que ella haya estado en la cama con gripe.
5) -Me extraña que el tren todavía no haya llegado.
6) -Me temo que ella se haya molestado por mis palabras.
7) -No te perdonamos que no hayas venido a visitarnos.
8) -Lamento que la policía no haya encontrado aún las joyas robadas.
9) -Tengo miedo de que el niño se haya perdido.
10) -No creo que su novela haya sido premiada.

EJERCICIO III

(1) 1) -Cuando hayáis terminado el trabajo, venid a verme.
2) -Hasta que apruebes el examen, no iremos de vacaciones.
3) -Mientras no venga Pepe, no podremos comenzar el trabajo.
4) -Cuando me toque la lotería, daré la vuelta al mundo.
5) -Tan pronto como puedas, llámame por teléfono.
6) -Aunque llame alguien, no abras la puerta.
7) -Tan pronto como me entere de algo más, te lo comunicaré.
8) -Hasta que te portes bien, no compraremos el vídeo.

(2) 1) llegó   2) vengas   3) hace   4) siga
5) es   6) insistáis   7) aprobó   8) comas

UNIDAD 27

EJERCICIO I

(1) 1) -No creía que él supiera / supiese la verdad.
2) -No creía que ustedes pudieran / pudiesen hacer la excursión.
3) -No creía que vosotros recibierais / recibieseis el dinero.
4) -No creía que tú estuvieras / estuvieses en París.
5) -No creía que ellos leyeran / leyesen la noticia.
6) -No creía que ella tuviera / tuviese mucho éxito.

7) -No creía que usted comprara / comprase el coche.

8) -No creía que ellas dijeran / dijesen toda la verdad.

9) -No creía que vosotras fuerais / fueseis al cine.

10) -No creía que él hiciera / hiciese el examen.

(2) 1) -Celebré que tuvieras / tuvieses éxito.

2) -Sentí que María estuviera / estuviese enferma.

3) -Mi hermano me aconsejó que leyera / leyese el libro.

4) -Temí que él estuviera / estuviese enfermo.

5) -El jefe me ordenó que viniera / viniese con puntualidad.

6) -Era justo que le dieran / diesen el premio.

7) -Inés me dijo que te preguntara / preguntase por el diccionario.

8) -Lamenté que no se quedara / quedase más tiempo.

9) -Mi madre deseaba que fuera / fuese a casa pronto.

10) -María me ordenó que trajera / trajese el café.

(3) 1) -¡Ojalá tuviéramos / tuviésemos tiempo para ir al cine!

2) -¡Ojalá supiera / supiese algo de él!

3) -¡Ojalá hiciera / hiciese buen tiempo!

4) -¡Ojalá se estuvieran / estuviesen quietos!

5) -¡Ojalá nos tocara / tocase la lotería!

6) -¡Ojalá dijeran / dijesen la verdad!

7) -¡Ojalá pudiéramos / pudiésemos ir a España!

8) -¡Ojalá pensara / pensase en los demás!

9) -¡Ojalá quisiera / quisiese ayudarnos!

10) -¡Ojalá fuera / fuese fácil!

EJERCICIO II

(1) 1) -Sí, puedo dárselo.
2) -Sí, pueden llevarte a casa.
3) -Sí, podemos entrar un momento.
4) -Sí, puede arreglarte el coche.
5) -Sí, podemos ayudarte.
6) -Sí, puedo acompañarlo.
7) -Sí, pueden cuidarlas.
8) -Sí, podemos explicároslo.
9) -Sí, puedo hablar más claro.
10) -Sí, podéis pedirme ayuda.

(2) 1) -¿Cómo se lo diríais?
2) -¿Dónde vivirían?
3) -¿Cómo lo traerían?
4) -¿Cuándo hablaríais?
5) -¿Dónde comeríamos?
6) -¿Me lo permitirían?
7) -¿Qué deberías hacer?
8) -¿Cuál sería la solución?
9) -¿Cuándo me daría usted una contestación?
10) -¿Me podrías ayudar?

EJERCICIO III

(1) 1) -Si tuviera dinero, lo compraría.
2) -Si tuviera tabaco, fumaría.
3) -Si tuviera equipo, jugaría.
4) -Si tuviera coche, viajaría.
5) -Si tuviera entrada, iría al teatro.
6) -Si tuviera su teléfono, le llamaría.
7) -Si tuviera interés, aprendería algo.
8) -Si tuviera apetito, comería.
9) -Si tuviera bañador, me bañaría.
10) -Si tuviera el pasaporte, saldría al extranjero.

(2) 1) -Si fuera a París, cogería el avión.
2) -Si hubiera modelos nuevos, los compraría.
3) -Si terminara pronto, me iría a casa.
4) -Si nevara, iría a esquiar.
5) -Si tuviera una cámara, haría fotografías.
6) -Si supiera inglés, me iría a Inglaterra.
7) -Si hiciera calor, podríamos ir a la playa.
8) -Si estuviera acatarrado, no podría salir.
9) -Si conociera su dirección, le podría escribir.
10) -Si acabara la carrera, buscaría trabajo.

UNIDAD 28

EJERCICIO I

(1) 1) -¡Ojalá hubiera vendido algún cuadro!
2) -¡Ojalá hubiera seguido sus consejos!
3) -¡Ojalá hubieras dicho la verdad!
4) -¡Ojalá hubiéramos conseguido el premio!
5) -¡Ojalá no se hubiera puesto enferma!
6) -¡Ojalá lo hubiéramos visto!
7) -¡Ojalá hubiera conseguido una beca para el extranjero!
8) -¡Ojalá nos hubiera hecho buen tiempo!
9) -¡Ojalá me hubiera tocado la lotería!
10) -¡Ojalá no hubierais llegado tarde!

(2) 1) -Yo, en tu lugar, sí la hubiera reservado.
2) -Nosotros, en su lugar, sí hubiera hablado con él.
3) -Yo, en vuestro lugar, sí me hubiera comportado muy bien con él.
4) -Nosotras, en su lugar, no nos hubiéramos quedado en casa.
5) -Yo, en su lugar, no hubiera conducido demasiado deprisa.
6) -Él, en su lugar, no se hubiera puesto nervioso.
7) -Yo, en su lugar, no me hubiera enfadado con mi amiga.
8) -Nosotros, en vuestro lugar, no nos hubiéramos acostado muy tarde.
9) -Yo, en su lugar, sí hubiera ido de excursión.
10) -Yo, en su lugar, no hubiera aparcado el coche en sitio prohibido.

EJERCICIO II

1) -¿La habríais rechazado vosotros?
2) -¿Lo habría podido hacer usted?
3) -¿Lo habríais ayudado vosotros?
4) -¿Te habrías puesto muy nervioso tú?
5) -¿No habrían hecho nada ustedes?
6) -¿Los habrías dejado solos tú?
7) -¿Lo habría resuelto usted?
8) -¿Os habríais atrevido a llevarle la contraria vosotros?
9) -¿Habrías tenido miedo al ladrón tú?
10) -¿La habrían sabido ustedes?

EJERCICIO III

(1) 1) -Si hubiera visto a Carmen, habría podido decírselo.
2) -Si hubiéramos tenido tiempo, habríamos podido visitaros.
3) -Si no hubiera llovido tanto, habría ido a pasear.
4) -Si hubiera estudiado, habría aprobado el examen.
5) -Si me hubieran arreglado el coche, no habría tenido que coger el autobús.

6) -Si hubiera traído la cámara, habría sacado fotografías.

7) -Si no hubieran llegado tarde, no habrían perdido el avión.

8) -Si hubiera ido a Madrid, habría visto a Consuelo.

9) -Si no hubiera perdido su número de teléfono, habría podido llamar.

10) -Si no hubiera conducido tan deprisa, no habría tenido el accidente.

(2) 1) -Si no hubiera estado lloviendo toda la tarde, habríamos salido de casa.

2) -Si no hubiera bebido ni fumado tanto, no habría caído enfermo.

3) -Si hubieras regado las flores, no se te habrían secado.

4) -Si se hubiera acostado temprano, habría llegado puntual al trabajo.

5) -Si no hubiera hecho tanto frío, no se habría estropeado la cosecha.

6) -Si no se hubiera ido, le habríamos podido dar el recado.

7) -Si hubiera cerrado bien la puerta, no le habrían robado.

8) -Si no hubieras aparcado en sitio prohibido, no te habrían puesto la multa.

9) -Si no hubiera faltado continuamente al trabajo, no le habrían despedido.

10) -Si me hubieras hecho caso y te hubieras puesto el abrigo, ahora no estarías resfriado.

UNIDAD 29

EJERCICIO I

1) -Dice que saldrá de viaje mañana.

2) -Dice que han alquilado un apartamento junto al mar.

3) -Dice que aquí en España hace mucho calor y se baña todos los días.

4) -Dice que no estaban en casa cuando les robaron.

5) -Dice que cuando fue a verle, él ya se había ido.

6) -Dice que esta semana ha llovido mucho.

7) -Dice que si mañana hace buen tiempo, irán de excursión.

8) -Dice que nosotros hemos sido muy amables con él.

9) -Dice que yo no debo fumar tanto.

10) -Dice que soy para él su mejor amigo.

EJERCICIO II

1) -Antonio me pregunta dónde está la parada del autobús.

2) -Antonio me pregunta si ha llegado ya el tren.

3) -Antonio me pregunta a qué hora saldremos mañana de excursión.

4) -Antonio me pregunta si he comprendido todo.

5) -Antonio me pregunta si estamos contentos con nuestro profesor.

6) -Antonio me pregunta cuánto cuesta un billete para Barcelona.

7) -Antonio me pregunta si le ha llamado alguien por teléfono.

8) -Antonio me pregunta cuál es el camino más corto.

9) -Antonio me pregunta si hemos oído las noticias.

10) -Antonio me pregunta de quién es este abrigo azul.

EJERCICIO III

1) -Dijo que se casarían el año próximo.

2) -Dijo que ayer fue a ver a sus abuelos.

3) -Dijo que cuando era joven, hacía mucho deporte.

4) -Dijo que había mucha gente en la cola.

5) -Dijo que no había podido llamarnos por teléfono.

6) -Dijo que la semana próxima se irían de vacaciones.

7) -Dijo que él no sabía nada del asunto.

8) -Dijo que él ya se lo había imaginado.

9) -Dijo que habían visto una película muy interesante.

10) -Dijo que nos escribiría pronto.

EJERCICIO IV

1) -Nos dice que tengamos paciencia.

2) -Me dijo que le despertara a las cinco.

3) -Me ha dicho que me compre los zapatos.

4) -La madre le dice al niño que se ponga el abrigo.

5) -El profesor nos decía que aprendiéramos las palabras.

6) -Mi padre me dice que riegue las flores.

7) -El policía me dijo que no aparcara aquí.

8) -El profesor me ha dicho que sea más aplicado.

9) -Nos había dicho que cerráramos bien la puerta.

10) -El médico me ha dicho que deje de fumar.

UNIDAD 30

EJERCICIO I

1) -Las cuevas de Altamira fueron descubiertas por Marcelino Sanz de Sautuola.

2) -El campeón era vitoreado por la multitud.

3) -Una medicina contra el cáncer ha sido descubierta por los investigadores.

4) -El paciente había sido operado por el médico.

5) -El grave problema energético será solucionado por los ministros.

6) -Los reyes eran aclamados por el pueblo.

7) -La ley fue aprobada mayoritariamente por los diputados.

8) -El curso ha sido inaugurado por el Rector.

9) -10 representantes fueron elegidos por los trabajadores.

10) -La ciudad fue destruida por las bombas.

EJERCICIO II

(1) 1) -Se venden libros importados.

2) -Se tomarán medidas sanitarias.

3) -Se necesitan dos profesores.

4) -Se ha acordado la paz.

5) -Se invertían grandes cantidades de dinero.
6) -Se habían vendido todas las entradas.
7) -Se compró maquinaria nueva.
8) -Se habían agotado todas las provisiones.
9) -Se han concedido dos becas de investigación.
10) -Se venden coches de segunda mano.

(2) 1) -La autopista se construye con capital extranjero.
2) -Las botellas se embalan cuidadosamente.
3) -Todas las entradas se han vendido con antelación.
4) -Por toda la sala se instalaron micrófonos.
5) -Todas las grabaciones se conservarán en el archivo.
6) -Los contratos se han revisado.
7) -El decreto se aprobó.
8) -Las comunicaciones se interrumpían continuamente.
9) -Estas leyes se han promulgado.
10) -Varias escenas se criticaron.

EJERCICIO III

1) alquila / alquilan   2) vivía   3) mandará / mandarán   4) comenta   5) ha vendido / han vendido
6) dice   7) nieva   8) prohíbe   9) permiten

VOCABULARIO GENERAL
总词汇表

A

a prep.（表示方位或地点）在，位于	4
prep.（表示时间）在……时候，在……同时	6
prep.（表示目的地）到	7
a causa de 因为	21
a diario 每天，天天	9
a la derecha 在右边	4
a la izquierda 在左边	4
a máquina 用打字机、电脑（打字）	10
a menudo 经常，时常	9
a partir de 从……起，自……始	23
a pesar de 虽然，尽管	22
a veces 有时候	5
a ver 瞧瞧	6
al revés 相反的	28
abierto p.p. adj. 开着的	4
abogado m. 律师	1
abrazo m. 拥抱	23
abrigo m. 大衣	10
abrir tr., intr. 打开；张开	9
abuelo, la m.f. 祖父，祖母	6
aburrido p.p., adj. 感到厌倦的；乏味的	17
acá adv. 这里	2
acabar tr., intr. 完成；结束	19
acatarrado adj. 患感冒的	27
accidente m. 意外事件；事故	16
aceituna f. 油橄榄	6
acera f. 人行道，便道	12
acero m. 钢	20
acertar tr. 打中，命中；猜中	24
aclamar tr. （为某人）欢呼，喝彩；拥戴	30
acomodador, ra m.f. 引座员	16
acompañar tr. 陪伴	7
aconsejar tr. 劝告；启发，提示	8
acordar tr. 一致同意，商定	30
acordarse (de) prnl. 记忆，记得	10
acostarse prnl. 上床（睡觉）	10
acrópolis f. （古希腊城市的）卫城	30
acuerdo m. 协议；一致	8
adelante adv.interj. 向前；请进	6
además adv. 此外，而且	3
adiós interj. 再见	1
aduana f. 海关	14
afabilidad f. 和蔼，亲切	22
afeitarse prnl. 刮脸，修面	10
aficionado adj.-s. 爱好……的；业余的；爱好者	30
agotado p.p., adj. 枯竭的，耗尽的 精疲力尽的	13
agotamiento m. 枯竭，耗尽；筋疲力尽	12
agotar tr. 使干涸，使枯竭；耗尽，用光	30
agradable adj. 令人愉快的	4
agradar tr. 使感到愉快，使高兴	23
agradecer tr. 感谢	12
agradecimiento m. 感谢	24
agua f. 水	3
agua mineral 矿泉水	8
aguantar tr. 撑住；忍住；忍受	18
ah interj. 啊	1
ahí adv. 那里	5
ahora adv. 现在	4
ahorrar tr. 节约	18
ajedrez m. 国际象棋	9

— 315 —

ajetreado p.p., adj. 忙碌的	16	anochecer impers. 入夜，天黑	19
al día 每天	7	anteayer adv. 前天	16
al final de 在……的末端	4	antelación f. 提前，提早	30
al fondo 底部，尾部	24	anterior adj. 前面的	18
al lado de 在……旁边	5	antes adv. 以前，之前	14
al menos 至少	18	antes de 在……之前	14
al principio 开始，起初	16	anticontaminante adj. 控制污染的	27
alcalde m. 市长，镇长，乡长，村长	18	antiguo adj. 古老的，古代的	3
alcohol m. 酒精；烈性酒	12	añadir tr. 力量；能量	18
alegrarse prnl. 快乐，高兴；满意	23	año m. 年	5
alegre adj. 快乐的；明亮的	3	m. 年；岁	6
adj. 高兴的	4	apagar tr. 熄灭；关闭	12
alegría f. 快乐，高兴	22	aparato m. 器具，器械	11
alemán, ana m.f. 德国人		aparcar tr. 停放（车辆）	20
m. 德语		apartado adj. 偏僻的，远离的	28
adj. 德国的	2	apartamento m. 套间，住宅	3
algo pron. 某物	11	apellido m. 姓	12
alguien pron. 某人	11	apenas adv. 几乎不	9
alguno, na adj. 某个，某种	10	apetecer intr. 使想，使愿意	14
allí adv. 那里	4	apetito m. 欲望；胃口，食欲	27
alquilar tr. 租赁	7	aplaudir tr. 鼓掌，拍手	22
alquiler m. 租金，房租	5	aplicado adj. 勤奋的，刻苦的	13
alrededor adv. 周围；大约		apoyo m. 支持	24
m.pl. 周围，附近；郊区	28	apreciado adj. 珍贵的；尊敬的，尊贵的	23
altavoz m. 扬声器，喇叭	26	aprender tr. 学习	8
alto adj. 高的	2	aprobar tr. 同意；通过	11
alumno, na m.f. 学生	5	aproximadamente adv. 大致，大约	16
amable adj. 和蔼的	2	aquel, lla adj. 那个	3
amanecer impers. 天明，天亮	19	aquello pron. 那个	3
amargo adj. 苦的	13	aquí adv. 这里	4
ambulancia f. 救护车	16	árabe adj.-s. 阿拉伯的；阿拉伯人	
americano, na m.f. 美洲人；美国人		m. 阿拉伯语	17
adj. 美洲的；美国的	2	árbol m. 树	5
amigo, ga m.f. 朋友	1	archivo m. 档案，档案馆	30
amueblar tr. 添置家具	21	armario m. 柜子	4
andaluz, za adj.-s.（西班牙）安达卢西亚的；		arquitecto, ta m.f. 建筑师	1
安达卢西亚人	13	arreglar tr. 整理，收拾	10
andar intr. 走，行走	12	artesanía f. 手工艺品	24
animación f. 热闹	20	artículo m. 文章	24
animado adj. 热闹的	20	asa f. 柄，把，提手	13
ánimo m. 加油	3	asamblea f. 会议，大会，议会	17
aniversario m. 周年	19	asearse prnl. 洗漱	10
anoche adv. 昨晚	16	asegurar tr. 固定；确保；保险	19

asfixiar tr. 使窒息	18
así adv. 如此，象这样	9
asiento m. 座位	11
asunto m. 事情，事务	11
atención f. 注意，关心，关注	14
atentamente adv. 专心地；恭敬地，有礼貌地	23
atento adj. 全神贯注的；有礼貌的	23
aterrizar intr. 着陆，降落	22
atleta m.f. 田径运动员	23
atmósfera f. 大气；空气；环境；气氛	27
atmosférico adj. 大气的	10
atrapar tr. 抓住，捉住	19
atravesar tr. 横贯；穿过，越过	12
atreverse prnl. 敢，敢于	28
aula f. 教室，课堂	7
aún adv. 还，尚，仍	10
aunque conj. 虽然，尽管，但是	10
auténtico adj. 真正的；确实的	30
autobús m. 公共汽车	4
autopista f. 高速公路	30
autoridad f. 权力；威信；当局，官方	27
autoritario adj. 有权威的	15
avería f. 故障	17
averiarse prnl. 毁坏，损坏；发生故障	17
avión m. 飞机	14
avisar tr. 通知；提醒；叫（医生，汽车等）	17
aviso m. 通知	19
ayer adv. 昨天	16
ayuda f. 帮助	12
ayudar tr. 帮助	7
ayuntamiento m. 市政府	3
azafata f. 空中小姐	1
azul adj. 蓝色的	4

B

bailar intr. 跳舞	9
baile m. 舞蹈	15
bajar intr., tr. 下，降；放下，降下	15
bajarse prnl. 弯腰；下车	12
bajo adj. 低的；底下的	19
balance m. 结算帐目	18
banco m. 银行	4
bañador m. 游泳衣	27

bañarse prnl. 洗澡	10
baño m. 卫生间	3
bar m. 酒吧	5
barato adj. 便宜的	4
barba f. 下巴；胡须	10
barbaridad f. 野蛮，残暴；荒唐，冒失	17
barco m. 船	21
barrio m. 区	5
báscula f. 磅秤，台秤	14
bastante adv. 相当地	3
beber tr. 喝，饮；喝酒	8
beca f. 奖学金	23
Biblia f. 《圣经》	17
biblioteca f. 图书馆	5
bicicleta f. 自行车	4
bien adv. 好	1
m. 好事；利益，福利，幸福；善良；财产	23
bienvenido adj. 受欢迎的	2
billete m. 票	10
bloqueado adj. 被包围的；被封锁的	28
bocadillo m. 夹肉面包	6
boda f. 婚礼	19
bodega f. 地下储藏室；酒窖	22
bolígrafo m. 圆珠笔	3
bolsa f. 包	6
bolso m. （女用）手提包；书包	11
bomba f. 炸弹	17
bombero m. 消防员	20
bonito adj. 漂亮的	3
bota f. 靴子；酒囊	28
botella f. 瓶子	4
brazo m. 臂，手臂	12
bronquitis f. 支气管炎	23
bueno adj. 好的	1
bufanda f. 围巾	12

C

caballo m. 马	19
caber intr. 放得下	17
cabeza f. 头，头部	12
cada adj. 每一个	12
caer intr. 掉，落，坠	10

café m. 咖啡	5	cartelera f. 广告牌，广告栏	25
caja de cambios 变速箱	17	cartero, ra m.f. 邮差	8
cajetilla f. 小盒子	15	casa f. 房子；家	3
cajón m. 抽屉	5	casarse prnl. 结婚	16
calcular tr. 计算，估算	19	caseta f. 小房子	5
calefacción f. 采暖设备	21	casi adv. 几乎	9
calentar tr. 加热	7	castellano adj., m. 卡斯蒂利亚的；	
calidad f. 质，质量	13	卡斯蒂利亚语，西班牙语	21
caliente adj. 热的	10	castigar tr. 惩罚	27
callar intr. 沉默，不说话	21	castillo m. 城堡	17
calle f. 街道	3	casualidad f. 偶然，凑巧，巧合	29
calmante m. 镇静剂	16	catedral f. 大教堂	3
calor m. 热	4	católico adj. 天主教的	20
caluroso adj. 热的	3	caza f. 打猎	19
calzar tr. 穿（鞋，袜）	13	cenar intr. 吃晚饭	7
cama f. 床	4	intr., tr. 吃晚饭	10
cámara f. 照相机	28	centro m. 中心	4
camarero, ra m.f. 侍者，服务员	1	cepillarse prnl. 刷	10
cambiar tr. 改变	15	cerámica f. 陶瓷	21
cambio m. 改变，变化；（汽车的）变速器	17	cerca adv. 附近	12
camisa f. 衬衫	11	cerca de 在……附近	12
camiseta f. 汗衫	23	cerrado p.p. adj. 关闭的	4
campeón m. 冠军，第一名	30	cerrar tr. 关闭	7
campo m. 乡村；原野；田地	9	cerveza f. 啤酒	8
cáncer m. 癌症	26	chao interj. 再见	1
canción f. 歌曲	7	chaqueta f. 夹克	11
cansado p.p. adj. 累的，疲惫的	4	charlar intr. 谈话，聊天，闲谈	7
cantidad f. 量；数量，分量；金额	30	chico, ca m.f. 男孩儿，女孩儿	2
caña f. 高筒杯，啤酒杯；扎啤	8	chimenea f. 烟囱	21
capital f. 首都	4	chino, na m.f. 中国人	
capturar tr. 抓住，逮捕	26	m. 汉语	
cara f. 脸	10	adj. 中国的	2
carácter m. 性质，特点；性格	13	chiste m. 笑话	16
caramelo m. 糖果	8	chocolate m. 巧克力	8
carapulcra f.（秘鲁）土豆辣椒烧肉	24	cielo m. 天，天空	9
cariño m. 爱；喜爱；亲热，亲昵	22	cigarrillo m. 香烟，卷烟	7
carne f. 肉	3	cima f. 山顶，山尖	28
caro adj. 贵的	3	cine m. 电影院	3
carrera f. 跑；学业，专业	19	cita f. 约会	19
carretera f. 公路，大路	17	ciudad f. 城市	3
carta f. 信	7	claridad f. 清楚，明白	22
f. 菜单	8	claro adv. 当然	4
f. 纸牌	9	clase f. 教室	4

— 318 —

f. 课，课堂	6
f. 类；级，等	14
clásico adj. 古典的	9
cliente m.f. 顾客，主顾，客户	16
clima m. 气候	5
clínica f. 诊所	23
coche m. 汽车	3
coche-cama（火车的）卧铺车	22
cocina f. 厨房	3
coger tr. 拿，抓；走（某一条路）	12
cola f. 尾巴；队列	20
colección f. 收藏品	30
colegio m. 学院，专科学校；中学；小学	20
colgar tr. 挂	7
collar m. 项链	19
colocación f. 工作，职务，职业	27
colocar tr. 放置	21
comentar tr. 评论，议论	8
comer tr. 吃，吃饭	8
comida f. 食物；饭	10
cómo adv. 怎样，如何	1
cómodamente adv. 舒服地	18
comodidad f. 舒适	18
cómodo adj. 舒服的	3
compañero, ra m.f. 同伴，同学	7
compañía f. 公司	14
competente adj. 合适的；有资格的；有能力的	27
completamente adv. 完全地	30
componer tr. 组成，构成；创作，谱写（乐曲），写作（诗文）	22
comportarse prnl. 表现	19
compra f. 买，买东西	22
comprar tr. 买，购买	7
comprender tr. 理解	8
comprobar tr. 证明；核实	19
comunicación f. 联系；通讯；交通	30
comunicado adj. 交通方便的	23
comunicar tr., intr. 通知；（使）相通，（使）相连；传播	10
con prep. 和；带有	3
con seguridad 确实地，肯定地	22
conceder tr. 给予，让给	30
concierto m. 音乐会	3

condición f. 条件；情况	14
conducir tr. 驾驶	14
conferenciante m.f. 报告人，演讲者	7
confirmación f. 确认	14
confirmar tr. 确认	25
conformarse con 同意；忍受	25
conocer tr. 认识，了解，熟悉，知道	16
conseguir tr. 取得，获得，得到	19
consejo m. 劝告，忠告，建议	28
conservado p.p. adj. 保存的	4
considerar tr. 考虑；认为	13
constituir tr. 组成，构成	30
construir tr. 建设	10
contaminación f. 污染	10
contar tr. 数；讲述	7
contar con 拥有	24
contemplar tr. 观察；考虑	30
contento adj. 满意的，高兴的	4
contestación f. 回答，回复	8
contestar tr. 回答	7
continental adj. 大陆的，大陆性的	5
continuamente adv. 连续地，不断地；经常地	23
contra prep. 反对	19
contrato m. 合同	30
contribuir tr. 贡献；促进	17
conveniente adj. 合适的，适宜的	24
convenir tr. 聚集；约定；一致认为同意	17
conversación f. 交谈，谈话	6
corbata f. 领带；领结	11
corregir tr. 改正，纠正	10
correo m. 邮件	9
correr intr. 跑	15
corrida f. 跑，奔跑	18
cortado m. 牛奶咖啡	6
cortarse prnl. 切，割，剪，裁，砍	10
cortesía f. 礼貌，礼仪，礼节	22
cortometraje m. 短片	25
cosecha f. 收割，收获；收成	20
costa f. 海岸	5
costar intr. 花费	6
costumbre f. 习惯	20
crédito m. 信任；信贷；信用	13
creer tr. 相信；认为	16

— 319 —

crimen m. 罪行	19	de la casa 家庭的	8
crisis f. 危机	26	de pronto 突然	17
cristal m. 玻璃	22	de todas formas 不管怎样	19
cristiano adj.-s. 信基督教的；基督教的；基督徒	30	de vez en cuando 经常	11
		deber m. pl. 作业	15
criticar tr. 批评	30	debido a 因为	21
crucero m. 巡洋舰	22	débil adj. 弱的，虚弱的；软弱的	21
cruzar tr. 使交叉；横跨；穿过	22	decidirse prnl. 决定	19
cuadro m. 图画	3	decir tr. 说	9
cualquiera adj.-pron. 任何一个	21	declaración f. 宣布，声明，说明	19
cuándo adv. 什么时候	7	declarar tr. 宣布，声明；（在海关等处）申报	14
cuando adv. 当……的时候	11	decorador, ra m.f. 装饰设计师	1
cuánto adj.interr. 多少	6	decorar tr. 装饰	21
cuanto adj. 若干，一些	23	decreto m. 法令，政令	30
cuanto antes 尽早	23	dedicarse prnl. 致力，从事，献身	27
cuarto m. 四分之一；一刻钟	6	defender tr. 保护；保卫；为……辩护	23
adj., num. 第四	12	dejar tr. 放下，留下	8
cuarto de baño 卫生间	3	tr. 让，允许	15
cuatro adj. num. 四	3	dejar de + inf. 停止做……	18
m. 房间	3	delgado adj. 瘦的	2
cubierto m.（整套的）餐具[指刀、叉、匙等]	20	delicioso adj. 令人愉快的	21
		dentro adv. 里面	11
cubrir tr. 遮，盖，罩	9	dentro de 在……里面	11
cuenta f. 帐目	7	denunciar tr. 揭露，检举，告发	19
cuento m. 故事	10	departamento m. 区域，区划，省份	24
cuerda f. 皮革	3	depender intr. 取决于；从属于；依靠	17
cuero m. 皮，皮革	11	dependiente m.f. 售货员	11
cuerpo m. 身体，身躯	12	deportivo adj.-m. 体育的，运动的；跑车	11
cueva f. 地洞，山洞	30	deprimido p.p., adj. 消沉的	17
cuidado m. 小心，注意，仔细	22	deprisa adv. interj. 迅速地；赶快	6
cumplir tr. 完成	19	derecho adj. 右边的	4
curar tr. 医治，治疗；治愈	23	desagradable adj. 令人不愉快的	5
curso m. 课程	14	desayunar tr., intr. 吃早餐	18
		descansar intr. 休息	12
D		descanso m. 休息	11
damasiado adj., adv. 过分的，过度的；过分地，过度地	12	describir tr. 勾画，描绘，描写	30
		descubrir tr. 发现	18
dar tr. 给	12	desde prep. 自……起，从……开始	7
dar una vuelta 散步	25	desde luego 当然	27
darse cuenta de 发现	24	desear tr. 想，要，希望，渴望	7
de prep. ……的	1	deseo m. 希望，愿望	23
de acuerdo 同意，意见一致	8	desgracia f. 不幸；倒霉	13
de compras 购买	11	desgraciadamente adv. 不幸地，倒霉地	26

— 320 —

desnudarse prnl. 脱衣服	10
desordenado adj. 乱的	4
despacho m. 办公室	21
despacio adv. 缓慢地	17
despedir tr., prnl. 送别，送行；告别辞行	22
despertador m. 闹钟	20
despertarse prnl. 睡醒	10
despierto p.p., adj. 醒的	18
después adv. 在……后面	9
después de 在……后面	9
destino m. 用途；终点，目的地	14
destruir tr. 毁坏，摧毁	17
detalle m. 细部，细节，详情	30
detener tr. 阻止，拦截；逮捕	17
detrás adv. 后面	5
detrás de... 在……后面	5
devolver tr. 归还	8
día m. 白天；天	1
diapositiva f. 幻灯片	24
diario adj. 每日的，天天的，日常的	9
diccionario m. 字典	3
dictar tr. 口述，口授	8
diente m. 牙齿	10
dieta f. 规定的饮食；忌食	12
difícil adj. 难的	5
difícilmente adv. 困难地	22
digestión f. 消化	12
dinero m. 钱	5
diputado, da m.f. 众议员	30
dirección f. 方向；地址	8
director, ra m.f. 领导者；(乐队)指挥；导演	22
dirigirse prnl. 走，走向	14
disco m. 圆盘；唱片	8
discoteca f. 迪厅	4
discriminar tr. 区别；歧视	24
discurso m. 谈话，谈论；演说，演讲	22
diseñador, ra m.f. 设计师	1
disfrutar intr. 享受	15
dislocado p.p., adj. 脱臼的	16
dispuesto adj. 准备好的	23
distribuir tr. 分配，分发；安排，部署	27
divertir tr. 使愉快	10
doler tr. 疼，痛	12

dolor m. 疼痛	3
dónde adv. 哪里	2
dormir intr. 睡觉	9
dormitorio m. 卧室	3
dos adj. num. 二	3
doscientos adj. num. 二百	5
drogadicto, ta m.f. 吸毒者	15
ducharse prnl. 淋浴	10
duda f. 怀疑；疑问；犹豫	20
dudar tr. 怀疑	26
durante adv. 在……期间	7
durar intr. 持续，延续	7
duro adj. 坚硬的	3

E

echar tr. 扔，投，掷	12
echar la siesta 睡午觉	12
económico adj. 经济的	20
edad f. 年龄	6
edificio m. 建筑物，楼房，大厦	3
eficazmente adv. 有效地	23
ejercicio m. 练习	8
el art. 这，那；这个，那个	2
él pron. 他	1
elegante adj. 华丽的；优雅的；高尚的	11
elegir tr. 选择；选举	17
elemental adj. 初步的，基础的，初级的	7
ella pron. 她	1
ellas pron. 她们	1
ellos pron. 他们	1
embalar tr. 包装，打包	30
embarazada adj.-f. 怀孕的；孕妇	29
embarque m. 装船；登船，登机	14
emoción f. 激动，激情；感动，感情	28
empezar intr., tr. 开始	7
empresa f. 公司，企业	7
empresario, ria m.f. 企业家	30
empujón m. 推，搡，冲击	18
en prep. 在……里面，在……上面	3
en chino 用中文（说，写，……）	8
en español 用西班牙文（说，写，……）	8
en nombre de 以……的名义；为了……；看在……的份上	24

en oferta 减价出售	13	escena f. 舞台；布景；场面	30
en punto 正好的（时间）	7	escribir tr. 写；写信	9
enamorado p.p., adj. 恋爱的	17	escuchar tr. 听	7
encantado adj. 高兴的	1	ese, sa adj. 那个	3
encargar tr. 委托；预定	18	esforzarse prnl. 努力	15
encender tr. 点燃	8	eso pron. 那个	3
encima adv. 上面	21	espacio m. 太空，宇宙；空间	30
encontrar tr. 找到，发现	11	espalda f. 背，背部	12
encontrarse prnl. 相遇；置身，位于	12	español m. 西班牙语	1
prnl. 处于（某种境遇或状况）	23	español, la m.f. 西班牙人	
energético adj. 能量的	30	m. 西班牙语	
energía f. 力量；能量	18	adj. 西班牙的	2
enfadado p.p. adj. 生气的	4	espárrago m. 芦笋	8
enfadarse prnl. 生气	28	especialidad f. 特殊性；专业，专长	8
enfermedad f. 疾病	15	especialidad de casa 招牌菜，特色菜	8
enfermero, ra m.f. 护士	1	espejo m. 镜子	21
enfermo adj. 生病的	4	esperar tr. 等待；希望	7
enfriarse prnl. 着凉，伤风，感冒	23	espeso adj. 浓的	17
ensalada f. 沙拉；色拉	8	esquiar intr. 滑雪，滑水	25
enseguida adv. 立即	6	esquina f. 街角	25
enseñar tr. 教授，教导；指出，指示	8	estación f. 火车站	3
ensuciarse prnl. 弄脏	10	f. 季节	5
entender tr. 理解	18	estado m. 状态，状况；国家，政府	20
enterar tr., prnl. 通知，使知道；获悉，得知	16	estancia f. 停留	14
entonces adv. 那么	6	estantería f. 架式家具	21
entrada f. 入口；进入	17	estar intr. 处于；在	1
f. 门票	19	estar al aparato 接电话	11
entrar intr. 进入	16	estar de vacación 休假	2
entregar tr. 交给，交出	14	estar en forma 身体好，情绪好	4
entresuelo m. 夹层, 半楼	25	este, ta adj. 这个	3
entretener tr. 耽搁	22	éste, ta pron. 这个	5
entretiempo m. 春秋季	14	esto pron. 这个	3
entusiasmo m. 热情，热心；激动，兴奋	22	estómago m. 胃	12
época f. 时代，时期	30	estropearse prnl. 损坏，毁坏	17
equipado adj. 装备好的	28	estudiante m.f. 学生	1
equipaje m. 行李	14	estudiar tr. 学习	7
equipo m. 装备；队，组	17	estudio m. 学习；学问	7
equivocarse prnl. 搞错，弄错	10	estupendamente adv. 极好地，极妙地	10
eres intr.（你）是	1	estupendo adj. 极好的	15
es intr.（他、她、它、您）是	1	euro m. 欧元	5
escalar tr. 攀登	9	exagerar tr. 夸张	18
escalera f. 楼梯；梯子	16	examen m. 考试	11
escaparate m. 橱窗	13	examinar tr. 检查；考查	7

VOCABULARIO GENERAL
总词汇表

tr. 检查，考试	16
excavación f. 挖掘；坑，穴	30
excavar tr. 挖，掘，开	30
exceso m. 多余，剩余	14
excluir tr. 排除	17
excursión f. 郊游，远足	8
exigir tr. 要求；命令；需要	24
existir intr. 存在	23
éxito m. 结果；成功，成就，胜利	7
experiencia f. 经验，经历	23
experimental adj. 实验的，试验的	25
explicación f. 解释	26
explicar tr. 解释	7
explosión f. 爆炸	19
exportar tr. 出口	7
exposición f. 展览	18
exterior adj. 外面的；朝街的	3
extranjero adj., m. 外国的；国外	11
extrañarse prnl. 奇怪	26
extremado adj. 极端的；极好的；非常细心的	24

F

fábrica f. 工厂	3
facilidad f. 容易；便利	25
factura f. 制作；账单，货单；发票	24
facturar tr. 托运（行李）	14
falda f. 裙子	11
falso adj. 假的	19
falta f. 缺乏；错误	10
faltar intr. 没有，缺少；不足	30
fama f. 名望	25
familia f. 家庭	3
familiar adj.-s. 家庭的；熟悉的；亲人；熟人	30
farmacia f. 药店，药房	12
fatal adj. 注定的；致命的；糟糕透顶的	20
favor m. 帮助；恩惠	6
fecha f. 日期	17
feliz adj. 幸福的，快乐的	7
fiarse de 信任，相信	25
fiebre f. 热度；发烧	12
fiesta f. 节日	4
filial f. 分支，分公司	23
fin m. 结束；尽头	7

final m. 末尾，末端	4
físico adj. 物理的；肉体的，身体的	12
flor f. 花	5
fondo m. 尽头，深处	4
forma f. 形状，形式	4
formulario m. 表格	14
foto f. 照片	6
fotografía f. 照片	27
fotógrafo, fa m.f. 摄影师	22
francamente adv. 坦率地，直率地	18
francés, esa m.f. 法国人	
m. 法语	
adj. 法国的	2
franquicia f.（邮资、关税等的）豁免权	14
frase f. 句子；习语	8
fresa f. 草莓	6
fresco adj. 凉爽的；新鲜的	5
frío adj. 冷的，凉的	3
m. 冷	5
fruta f. 水果	8
fuera adv. 外面，在外面	23
fuerte adj. 结实的	3
adj. 结实的；强大的；剧烈的；浓的	12
fumar intr., tr. 吸烟	7
fútbol m. 足球	
futuro m. 未来	23

G

gafas f. pl. 眼镜	22
ganar tr. 赢得，获得	18
garaje m. 车库	4
garganta f. 咽喉，嗓子	12
gasolina f. 汽油	18
gastar tr. 花费	13
gato, ta m. 猫	4
general adj. 总的，一般的	9
gente f. 人	5
geografía f. 地理，地理学	10
gimnasio m. 体育馆，健身房	15
gobierno m. 政府	24
gordo adj.-m. 头等的；（彩票的）头奖	21
gótico adj. 哥特式的	3
grabación f. 录音，录制	30

— 323 —

gracia f. 有趣的言行；令人讨厌的言行	3	adj. 荷兰的	2
gracias interj. 谢谢	1	honor m. 荣誉	16
gramática f. 语法	7	hora f. 小时，钟点；时间	6
grande adj. 大的	2	horario m. 时间表	14
grasa f. 油脂，脂肪	12	horrible adj. 可怕的	20
grave adj. 严重的	12	horror m. 恐怖	20
grifo m. 水龙头，阀门	24	hospedarse prnl. 住宿，寄宿	24
gripe f. 流感	12	hospital m. 医院	4
grúa f. 起重机，吊车	17	hostal m. 旅馆	16
guante m. 手套	5	hotel m. 酒店，宾馆	3
guapo adj. 漂亮的；英俊的	2	hoy adv. 今天	4
guardar tr. 保护；看管；保存	17	huelga f. 罢工	22
guerra f. 战争	20	huir intr. 逃走	10
guía m.f. 向导，导游	20	humo m. 烟	11
guitarra f. 吉他	12	humor m. 情绪，心情；幽默	16
gustar intr. 使喜欢，使喜爱	9		
gusto m. 高兴	1		

H

I

haber (hay) intr. 有	5	ida f. 往，去	14
habitación f. 房间	3	ida y vuelta 往返	14
hablar intr., tr. 说话，讲话，谈话；		idea f. 概念；主意	8
会讲（某种语言）	7	ideal adj.-m. 理想的；理想	27
hacer intr. 做；（表示天气）是，有	4	idioma m. 语言	7
intr. （表示时间）已逾，已满	7	iglesia f. 教堂	3
hacer falta 缺少，需要	18	igual adj. 一样的	13
hacer preguntas 提问题	8	igualmente adv. 同样地	7
hallar tr. 发现	30	imaginar tr. 想象，设想，猜想	18
hambre f. 饥饿	5	impedir tr. 阻止	17
hamburguesa f. 汉堡包	15	imperio m. 帝国	30
harto adj. 厌倦的	16	importar intr. 重要	13
hasta prep. 直到……	1	tr. 进口	20
helar impers. 结冰，冰冻	19	impresión f. 效果；感受；印象	22
heredar tr. 继承	19	inaugurar tr. 揭幕，开幕	18
herido, da p.p., adj., m.f. 受伤的；伤者	19	inca adj.-s. 印加的；印加人	24
hermano, na m.f. 兄弟，姐妹	4	incienso m. 香，熏香	30
hermoso adj. 美丽的	3	incierto adj. 不确定的	24
hervir intr., tr. 沸腾；煮，煮沸	24	incluir tr. 包括	17
hijo, ja m.f. 儿子，女儿	3	incluso adv. 包括在内，甚至	19
historia f. 历史，史学	10	incomodidad f. 不舒适	18
hola interj. 你好	1	inconveniente adj.-m. 不合适的；不便，困难；	
holandés, esa m.f. 荷兰人		不利，弊端	29
m. 荷兰语		indicar tr. 表明；指明；指出；指点	12
		industria f. 工业	3
		infancia f. 童年	15

— 324 —

VOCABULARIO GENERAL 总词汇表

infarto m. 梗塞，梗死	15
información f. 信息	19
informar tr. 告诉，通知	19
informarse prnl. 调查，了解	16
informe m. 消息，情报，资料；报告，汇报	24
ingeniero, ra m.f. 工程师	1
inglés, esa m.f. 英国人	2
m. 英语	
adj. 英国的	
ingresar intr., tr. 进入；送入	16
iniciar tr. 开始	30
insistir intr. 坚持	29
instalar tr. 安装	21
intelectual adj. 智力的，脑力的	9
intenso adj. 强烈的，剧烈的，紧张的	17
intentar tr. 试图；努力；企图，打算	16
interesante adj. 有趣的	3
interesar tr. 使感兴趣	11
interrumpir tr. 中断，打断	30
invertir tr. 投资	30
investigación f. 调查	19
investigador adj.-s. 研究的，调查的；研究者，调查者	30
invierno m. 冬天	3
invitado, da adj.-m.f. 被邀请的；客人	10
invitar tr. 邀请	7
ir intr. 去	7
italiano, na m.f. 意大利人	2
m. 意大利语	
adj. 意大利的	
izquierdo adj. 左边的	4

J

jamón m. 火腿	6
japonés, esa m.f. 日本人	2
m. 日语	
adj. 日本的	
jarabe m. 糖浆；甜饮料	13
jardín m. 花园	3
jarrón m. 大花瓶	19
jersey m. 运动衫	23
joya f. 首饰	19
jueves m. 星期四	6
jugador, ra m.f. 运动员，球员	23
jugar intr., tr. 游戏，玩耍；玩（牌），下（棋），赛（球）	9
julio m. 七月	6
junto adj. 一起的，在一处的	11
justificar tr. 证明，证实；说明，辩白	18
justo adv. 恰恰，刚巧	26

K

kilo m. 公斤	6

L

la art. 这，那；这个，那个	2
lado m. 边，侧	4
ladrón, ona m.f. 小偷；强盗	17
lágrima f. 眼泪	22
lamentar tr. 遗憾	26
lápiz m. 铅笔	4
largo adj. 长的	9
lástima f. 同情；不幸；遗憾，可惜	17
lavarse prnl. 洗	10
lección f. 功课，课	7
leche f. 牛奶	6
leer tr. 读，阅读	8
lengua f. 舌头；语言	12
lesión f. 损伤；损害	17
levantarse prnl. 起床	10
ley f. 法律	30
liberar tr. 解放；释放；解除	30
libre adj. 自由的；空着的	5
libro m. 书	3
licenciatura f. 硕士学位	10
limeño adj.-s. (秘鲁)利马的；利马人	24
limón m. 柠檬	13
limpiar tr. 使清洁，打扫	10
limpio adj. 干净的	4
lista f. 名单	17
listo adj. 聪明的，伶俐的，敏捷的；准备就绪的，做好准备的	22
litro m. 公升	6
llamar tr., intr. 叫，喊，呼唤；敲	9
llamarse prnl. 名字叫	1
llave f. 钥匙	12

— 325 —

llegar intr. 到达		11
lleno p.p., adj. 充满的		18
llevar tr. 带走		7
tr. 度过		12
llevarse prnl. 带走；选中		11
llorar intr. 哭		3
llover intr. 下雨		5
lluvia f. 雨		17
localidad f. 位置；门票，入场券		18
localizar tr. 找到		29
loco adj. 疯癫的，发疯的		22
locura f. 疯狂		27
los, las art. 这些，那些		2
lotería f. 彩票，奖券		21
luego adv. 以后		1
luz f. 光；灯		12

M

madera f. 木头		16
madre f. 母亲		6
madrugar intr. 早起，起早		22
mahonesa f. 蛋黄油		8
mal adv. 坏，不好		1
maletín m. 小手提箱，小手提包		22
malo adj. 坏的		5
mandar tr. 命令；寄；派		12
manera f. 方式，方法，形式		22
manga f. 袖子		12
mano f. 手		10
mañana adv. 明天		1
f. 上午		5
máquina f. 机器		10
maquinaria f. 机器，机械，设备		30
mar m. 海洋		30
maravilloso adj. 神奇的；极好的		20
marcar tr. 作标记；标价		13
marcha f. 行进		26
marcharse prnl. 离开		12
marido m. 丈夫		19
marrón adj. 栗色的，咖啡色的		13
martes m. 星期二		6
más adv. 更		11
matemáticas f. pl. 数学		16
material m. 材料，原料		10
matriculado adj. 注册的，登记的		17
mayor adj. 较大的；最大的		3
adj. 更大的		13
mayoritariamente adv. 多数地		30
me llamo... (我) 名叫……		1
mecánica f. 力学，机械学；机械		22
mecánico, ca m.f. 机械师		17
media f. 半点钟		6
medicamento m. 药品，药物		26
medicina f. 医学；药品，药物		12
médico, ca m.f. 医生		1
medida f. 措施，办法		27
medio adj. 一半的		6
m. 手段；工具		22
mediodía m. 中午		16
medir tr. 测量		17
mejor adv. 更好地		4
adj. 更好的		13
mejorarse prnl. 变好		16
memoria f. 记忆，记性；学术论文		10
menor adj. 更小的		13
menos adv. 差，不到，不如		1
menudo adj. 小的，细小的		9
merecer tr. 应该得到，应当受到（奖惩等）；值得		20
merluza f. 无须鳕鱼		8
mes m. 月		5
mesa f. 桌子		4
mesita de noche 床头柜		17
meta f. 终点；目标，目的		17
metro m. 地铁		18
mi adj. 我的		1
micrófono m. 麦克风		30
miedo m. 害怕；恐惧		12
mientras tanto 与此同时		22
miércoles m. 星期三		6
mil adj.num. 千		6
millonario, ria m.f. 百万富翁		16
mineral adj. 矿物的		8
ministerio m. （政府的）部		30
ministro m. （政府的）部长		20
minuciosidad f. 详细，仔细		24

VOCABULARIO GENERAL
总词汇表

mío adj. 我的	16
mismo adj. 同一个的，相同的	4
mixto adj. 混合的，合成的	8
modelo m. 模本；型号；样式；模特儿	13
moderno adj. 现代的	3
mojarse prnl. 弄湿	10
molestar tr. 打扰	11
molestia f. 打扰	13
montaña f. 山	9
montañero, ra m., f. 登山运动员，登山爱好者	28
moreno adj. 肤色黝黑的，黑发的	2
morir intr. 死	10
mosaico m. 马赛克，镶嵌画	30
moto f. 摩托车	9
motor m. 马达，发动机	19
muchísimo adv. 非常	9
mucho adj. 很多的，非常的	1
adv. 很多，大量；更为，更加	13
mueble m. 家具	1
muerto adj.-s. 死的；死人	30
multa f. 罚款	28
multinacional adj. 多国的，多民族的；跨国的	10
multitud f. 群；堆；大量，很多；群众	30
museo m. 博物馆	3
música f. 音乐	9
músico, ca m.f. 音乐家	19
muy adv. 很，非常	1

N

nacer intr. 出生	20
nacimiento m. 出生	23
nada adv. 一点儿都不	9
pron. 任何事物（都不）	11
nadar intr. 游泳	9
nadie pron. 任何人（都不）	11
naranja f. 甜橙	6
nata f. 乳脂，甜奶酪	25
naturalmente adv. 自然地；当然地，必然地	21
navegación f. 航海	22
navegar intr. 航海	22
Navidad f. 圣诞节	7
necesitar tr. 需要	7

negar tr. 否定，否认；拒绝	24
negocio m. 生意，买卖，商业活动	16
negro adj. 黑色的	13
nervioso adj. 紧张的	4
nevar intr. 下雪	3
nevera f. 冰箱	11
ni conj. 也不，甚至不	11
niebla f. 雾	17
nieto, ta m.f. 孙子，孙女	10
ninguno, na adj., pron. 任何一个（都不）	11
niño, ña m.f. 儿童，孩子	3
nivel m. 水平，级别	7
no adv. 不，不是	2
no importa 没关系	13
noche f. 晚上	1
norte m. 北，北方	5
nosotros, as pron. 我们	1
notable adj. 突出的，杰出的，优秀的	19
noticia f. 新闻，消息	7
novecientos adj.num. 九百	6
novio, a m.f. 男朋友，女朋友；未婚夫，未婚妻	2
nube f. 云	9
nuestro, a adj. 我们的	2
nueve adj.num. 九	6
nuevo adj. 新的	7
número m. 数字，号码	5
numeroso adj. 大量的，众多的	20
nunca adv. 从未，决不	11

O

o conj. 或者	2
objeto m. 物体，物品	19
obra f. 作品；工程	11
ocasión f. 机会	23
ochenta adj.num. 八十	6
ocupado p.p. adj. 忙碌的；被占用的	5
ocuparse prnl. 忙于（做某事）	10
ocurrir intr. 发生	16
oferta f. 供应；出价	13
oficial adj. 官方的；正式的	19
oficina f. 办公室	2
oír tr. 听到，听见	9

— 327 —

ojo m. 眼睛	10
oler tr., intr. 闻，嗅；有（某种）气味	14
olvidar tr. 忘记	14
operar tr.（给某人）施行手术	30
opinar tr. 认为，觉得，主张	16
opinión f. 意见，看法	16
oportuno adj. 适时的，适当的	16
oposición f. 反对	19
ordenado p.p. adj. 整齐的	6
ordenador m. 电脑	9
ordenar tr. 命令	24
orilla f. 边缘；岸，岸边	21
otoño m. 秋天	5
otro adj. 其他的	4

P

paciencia f. 耐心	14
paciente m.f. 病人	30
padre m. 父亲	6
padres pl. 父母	6
paella f. 菜饭，巴雅饭，海鲜饭	8
pagar tr. 支付，付款	13
país m. 国家	5
paisaje m. 风景	3
pájaro m. 鸟	15
palabra f. 字，词	7
palacio m. 宫殿	20
pantalon m. 裤子	13
paquete m. 包裹	9
par m. 对，双，副	22
para prep. 为了	5
parada f. 车站	4
parador m. 客栈，客店	17
parar intr., tr. 停止，中断；使停止	17
parecer intr. 好像；使觉得	11
pared f. 墙壁	7
pariente, ta m.f. 亲戚，亲属	22
paro m. 失业	21
parque m. 公园	5
parte f. 部分；方面	10
partido m.（体育）比赛	21
m. 党，政党，党派	30
partir tr. 分，分开；分割	9

pasado adj. 过去的	16
pasado mañana 后天	6
pasajero, ra m.f. 旅行者，旅客，乘客	14
pasaporte m. 护照	14
pasar tr. 传递，拿给	10
intr. 经过，穿过；发生	12
pasear intr. 散步，闲逛	10
paseo m. 散步，闲逛	20
pasillo m. 走廊，楼道	4
pastel m. 糕点	6
pastilla f. 药片	12
patata f. 土豆	6
pausa f. 停顿，中断	7
pecho m. 胸	12
pedir tr. 请求，要求	9
pegar tr. 粘贴；使受到，引起	16
peinarse prnl. 梳头	10
película f. 电影	10
peligroso adj. 危险的	17
pelo m. 头发	10
peluquería f. 理发店	13
peluquero, ra m.f. 理发师	
pena f. 难过，遗憾；可惜；艰苦；疼痛	20
península f. 半岛	30
pensar intr. 想，考虑，思索	9
peor adj. 更坏的	13
pera f. 梨	6
perder tr. 丢失；失去	18
perdón interj. 对不起，请原谅	10
perdonar tr. 原谅	7
perfección f. 完美，完善	22
perfume m. 香气，香味；香料，香水	30
periódico m. 报纸	7
perla f. 珍珠	19
permitir tr. 允许，准许	24
pero conj. 但是，然而	3
perro, ra m.f. 狗	3
persona f. 人	5
personaje m. 要人，显贵；人物，角色	30
personal adj. 个人的；人称的	10
pertenecer intr. 属于	30
pesar intr. 有重量；沉，重	14
pescado m. 鱼	3

pescar tr. 捕，捞，打，捉，钓（鱼、虾等） 15	por prep. 为 6
peseta f. 比塞塔（西班牙过去的货币） 6	por desgracia 不幸地 13
pez m. 鱼 15	por el día 白天 13
piano m. 钢琴 7	por favor 请 6
pico m.（禽类的）喙；山峰，山尖 21	por la noche 晚上 13
pictórico adj. 绘画的 20	por lo general 通常，一般情况下 9
pie m. 脚 12	por supuesto 当然 11
piel f. 皮 11	porcelana f. 瓷器 4
pierna f. 腿 12	portarse prnl. 表现 26
pieza f. 块，件，个；物品；零件 30	posibilidad f. 可能性 23
pilar m. 柱子 3	posible adj. 可能的 12
piloto m. 驾驶员；飞行员 1	posiblemente adv. 可能地 22
pintar tr. 绘画；油漆，着色 7	positivo adj. 积极的，正面的；实际的 23
pintura f. 图画，画 18	postre m. 饭后甜食 3
piscina f. 游泳池 4	prácticamente adv. 实际上；（口）近乎，
piso m. 层；套间 3	几乎，简直 23
pista f. 踪迹 19	practicar tr. 实践；练习 7
pizarra f. 黑板 22	precio m. 价格 13
plan m. 计划 11	preferir tr. 偏爱，更喜爱 10
planchar tr. 熨烫（衣物） 11	pregunta f. 问题 8
planear tr. 计划进行，打算做，筹备，安排 26	preguntar tr. 提问 7
plano adj., m. 平的，平坦的；平面；	premiar tr. 奖赏，奖励 26
平面图，地图 24	premio m. 奖赏，奖励；奖品，奖金 23
planta f.（楼房的）层 19	preparar tr. 准备 10
plata f. 银 20	presentar tr. 展示；显现，呈现 10
playa f. 海滩 5	presentarse prnl. 出现，显现 14
plaza f. 广场 3	prestar tr. 出借 8
pluma f. 钢笔 8	primavera f. 春天 5
pobre adj. 贫穷的 3	primero adv. 首先 4
poco adj. 少的 3	adj. num. 第一 6
poder tr. 能够，可以 8	primo, ma m.f. 表兄弟，表兄妹 9
polaco, ca m.f. 波兰人 2	príncipe m. 王子 25
m. 波兰语	principio m. 开始，起点 16
adj. 波兰的	privado adj. 私人的 23
policía f. 警察 14	probable adj. 可能的 22
policromado adj. 彩色的 30	probablemente adv. 可能地 22
póliza f. 保险单 19	probador m. 试衣间 13
polución f. 污染 20	probarse prnl. 试 11
poner tr. 放，摆放 8	problema m. 问题，麻烦 3
tr. 上演，演出 10	procedente adj. 来自……的 26
poner la mesa 摆桌子（准备吃饭） 8	procurar tr. 努力，尽力，力图，力求 23
ponerse prnl. 使处于某种状态 10	producir tr. 生产，制造 17
póquer m. 扑克牌 22	producto m. 产品 7

profesional adj. 职业的	23
profesor, ra m.f. 老师	1
profundamente adv. 深深地，深刻地	12
programa m. 节目	10
progreso m. 前进；发展；进步	15
prohibir tr. 禁止	20
promulgar tr. 宣布；散布	30
pronombre m. 代词	10
pronto adv. 马上，立刻	1
adv. 早	4
propaganda f. 宣传	18
propuesta f. 建议	28
prosperar intr. 兴旺；繁荣	20
protector adj.-s. 保护的；保护人	30
provincial adj. 省的	3
provisión f. 储备	30
próximo adj. 下一个	9
proyectar tr. 投射；放映；计划；设计	25
proyecto m. 计划	13
prueba f. 证明；证据；试验；考验	23
publicar tr. 出版	18
pueblo m. 村子，村镇	4
puente m. 桥	21
puerta f. 门	7
pues conj. 那么，嗯	1
puesto m. 位置；职位；岗位	27
pulmonía f. 肺炎	23
pulsera f. 手镯	20
pulso m. 脉搏	12
punto m. 点	7
puntual adj. 准时的	6
puntualidad f. 守时性，准时性	27
puntualmente adv. 准时地	11

Q

que conj. 用于引导从句	10
qué pron. 什么	1
quedar intr. 停留；还剩，仍有	10
intr. 表现，结果	13
intr. 说好，约好，约定	29
quemar tr. 焚烧；烧毁	20
querer tr. 喜爱；想，要；希望	8
queso m. 奶酪	24

quién pron. 谁	1
quieto adj. 安静的	27
quince adj. num. 十五	5
quiniela f. 赌券；体育赌博	24
quitarse prnl. 去掉，脱掉	10
quizá adv. 也许，或许	23

R

ración f. 份额	6
radiador m. 散热器	17
radio f. 广播；收音机	7
rapidez f. 快，迅速	22
rápido adv. 快	10
rato m. 片刻，短暂的时间	11
razón f. 理性；原因；道理	14
real adj. 真的；国王的，王室的	20
realismo m. 现实主义	30
rebajado p.p., adj. 减价的	13
recado m. 口信；便笺	10
recepción f.（旅馆的）前台，接待处	24
receta f. 药方	12
recetar tr. 开（药方）	12
recibidor m. 门厅	4
recibir tr. 收到	9
recientemente adv. 最近	30
recoger tr. 拾起，捡起	24
recomentar tr. 推荐	8
recordar tr. 记忆	7
recto adj. 直的	12
rector, ra m.f. 负责人；（大学的）校长	30
recuerdo m. 记忆，回忆	15
redondo adj. 圆形的	4
reducir tr. 使局限于；减少	17
refugio m. 庇护；庇护所，藏身处；收容所	28
regalar tr. 赠送	8
regalo m. 礼物	8
regar tr. 浇，灌溉	28
región f. 地区	19
regresar intr. 返回，回来，回去	17
regular adj. 一般的，不好不坏的	1
rehén m. 人质	30
reír intr. 笑	14
relajarse prnl. 放松，松懈	12

rellenar tr. 填装；填写	14
reloj m. 钟表	6
remedio m. 挽救措施，解决办法	28
renovar tr. 使恢复；重新开始	19
reparar tr. 修理	22
repasar tr. 复核，查对	7
repetir tr. 重复	17
representante m.f. 代表	30
representar tr. 表现；象征；代表演出	20
reproducción f. 复制品，仿造物	30
reservado p.p., adj. 预定的，预约的	11
reservar tr. 保存；预定	11
resfriado adj. 感冒的	4
resolver tr. 解决	
tr. 翻动；翻乱	19
respirar intr. 呼吸	12
restaurante m. 饭店，餐厅	8
restaurar tr. 使恢复；使复辟；修复	30
resultado m. 结果	21
retirado p.p., adj. 偏远的	18
retrasar tr., prnl. 搁置，推迟，延缓；迟延；落后，倒退	22
retraso m. 迟误，延误	16
retroceder intr. 后退，倒退	16
reunirse prnl. 汇集，聚集	10
revisar tr. 重看，复查；检查	19
revista f. 杂志	7
rey m. 国王	30
rico adj. 富有的	3
rincón m. 角落，屋角	8
río m. 河流	20
robar tr. 偷盗，抢劫	19
robo m. 偷盗	19
robusto adj. 粗大的，结实的	3
rock ingl. 摇滚乐	9
rodeado p.p. 围绕的	15
rogar tr. 请求，恳求，祈求	23
rojo adj. 红色的	11
rollo m. 卷，盘；令人厌烦的事物	17
románico adj. 罗马式的	3
romano adj.-s. 罗马的；古罗马帝国的；罗马人；古罗马人	30
romper tr. 弄破，打破	18
ropa f. 衣服	10
rosa f. 玫瑰	9
roto p.p. adj. 破的	4
rubio adj. 金黄色的；金黄头发的	2
rueda f. 轮子；圆盘	16
ruido m. 声音，噪音	10
ruidoso adj. 喧闹的，嘈杂的	3
ruina f. 废墟，遗迹	24

S

sábana f. 床单，被单	24
saber tr. 知道，了解	8
sacar tr. 取出，拿出	12
saco m. 袋子	28
saco de dormir 睡袋	28
salida f. 出去，出来；出口	14
salir intr. 离开	9
salón m. 大厅，客厅	3
saludar intr. 招呼；问候	7
salvadoreño, ña m.f. 萨尔瓦多人 adj. 萨尔瓦多的	2
salvar tr. 救，挽救，拯救	23
salvo adj. 平安的，安然无恙的	26
sanamente adv. 健康地	27
sanitario adj. 保健的，卫生的，医疗的	30
sano adj. 健康的	26
sano y salvo 平安的，安然无恙的	26
sandwich m. 三明治	15
satélite m. 卫星	30
se llama...（他、她、您）名叫……	1
secarse prnl. 弄干	10
secretario, ria m.f. 秘书	1
sed f. 渴	13
seguir tr., intr. 跟随；遵从；继续	12
segundo adj. num. 第二	8
seguramente adv. 肯定地	22
seguridad f. 安全，保险；牢固；保障	22
seguro adj. 安全的；肯定的 m. 保险	11 / 19
sello m. 邮票	24
semana f. 星期，周	6
sentar intr. 合适，合宜	27
sentarse prnl. 坐下	12

— 331 —

sentir tr. 感觉		9
tr. 感觉；(对某事) 感到遗憾；		
抱歉；难过		13
señor m. 先生		2
señorita f. 小姐		3
sepulcro m. 坟墓；(祭坛上的) 圣物龛		30
servicio m. 卫生间		4
servir tr. 服务		9
sesión f. (演出、电影的) 场		25
sevillano adj. 塞维里亚的		17
sí adv. 是的		1
siempre adv. 总是		5
que 只要		15
siesta f. 午觉		11
siglo m. 世纪		3
siguiente adj. 后续的，下面的		17
silencio m. 安静，寂静；沉默		23
silla f. 椅子		4
sillón m. 大扶手椅		13
símbolo m. 象征		30
simpático adj. 给人以好感的，可亲的，		
可爱的		2
sin prep. 无，不，没有，缺少		10
sin duda 毫无疑问		20
sinceramente adv. 诚挚地，坦率地		18
sincero adj. 真挚的，诚恳的，坦率的		24
sinfonía f. 交响乐		17
sitio m. 地方，地点		11
situación f. 位置；形式，状况		20
situarse prnl. 位于；处于，置身		21
sobre todo 尤其		12
sobresaliente adj. 突出的，超群的		19
sois vi. (你们) 是		1
sol m. 太阳		5
soler tr. 习惯于；经常		23
solicitar tr. 申请		23
solo adj. 唯一的；单独的		6
sólo adv. 只，仅仅		3
solución f. 溶解；解决，解决办法		17
solucionar tr. 解决		11
somos vi. (我们) 是		1
son vi. (他们、她们、诸位) 是		1
soñado p.p., adj. 渴望的，梦想的		17

sordomudo adj. 聋哑的		23
sorpresa f. 惊奇，意外		6
soy intr. (我) 是		1
suave adj. 光滑的；温和的，温柔的		5
subir tr., intr. 提起，举起；上升，升高		12
suceder intr. 发生		19
sucio adj. 脏的		4
sudamericano, na m.f. 南美洲人		
adj. 南美洲的		2
sueldo m. 工资，月薪，年俸		22
suelo m. 地面		19
sueño m. 睡眠；睡意；梦；梦想，幻想		20
suerte f. 运气		9
sufrir tr. 遭受，忍受		18
suizo, za m.f. 瑞士人		
adj. 瑞士的		2
superar tr. 超过；克服		26
suplicar tr. 请求，恳求，哀求		24
supuesto m. 假设		11
sur m. 南，南方		4
suspender tr. 使悬起；中止，中断；推迟		18
susto m. 惊吓，惊恐		16

T

tabaco m. 烟草；烟叶		27
taberna f. 酒馆		20
tacón m. 鞋跟		13
tal adj. 如此的		1
talla f. 尺寸		13
taller m. 作坊；车间		20
también adv. 也，同样		1
tanto adj. 这(那)么多的，这(那)么大的		5
tanto...como... 无论……还是……		13
tapa f. 下酒食品		8
taquilla f. 文件柜		18
f. 售票处，票房		25
taquillero, ra m.f. (火车站，影剧院的)		
售票员		30
tardar intr. 费时；迟误，耽搁		18
tarde f. 下午		1
adv. 晚		5
tarjeta f. 卡片		13
tarjeta de crédito 信用卡		13

VOCABULARIO GENERAL
总词汇表

tarta f. 大糕点，大蛋糕	9
taza f. 杯子，带耳杯	7
te pron. 你（用作宾语）	7
te llamas... （你）名叫……	1
teatro m. 戏剧；剧院	5
tela f. 布	11
telecomunicación f. 电信，电信学	23
telefonear tr.（给某人）打电话	22
teléfono m. 电话	7
telegrama m. 电报	8
televisión f. 电视	8
televisor m. 电视机	19
tema m. 主题，题目	10
temer tr. 害怕	16
temporada f. 时期，期间；季节，时节	24
temprano adv. 早	10
tener tr. 有，拥有	3
tener que 应该；必须	8
tenis m. 网球	10
tercero adj. num. 第三	3
terminar intr., tr. 结束	20
termómetro m. 温度计	12
terraza f. 屋顶平台；晒台；露台	22
terreno m. 地面；土地	23
tesis f. 论点；论文；学位论文	24
textil adj. 纺织的	3
texto m. 课文	8
tiempo m. 时间；天气	5
tienda f. 商店	18
tío, a m.f. 叔，舅；姑，姨	11
típico adj. 典型的；特有的	20
tirar tr. 扔，投，掷	19
tocar tr. 碰；弹奏	7
todavía adv. 还，仍然	6
todo adj. 所有的，全部的	10
tomar tr. 拿；吃，喝	6
tomar asiento 就座	12
tomar el pulso 号脉	12
tomar el sol 晒太阳	9
tomate m. 西红柿	6
tontería f. 愚蠢；愚蠢言行	17
tortilla f. 饼	12
toser intr. 咳嗽	23
trabajador, ra m.f. 劳动者	17
trabajar intr. 工作，劳动	5
trabajo m. 劳动，工作	7
traducir tr. 翻译	17
traer tr. 带来	8
tráfico m. 交通	15
traje m. 服装	16
tranquilamente adv. 安静地	11
tranquilidad f. 安静，宁静，平静	15
tranquilizar tr. 使平静	16
tranquilo adj. 安静的，平静的	4
transportar tr. 运输，输送，传送	30
trastada f. 蠢事，傻事；淘气	23
travieso adj. 顽皮的，淘气的	23
trayecto m. 路程，路线	18
tren m. 火车	9
tres adj. num. 三	3
tu adj. 你的	2
tú pron. 你	1
tumbarse prnl. 倒下，躺下	12
turista m.f. 游客	3
adj., m.f. 旅游的；旅游者	14
turístico adj. 旅游的	4

U

un par de 一双，一对，一副；几个，两三个	22
un poco de 一点儿……	12
único adj. 唯一的，独有的	3
universidad f. 大学	9
uña f. 指甲	15
urgentemente adv. 紧急地，急迫地	24
usted pron. 您	1
ustedes pron. 诸位，你们	1
utensilio m. 用具	30
útil adj. 有用的	19
utilizar tr. 使用	30

V

vacación f. 假期，休假	2
vacunar tr. 预防接种，种痘	23
valer tr., intr. 值；有价值；¡Vale!（表示赞同）可以！行！好	21
validez f. 有效	14

— 333 —

valioso adj. 有价值的，宝贵的，贵重的	30	vídeo adj.- m. 电视的，视频的，影像的；摄像机	26
valor m. 价值	19	viento m. 风	5
valorar intr. 评价；定价；重视	19	vientre m. 腹部，肚子	12
varicela f. 水痘	23	vigilar tr. 看管；监视，监督	19
vario adj. 多样的，不同的；若干，许多	12	vino m. 葡萄酒	4
vasija f. 瓮，罐	30	vino de la casa 家酿的葡萄酒	8
vaso m. 杯子	5	visita f. 拜访；参观	11
vecino m. 邻居	3	visitar tr. 拜访；参观	7
veinticinco adj. num. 二十五	6	vista f. 视力；见面	1
veintisiete adj.num. 二十七	6	vitorear tr.（为某人）欢呼，喝彩	30
vela f. 帆	22	vitrina f. 玻璃橱，玻璃柜	30
venda f. 绷带，纱布	12	vivienda f. 住处，住房，住宅	19
vender tr. 卖	8	vivir intr. 生活，居住	3
venir intr. 来	9	volver intr. 返回，回来，回去	15
venta f. 卖，售	22	volver a + inf. 重新做……	17
ventana f. 窗户	4	vosotros, as pron. 你们	1
ventanilla f. 窗口；车窗	14	vuelo m. 飞行；航班	14
ver tr. 看	9	vuelta f. 返回	14
veranear intr. 避暑，消夏	11		
verano m. 夏天	3		
verbo m. 动词	7		

Y

verdad f. 事实	5	y conj. 和，以及	1
verde adj. 绿色的	3	ya adv. 已经	10
vestíbulo m. 门厅	21	ya que 既然	17
vestido m. 服装	21	yo pron. 我	1

Z

vestirse prnl. 穿衣服	10		
vez f. 回，次	5	zapato m. 鞋	4
viajar intr. 旅行	14	zoo m. 动物园	25
viaje m. 旅行	11		
vida f. 生活，生命	3		